누가
미래를
가질 것인가?

IT가 바꾼 변화의 풍경에서
미래를 읽어내다

안철수(국회의원, ㈜안랩 창업자)

김홍선 대표를 알게 된 것은 약 20년 전이다. 내가 1995년 안랩을 창업하고, 비슷한 시기에 김 대표도 삼성전자와 미국 IT 기업을 거쳐 네트워크 보안 회사를 창업해 각각 PC 보안, 네트워크 보안 분야 리더로서 이제 막 싹을 틔우는 정보보안 산업의 두 축으로 성장하고 있었다. 두 회사 제품의 강점을 융합하는 기술 제휴로 새로운 제품을 개발하기도 했다.

말콤 글래드웰은 《아웃라이어》에서 IT 업계의 거물인 스티브 잡스, 빌 게이츠, 에릭 슈미츠가 성공한 요인 가운데 하나로 시대적 배경을 들었다. 그들 모두 1955년생이고, 그들이 20세가 되던 1975년이 처음으로 개인용 컴퓨터(PC)가 판매되기 시작한 해였음에 주목했다. 김 대표와 나 역시 그런 점에서 IT 리더로 성장하기에 좋은 시대를 살았다. 60년대 초반에 태어나 20대 초반에 PC 대중화의 혜택을 받은 세대인 것이다.

컴퓨터를 실물로 처음 본 순간을 지금도 생생히 기억한다. 82년 가을 의과대학 본과 1학년 때 같은 하숙집의 학생이 들여온 애플II+ 컴퓨터였다. 그 신기한 물건을 앞에 두고 내 일처럼 마음이 설레었다. 그 이후로 현실에서는 불가능한 일을 얼마든지 이룰 수 있는 컴퓨터의 매력에 빠져 방학 때면 그 앞을 잠시도 떠나지 못했다.

컴퓨터를 이용하는 데 그치지 않고 직접 프로그래밍을 배운 것은 전공인 의학에서 더 잘 활용하기 위해서였다. 전기생리학 연구에 컴퓨터를 활용하기 위해 기계어를 공부한 것이다. 백신 프로그램을 만들 수 있었던 것도 이때 기계어를 공부해둔 덕분이었다. 그리고 이후 IT 보안 분야로 전업을 하는 계기가 되었다.

그리고 자연스럽게 김홍선 대표와 인연이 닿았다. 지금 나는 IT 업계를 떠난 상태이지만, 김 대표는 내가 창업한 회사의 전문경영인으로 여전히 현직에서 왕성한 활동을 하고 있다. 변화가 급격하고 사업의 부침이 심한 IT 업계에서는 보기 드문 일이다. 그는 우리나라 IT 인터넷 산업의 초기부터 벤처 열풍으로 뜨거웠던 2000년대 초반을 거쳐 침체기와 제2의 벤처 붐, 그리고 지금에 이르기까지 급속한 변화의 소용돌이 한가운데를 지나온, 살아 있는 역사다. 또한 그는 나와 마찬가지로 아날로그 시대의 마지막 세대이자 20대에 디지털의 세례를 받은 첫 세대다. 아날로그 세대와 디지털 세대를 잇는 다리 역할을 하는 세대라 할 수 있다.

그런 그가 20여 년간 직접 경험하고 목도한 것을 토대로 IT가 우리 일상을 어떻게 바꾸었는지 짚어보고, 미래를 어떻게 살아가는 것이 현명한지 그만의 시각을 첫 책에 담아냈다. 그는 우리가 무심코 사용하는 도구나 별 생각 없이 누리는 생활의 편리함 속에서 기술의 배려를 읽어내고 스토리를 발견한다. 또한 IT가 촉발한 어제와 오늘의 다름을 '지축이 흔들리는 변화'라고 정의하고, 이런 시대에 어떤 인재가 필요하고, 교육, 산업 등이 어떻게 달라져야 하는지 균형감을 가지고 메시지를 전한다.

그 메시지는 현직 CEO이자 오랜 변화를 직접 체험한 디지털 1세대의 통찰이라는 점만으로도 귀 기울일 만한 가치가 있다. 오랜 시간 축적하고 체화한 생각의 궤적을 따라가다 보면 우리가 겪어온 변화의 풍경이 새삼 새롭게 다가오고, 살아가면서 도움이 될 혜안을 얻을 수 있을 것이다.

누가 미래를 가질 것인가?

2013년 9월 9일 초판 1쇄 발행 | 2013년 10월 1일 4쇄
지은이 · 김홍선

펴낸이 · 박시형
책임편집 · 황은희, 정상태 | 디자인 · 김애숙

마케팅 · 장건태, 권금숙, 김석원, 김명래, 최민화
경영지원 · 김상현, 이연정, 이윤하
펴낸곳 · (주) 쌤앤파커스 | 출판신고 · 2006년 9월 25일 제406-2012-000063호
주소 · 경기도 파주시 회동길 174 파주출판도시
전화 · 031-960-4800 | 팩스 · 031-960-4806 | 이메일 · info@smpk.kr

ⓒ 김홍선 (저작권자와 맺은 특약에 따라 검인을 생략합니다)
ISBN 978-89-6570-168-2 (03320)

쌤앤파커스(Sam&Parkers)는 독자 여러분의 책에 관한 아이디어와 원고 투고를 설레는 마음으로 기다리고
있습니다. 책으로 엮기를 원하는 아이디어가 있으신 분은 이메일 book@smpk.kr로 간단한 개요와 취지,
연락처 등을 보내주세요. 머뭇거리지 말고 문을 두드리세요. 길이 열립니다.

안랩 CEO 김홍선
기술과 인간, 미래의 삶을 말하다

누가 미래를
가질 것인가?

김홍선 지음

쌤앤
파커스

감사의 글

책을 쓰면서 국내외 여러 전문가들, 엔지니어들의 사례와 코멘트를 참조하거나 인용했다. 그들의 놀라운 경험과 통찰, 훌륭한 책들이 없었다면 이 책은 세상에 나오지 못했을 것이다. 또한 책이 나오기까지 애정 어린 조언과 냉정한 지적을 아끼지 않은 안랩 직원들에게도 감사의 말을 전한다.

마지막으로 이 책을 사랑하는 나의 아내와 두 아들에게, 그리고 첫 책을 안겨드리기도 전에 갑작스레 세상을 떠나신, 그리운 아버지의 영전에 바친다.

차례

I 새로운 **시대의** 새로운 **돌파구**

II 사람이 미래의 경쟁력이다

III 무엇으로 세상을 채울 것인가?

변화를 읽고
시대를 해석하는 힘

일상에서 만난 세 가지 IT 이야기

박지성 선수가 맨체스터 유나이티드에서 활약하던 시절, 선발 출전이 유력한 유럽 챔피언스리그 경기가 있는 날이었다. 전날 몹시 피곤해서 새벽에 축구나 봐야겠다는 생각에 일찌감치 눈을 붙였다. 유럽에서 저녁 시간에 열리는 챔피언스리그는 우리나라에선 새벽 시간이라 웬만한 축구광이 아니면 중계방송을 챙겨보기가 어렵다. 그런데 그날은 마침 나의 생체 리듬과 시간대가 맞았는지 새벽 4시가 조금 넘어 눈이 떠졌다. 일찍 잠든 덕에 컨디션도 괜찮았다. 맑은 정신으로 새벽 축구 중계를 보는 것도 드문 경우여서 들뜬 마음에 TV 전원 버튼을 눌렀다. 그런데 이게 웬일인가? TV가 나오지 않았다. 이리저리 만져보고, 혹시 케이블이 빠진 것은 아닌지 확인도 해보고, 리모컨도 여러 번 만지작거려 보았지만 TV는 아무런 반응도 하지 않았다. 이미 축구 경기는 시작한 지 한참일 텐데 애가 탔다.

그때 문득 이런 생각이 머릿속을 스쳤다. '그래, 우리에게는 인터넷이라는 선생이 있지. 일단 들어가 보자.' 문제의 원인을 찾아볼 요량으로 컴퓨터를 켰다. 그런데 이번에도 컴퓨터만 켜졌을 뿐 인터넷은 되지 않았다. '아차, 우리 집 인터넷은 케이블을 통해 연결되어 있지. 케이블이 불통이면 인터넷도 될 리가 없지.' 그럼 전화를 걸어볼까? 불행히도 인터넷 전화역시 불통. 근본적으로 케이블에 문제가 있다는 건데, 어떻게 케이블 회사에 전화를 하지? 전화번호도 모르는데…. 그 순간 무선으로 인터넷이 가능한 스마트폰이 생각났다. 스마트폰으로 인터넷 검색을 통해 케이블 회사의지역방송 번호를 알아냈다. 전화를 거니 자동 음성 메시지가 흘러나왔다. 그런데 맙소사. 우리 지역은 오전 6시까지 네트워크 공사 관계로 서비스가안 된다고 하지 않는가?

어쩔 수 없이 허탈감에 빠져, 읽던 책을 다시 꺼내 뒤적거리면서 아침을맞이했다. 인터넷은 오전 6시가 지나서도 복구되지 않았다. 그날 나는 '커뮤니케이션이 단절된 찝찝한 느낌'으로 출근할 수밖에 없었다. 그나마 스마트폰이라도 있었기에 최소한 원인은 알 수 있었다. 그렇지 않았다면 영문도 모른 채 불안한 마음으로 출근해서 부랴부랴 케이블 업체에 전화해사람을 보내달라고 전화했을 테니 말이다.

—

이사할 집을 알아보고 있을 때였다. 퇴근길에 이사할 지역 근처에 위치한 부동산중개소를 찾아갔다. 마침 몇 군데 볼 만한 집이 나와 있었으나 너무 늦은 시간이라 집을 볼 수는 없었다. 나중에 시간 있을 때 들르겠노라하고 부동산중개소의 명함만 들고 나왔다.

며칠인가 지나서 주말에 아내와 외출한 김에 그 지역에 갈 수 있는 시간적 여유가 되었다. 부동산중개소의 명함을 찾으려고 주섬주섬 지갑을 열었지만 명함을 회사에 놓고 온 것이 뒤늦게 생각났다. '이런, 어떻게 한다? 회사에 들렀다 갈 수도 없고 부동산중개소 이름도 기억나지 않으니 114로 물어볼 수도 없고. 위치는 대충 어디인지 알 것 같은데 방법이 없을까?'

순간 스마트폰에 설치된 '지도 앱'의 로드뷰 기능을 이용하면 그 중개소의 전화번호를 알 수 있지 않을까? 하는 생각이 떠올랐다. 보통 부동산중개소는 간판에 크게 전화번호를 써놓기 때문이다. 다행히 내 예상은 적중했다. 그 지역의 로드뷰를 통해서 나는 그 부동산중개소의 상호와 전화번호를 어렵지 않게 얻을 수 있었다. 스마트폰과 지도 앱이 결정적 도움을 준 셈이다. 멀리 떨어진 공간에 담긴 정보가 스마트폰을 통해 내 눈으로 들어오는 체험은 짜릿했다.

—

어느 한가한 주말이었다. TV를 보려고 리모컨의 전원 버튼을 눌렀는데 마치 접속 불량인 것처럼 꺼졌다, 켜졌다를 반복하는 게 아닌가. 리모컨 센서에 문제가 있나 하고 TV를 직접 만져보기도 했지만 나아지지 않았다. 큰 맘 먹고 마련한 46인치 LCD TV인데 1년도 안 돼서 이런 불량이 나다니…. 서비스 센터에 연락하니 저녁에 A/S 기사를 보내겠다는 답변이 돌아왔다.

저녁에 방문한 A/S 기사는 단순한 스위치 문제일 거라고 예상했는지 새로운 리모컨을 들고 나타났다. 그래도 현상은 마찬가지였다. 그가 본사에 전화를 걸어 몇 가지를 물어보고는 TV를 몇 번 조작했다. 그러자 갑자기 이상한 화면이 나타났다. 그런데 왠지 아주 익숙한 화면이었다. 우리가 소프트웨어를 개발할 때 문제의 원인을 찾고자 개발자만이 볼 수 있는 화면으로 빠져나가곤 하는데, 이와 흡사했던 것이다.

"지금 뭘 하고 있는 겁니까?"

"아, 하드웨어 문제는 아닌 것 같아 테스트 모드로 빠져나간 겁니다."

결국 TV는 소프트웨어 결함 문제로 판명이 났다. 기사는 문제의 근본적
인 해결은 연구소에서 업그레이드해야 가능할 거라고 설명했다. 일단 TV
라도 볼 수 있도록 일부 기능을 꺼놓고 사용하도록 조치했다. 그 A/S 기
사는 "요즘 TV의 기능이 많다 보니 가끔 이런 소프트웨어 충돌이 일어난
답니다"라는 말을 남기고 돌아갔다. 굳이 내가 컴퓨터를 전공한 사람이라
는 얘기는 꺼내지 않았지만, 문제의 원인이 무엇인지는 대충 짐작할 수 있
었다. 그러나 '소프트웨어 충돌'이라는 전문용어를 우리 집 TV에서 듣게
되리라고는 전혀 생각지 못했다.

기사가 돌아간 후 곰곰이 생각해 보니 화가 치밀어올랐다. 큰맘 먹고 마
련한 값비싼 가전제품이었다. 경험해 본 사람들은 알겠지만 주말 같은 때
TV가 고장 나면 마치 칠흑 같은 암흑에 빠진 느낌이다. TV에 얽매여 살고
있는 현실이 비극일지언정 대표적 소비재인 TV의 기술적 오류에 대해서는
변명이 용납될 수 없었다.

시대의 전환점에 선 우리

첫 번째 이야기는 방송과 통신이 인터넷으로 융합된 환경이 얼마나 무
기력하게 무너질 수 있는가를 보여준다. 우리가 정보를 받거나 통신을 하
는 수단은 다양하다. 전화로 안부를 묻고, TV로 뉴스와 오락 프로그램을
즐기고, 인터넷을 통해 각종 정보를 검색한다. 통신, 방송, 인터넷은 애당

초 기술이 나온 시점도 다르고 기술적 기반도 다르며 서비스를 제공하는 주체도 다르지만, 오늘날 하나의 프레임으로 묶여가고 있다. 모든 통신과 방송은 디지털과 인터넷 기반으로 옮겨가고 있다. 이런 수단이 끊어졌을 때의 난감함은 공포와 두려움으로까지 발전한다. 그만큼 인터넷은 우리 생활 깊숙이 들어와 있다. 만약 누군가 의도적으로 네트워크를 공격해서 대한민국 전체의 방송 통신이 두절된다면? 생각만 해도 끔찍하다. 바야흐로 인터넷을 중심으로 방송, 음성, 데이터 통신이 하나로 융합되고 있는 인터넷 융합 시대인 것이다.

두 번째 이야기는 모바일 인터넷이라는 새로운 정보기술(IT)이 우리 생활 현장에 어떤 변화를 불러일으킬 수 있는가를 보여준다. 우리는 컴퓨터 속에 담긴 정보를 디지털 정보라고 한다. 반면 우리 일상생활 속에 자연 상태로 존재하는 물리적 정보는 아날로그라고 부른다. '정보화'라는 표현은 '정보의 디지털화'와 동의어다. 네트워크로 연결된 인터넷도 컴퓨터 기술에 기반을 두고 있기에 디지털이다. 오늘날 인터넷이 정보화의 중심이 되다 보니, 인터넷의 속성을 나타내는 '온라인'은 '디지털'과 동의어처럼 사용되기도 한다. 그래서 혹자는 디지털과 아날로그를 온라인과 오프라인이라고 부르기도 한다.

그동안 아날로그와 디지털 세계는 분리되어 있었다. 디지털 정보는 컴퓨터 앞이나 인터넷이 접속되는 장소로 제한되어 있었다. 그런데 모바일 인터넷이 가능해지면서 공간의 제약이 없어졌다. 어느 곳에 있든지 디지털 정보에 접근할 수 있게 된 것이다. 사무실이나 집을 벗어난 장소에서의 정보는 대부분 아날로그다. 부동산중개소의 간판 또한 아날로그 정보다. 모바일 인터넷과 지도 앱은 아날로그 정보인 부동산중개소의 간판을 디지털 세계로 끌어왔다. 그리고 디지털 기기인 스마트폰을 통해 멀리 떨어진 나에게 전달된 것이다. 디지털과 아날로그 세계가 융합을 이룬 것이다. 이처럼 과거에는 불가능했던 일이 오늘날 현실에서는 일상적인 일이 되었다. 디지털과 아날로그가 융합되어 차원이 다른 혜택을 우리에게 가져다준 것이다.

바야흐로 세상에 널린 아날로그 정보를 디지털 정보와 융합해서 사용하는 사회가 우리 앞에 펼쳐지고 있다. 온라인과 오프라인의 결합, 아날로그와 디지털 세계의 융합. 부동산중개소와 지도 앱 이야기는 아날로그 라이프에 디지털 정보기술이 적용될 때 우리의 삶이 얼마나 풍성해질 수 있는가를 보여준다.

세 번째 이야기는 우리가 일상적으로 사용하는 전자제품이 상상 이상으로 복잡한 기술들의 결합으로 이루어져 있다는 것을 보여준다. TV는 누구든지 쉽게 사용하는 소비재다. 어린아이부터 연세 드신 할아버지 할머니까지, 선진국이든 후진국이든 TV를 사용하는 방법은 동일하다. 특별한 지식이나 교육이 필요하지 않다. 그렇게 쉽게 사용하는 TV가 갑자기 안 나오면 당혹스럽다.

일상 제품인 TV도 날이 갈수록 복잡한 기술들로 구성되어가고 있다. 단순히 화면이 커지고, 두께가 얇아지고, 화질이 좋아지는 문제에 그치지 않는다. 갈수록 스마트한 기능이 추가되고 있다. 컴퓨터나 스마트폰과 연동될 뿐만 아니라 인터넷도 연결된다. 이런 기술적 융합이 작동할 수 있도록 생명력을 불어넣는 핵심 요소는 바로 소프트웨어다. 이는 그럴듯해 보이는 고가의 제품도 단 몇 줄의 소프트웨어 결함만으로 한갓 빈 껍데기에 그칠 수 있음을 보여준다. 그 여파는 한 가정의 주말을 속절없이 암흑에 빠뜨릴

만큼 엄청나다.

오늘날 IT는 우리 삶 깊숙이 자리 잡고 있으며 그 영향력 또한 점점 커지고 있다. 이제 IT는 일부 산업의 문제가 아니다. 디지털 라이프는 어떻게 IT가 현재와 미래의 우리 삶의 모습을 바꾸고 있는지를 보여준다. 인터넷을 중심으로 한 통신과 방송의 융합, 공간의 제약을 벗어난 아날로그와 디지털 세계의 융합, 그 속에서 결정적인 역할을 하는 소프트웨어… 우리는 이런 세상을 아주 빠른 속도로 만들어가고 있다.

우리는 시대적 전환점에 서 있다.

우울한 현실 속에서 희망을 찾다

우리는 흥미로운 시대에 살고 있다. 당연히 호기심과 기대감에 부풀어야 마땅할 것 같다. 특히 대한민국은 IT 강국이라는 자부심을 가질 만큼 인터넷이 잘 '연결된 국가'(wired nation)로 손꼽힌다. 구글의 브래들리 호로비츠(Bradley Horowitz) 부사장은 한국을 미래의 표상으로 내세운 적이 있다.

"한국인은 혁신이 무엇인지 알고 있다. 한국은 야망이 큰 나라다. 우리는 직원을 한국으로 보내는 것을 가상의 타임머신을 태워서 미래로 보내는 것으로 생각한다. 한국에서 만든 혁신을 전 세계가 누리고 있는 것이다."

오늘날 세계로 도약하는 한국의 모습은 쉽게 발견할 수 있다. 삼성, 현대, 엘지는 세계 어디를 가도 알아주는 브랜드다. 우리가 만든 전자제품과 자동차가 세계를 누비고 있는 것이다. 한류는 세계를 향해 뻗어가고 있고, 우리의 음식, 영화, 노래, 드라마는 세계인의 문화가 되고 있다.

그러나 다른 관점으로 바라보면 전혀 다른 모습에 당황스러울 때도 있다. 한국의 몇 가지 지표를 보면 암울하다 못해 마치 저물어가는 국가처럼 보일 지경이다. 해소될 기미를 보이지 않는 청년 실업률, 노령화로 인한 생산 인구의 감소, 우려할 수준으로 늘어가는 국가 부채, 극심한 양극화 속에서 설 자리를 잃고 있는 중산층, 성장의 한계를 보이는 중소기업…. 이는 별개의 문제들이 아니다. 서로 얽혀 있는 난제들이다. 한마디로 경제적 선순환의 고리를 찾지 못해서 답답해하고 있는 양상이다.

특히 경제 활성화의 핵심인 일자리 문제는 심각하다. 중소기업에서는 이공계 출신을 못 찾아 난리인데, 다른 한편에서는 공무원 시험과 대기업 입사를 위해 몇 년이고 공부하면서 시험 준비를 한다. 그렇다고 창업의 꿈을 키우기에는 환경이 너무나 열악하다. 한창 일할 체력과 실력을 가지고 있는 베이비부머 세대는 은퇴의 길을 걷고 있다.

각 분야에서 세계로 도약한 젊은이들의 인터뷰를 보면 예전 세대에서는 느끼지 못했던 당당함을 느낄 때가 있다. 반대로 어떤 젊은이들은 세계를 향한 도전은 차치하고 국내에서만이라도 안정적이고 편한 직장을 갖고 싶어 한다. 세계적으로 인정받는 대기업이 있는가 하면, 국내에서 생존하기에도 벅찬 중소기업이 태반이다. 우리나라는 중소기업이 대기업으로 성장할 수 있는 가능성이 선진국에 크게 못 미친다. 마치 절대로 건너지 못할 심연(深淵)이 중소기업과 대기업 사이에 있는 것 같다.

모두들 열심히 살려고 노력하고 있는데, 왜 우리 주변은 이렇게 온통 우울한 소식으로 점철되어 있는 것일까? 세계화에 따른 양극화 때문이니 우리만 그런 것은 아니라고 자위해야 하는가? 자본주의는 본래 냉혹한 것이라며 체념한 채 살아야 하는가? 여러 계층의 사회적 갈등에서 그 원인을 찾아야 하는가? 정부에서도 나름대로 강구해야 할 방안을 놓고 우선순위를 고민한다. 그런데 한번 생각을 바꿔보면 어떨까? 혹시 우리가 무언가 중심을 놓치고 있는 것은 아닐까? 구조적인 변화를 생각하지 않고, 관성에 따라 해결책을 찾고 있는 것은 아닐까?

'인생은 해석'이라는 말이 있다. 인생을 살면서 많은 사건을 겪게 되는데, 그 사건들을 어떻게 해석하느냐에 따라 삶의 방향이 달라진다는 뜻이다. 마찬가지로 우리가 살고 있는 시대를 명확하게 바라보고 해석할 필요가 있다. 그에 따라 우리가 삶을 사는 방식과 이 사회가 문제에 대처해나가는 방향은 완전히 달라진다.

지금 살고 있는 시대를 제대로 해석하기

'우리가 살고 있는 시대를 제대로 해석해야 한다.'

이런 생각이 바로 책을 쓰게 된 동기다. 수많은 난제들이 실타래처럼 엉켜서 풀리지 않고 있다면, 그동안의 지식과 상식으로 해결되지 않고 있다면, 시대가 변했기 때문은 아닐까? 그것도 지축이 흔들릴 정도로 큰 변화가 벌어지고 있는데 우리가 감지하지 못하고 있는 것은 아닐까? 시대에 대한 해석이 우선시되어야 하는 이유다.

해석의 관점은 다양할 수 있다. 세계화, 중국과 인도의 부상, 금융 위기, 과학기술의 발달 등. 그중에서도 우리의 삶을 관통하는 핵심을 잡아야 한다. 나는 이것을 'IT의 대중화'라고 생각한다. IT 출신이라서 자기 입장에서만 바라보려는 좁은 소견이라고 비판할지 모른다. 그러나 평생 IT에 몸담고 살아오면서 나는 세상을 바꾸고 있는 이 기술의 폭과 깊이에 대해 때로는 전율을 느끼곤 한다.

IT를 효자 수출산업 정도로 보거나, 일부 젊은이들의 유행성 향유물로 본다면 본질을 놓치고 있는 것이다. IT는 더 이상 보조적·주변적 요소가 아니다. IT는 우리가 먹고사는 새로운 방법을 창출해내고 있고, 우리의 라이프스타일을 바꾸고 있다. 정보통신의 발전으로 국가 간 장벽이 무너진 지 오래다. 기술 혁신으로 IT 제품은 남녀노소의 필수품이 되었고, 스마트하고 지능적인 새로운 문명을 일으키고 있다.

일부에서는 IT가 기존 산업을 파괴한다고 지적한다. 맞는 말이다. IT 때문에 없어지거나 축소된 직종이 많다. 그러나 IT 덕택에 만들어진 새로운 산업은 그보다 훨씬 많다. 구글, 애플, 아마존, 페이스북처럼 과거에는 존재하지 않았던 수많은 기업들이 세계를 호령하고 있다. 이들은 IT 산업의 규모를 키우는 데 그치지 않는다. 기존의 산업마저도 디지털 기술을 통해 리모델링하고 있다. 이처럼 IT는 우리가 일하는 방식을 바꾸고 있다. 소프트웨어 개발자, 데이터 사이언티스트(Data Scientist : 빅데이터 전문가), 인터넷 마케터, 보안 전문가 등. 이런 직종은 도대체 언제 생겨났던가? 이들은 단순히 IT 산업에만 종사하는 인력이 아니다. 이미 여러 산업 구석구석에서 필수적인 존재가 되어가고 있는 전문가 집단이다. 이들은 국경을 넘나들면서 자신의 일거리를 찾아올 뿐만 아니라 사회적 영향력도 점차 커지고 있다.

산업혁명은 몇 천 년 동안 이어져 온 인간 삶의 틀을 송두리째 바꾸어놓았다. 도시로 생활의 거점이 옮겨졌고, 교통의 발전으로 세계 곳곳에 도달할 수 있게 되었고, 전기의 발명으로 잃고 지냈던 밤 시간대를 얻었다. 산업혁명 이전의 삶은 책이나 영화 속에서나 볼 수 있는 먼 옛날이야기처럼 들린다. 그만큼 우리는 새로운 산업 문명에 익숙해졌다.

산업혁명이 우리가 현재 살고 있는 시대를 형성했다면, 정보통신 기술은 새로운 시대를 만들어가고 있는 진행형이다. 그것도 아주 빠른 속도로 진행 중이다. 통신과 인터넷의 발전은 세계를 하나로 연결시켜주고 있다. 조직의 일부 부서에서 사용하던 컴퓨터는 오늘날 모든 사람들의 손 안에, 개개인의 삶 구석구석에 스며들고 있다.

이제 우리는 신문, 잡지와 같은 전통 미디어보다는 인터넷 검색과 소셜 네트워크서비스(SNS)를 통해 실시간으로 최신 정보를 얻는다. 자본과 결합된 노동집약적 산업은 저비용국가로 이동하면서 창의적인 아이디어와 기술력 중심의 고부가가치 서비스로 대체되고 있다. 대기업과 하청기업이라는 수직적인 관계도 당당한 수평적 제휴 관계로 산업 생태계가 바뀌고 있다. 다양한 업종의 융합이 이루어지고 있고, 글로벌 네트워크 없이는 지속적인 성장을 이룰 수 없게 되었다.

코드를 읽고 방향을 모색하라

무엇보다 가장 큰 변화는 개인에게 벌어지고 있다. 대중화된 IT 기기의 보급과 인터넷 덕택에 개인의 정보력은 막강해졌다. 시대를 막론하고 정보는 힘이다. 그렇다면 IT는 힘의 중심을 개인으로 옮기고 있다는 것을 의미한다. 재스민 혁명의 기폭제가 된 SNS는 오랜 독재자를 권좌에서 끌어내렸다. 잘못된 관행들은 인터넷을 통해 낱낱이 공개되고 있다. 이 밖에도 시민 권력과 탈권위주의 현상은 많은 곳에서 감지된다. 그 여파는 기업의 운영 방식에도 변화를 주고 있다. 산업화 사회에서는 조직과 시스템이 중요했지만, 지식기반 사회에서는 조직 구성원의 역량 발휘가 중요하다. 개인의 역량을 바탕으로 그 기업은 혁신과 성장을 이뤄낸다. 조직과 시스템에 맞춘 인력이 아니라 전문성과 현장감을 겸비한 인력이 기업의 성패를 좌우하는 것이다.

우리의 숙제는 사회적으로 그런 여건을 만들어내는 것이다. 전문가로서의 기술과 노하우, 도전과 열정이 가득한 기업가 정신은 이 시대가 절실히 원하는 특성이다. 이들의 꿈이 이뤄지도록 인프라와 환경이 조성되어야 한다. 창업은 열정과 도전의 동기 부여를 극대화하는 수단이고, 중소기업은 끊임없는 혁신의 발판이다. 또한 산업화 시대에 소외됐던 여성과 노약자도 지식기반 사회에서는 또 다른 주역이 될 수 있다.

우리는 과연 이런 시대를 충실히 대비하고 있는가? 불행히도 현실은 그 반대다. 창의력과 열정이 중요한데, 목표도 불분명한 스펙 쌓기에 전념한다. 살아 있는 글로벌 네트워크가 중요한 시대임에도 이 좁은 땅덩어리 안에서 학연·지연·혈연에 매달린다. 사람의 수명이 늘어나면서 노동해야 할 시간이 늘어났음에도, 정년이 보장되는 편안한 직장만을 선호한다.

우리는 무언가 시대를 잘못 읽고 있는 것은 아닐까? 자식이 살 세상과 부모가 살았던 시대는 다르다. 기회가 더 많은데 왜 위기라고 하는가? 산업화 시대엔 시스템 속에서 살아야 했지만 지금은 그런 시대가 아니다. 때문에 개인에게 기회가 많다. 우리를 침울하게 만드는 위기감은 어쩌면 시대적 변곡점에 서 있는 우리의 진통일지 모른다. 그렇다면 해결책은 이 시대의 변화를 직시하는 것이다. 제대로 된 해석을 해야 그에 맞는 방향을 모색할 수 있다.

이 책은 우리 곁에서 일어나고 있는 변화의 현장을 하나씩 찾아가본다. 대중화된 기술, 융합의 현장, 지능적 시스템 등 우리 삶 속에 자리 잡은 IT가 어떤 의미를 가지고 있는지, 어떻게 우리의 인식이 완전히 바뀌었는지 관찰할 것이다. IT를 기반으로 과학기술은 향후 20~30년간 엄청나게 발전할 것이다. 이로 인해 파괴적이고, 때로는 불연속적인 변화가 일어나게 될 것이다. 우리는 그런 변화를 몸소 체험하며 살아가야 한다.

　IT는 우리의 손 안에서, 사무실 안에서, 조용하게 변화를 일으키고 있다. 우리가 눈치 채지 못한 사이 그 변화는 우리의 삶 구석구석에서 혁명을 일으키고 있다. 우리가 생각하는 과정, 인간관계, 개인의 심리 상태에도 변화가 일고 있다. 무엇보다 시스템에 맞춘 자신이 아닌, 자신만의 잠재된 가치를 끄집어낼 수 있는 기회다.

　우리는 이런 변화를 주시하면서, 그 속에서 이 시대의 코드를 읽어내야 한다. 그래야 이 시대를 제대로 살기 위한 단서를 잡을 수 있다. 그런 고민이 이 책에 담겨 있다. 시대를 올바로 해석하고 더 나은 미래를 살고자 하는 독자들에게 조금이나마 도움이 되기를 기대하며 이 책을 드린다.

I 새로운 시대의
새로운 돌파구

01

변화는 이미 우리 곁에 와 있다

IT 대중화로부터 변화는 시작되었다. 전화가 보급되고, 컴퓨터가 대중화되고, TV처럼 인터넷

을 쉽게 사용하게 되면서 보통 사람들이 품고 있던 기술에 대한 장벽은 무너졌다. 점점 기계

의 모습을 탈피한 컴퓨터는 시간과 공간의 제약을 벗어나 일상생활 곳곳에서 도움을 주는 편

리한 도구가 되었다. 디지털 시대는 새로운 문명의 시작을 알렸고, 권력 이동의 역사적 전환점

이 되었다.

추억의 서랍으로 들어간
아날로그

숫자의 변화를 읽으면 문명의 발전이 보인다

"여러분이 지금 살고 있는 집에 수도꼭지가 몇 개나 있는지 아십니까?"

전 직원 1박 2일 교육과정인 '안랩스쿨'에 강사로 오신 분이 직원들에게 던진 질문이다.

"한번 생각해보세요. 집안 식구보다 많은지 적은지."

"가족 1인 당 3~4개? 아니 그보다 더 있던가?"

모두들 쉽게 대답하지 못한 채 속으로만 수도꼭지 숫자를 열심히 세고 있었다.

"차분히 세어보세요. 생각보다 많습니다."

그렇다. 예를 들어 화장실이 2개라면 찬물, 뜨거운 물이 나오니까 그것만 해도 2×2=4(개)이고, 부엌, 세탁실, 베란다 등을 포함한다면 집안 식구보다 훨씬 많은 수도꼭지를 가지고 있다.

그의 강연이 다시 이어졌다.

"과거에는 한 가구당 몇 개 정도의 수도꼭지가 있었을까요? 집에 세든 사람까지 해서 1개의 수도를 여러 사람이 쓰던 풍경을 기억하실 겁니다."

'한 지붕 세 가족'은 80년대 어렵게 살던 세대의 애환을 그린 TV 드라마다. 그 시절에는 여러 세대가 하나의 수도꼭지에 의지해서 같이 살았다. 샤워는 언감생심이다. 명절 때 목욕탕에 가서 몸을 씻는 게 낙이었다. 수도꼭지 하나에 여러 사람이 의지해서 살았으니 1(수도꼭지) : N(사람)의 비율이었던 셈이다. 그러면 그보다 더 이전 시대에는 어땠을까? 나는 외가가 해방촌이었는데, 그 동네에는 이북에서 월남한 가족들이 모여 살았다. 모든 것을 고향에 남기고 피난 온 분들이 살던 곳이라 환경은 열악했고 공동으로 사용하는 우물도 있었다. 1(우물) : M(집)의 구조랄까?

여러 집이 한 개의 우물에 의지하며 살던 시절, 집집마다 수도는 들어갔지만 여러 세대가 한 개의 수도꼭지를 공동으로 사용해야 했던 시절, 그리고 오늘날 가족 수보다 수도꼭지 수가 더 많은 시대로 발전했다. 불과 한 세대 사이에 우리의 생활환경은 이렇게 달라졌다. 경제발전으로 인해 수도꼭지의 숫자도 늘어났을 뿐만 아니라 쓰이는 형태도 다양하게 바뀌었다. 수도꼭지가 늘어나면서 우리의 삶은 윤택해졌다. 그 강사는 "문명의 발전은 이와 같은 숫자의 변화를 잘 읽어야 한다"고 마무리 조언을 했다.

먼 훗날 우리는 전화기를 갖게 될 거야

또 다른 이야기 하나. 1990년대 초 어느 대기업 전자 회사에 다니고 있을 때 같은 회사에 근무하던 대학 동기의 실험실을 방문했다. 우리는 학부에서 전자공학을 같이 전공했지만, 그 후 대학원에서 그는 정보통신으로, 나는 컴퓨터로 서로 다른 길을 걷고 있었다. 그는 무언가 실험에 열중하고 있었다.

"뭐 해?"

"앞으로는 사람들이 전화기를 하나씩 들고 다닐 거야. 그런 전화기를 만들고 있어."

"그런 시대가 얼마나 빨리 올까? 아직 먼 훗날 아니야?"

"글쎄, 나도 아직은 잘 모르겠어. 하지만 언젠가 오지 않겠어? 기술 개발은 가능한데, 문제는 보통 사람이 구입할 수 있을 만큼 가격이 떨어지느냐에 달려 있겠지."

전자공학과를 나와서 박사학위까지 취득한 두 사람이 불과 10년도 지나지 않아 모든 사람이 휴대폰을 들고 다니는 시대가 올 것을 몰랐으니 생각해보면 참으로 한심하다. 그 친구는 그 후 실리콘 밸리로 가서 세계적 무선 통신 기업의 고위 임원이 되었다. 오랜만에 그를 만나서 우리가 저런 대화를 나누었던 것을 회고한 적이 있다. "우리처럼 변화의 한가운데 있는 전문가들도 예측하기 어려운데, 보통 사람들은 어떨까?"

1970년대만 해도 전화기가 없는 집이 많아서 옆집 전화를 빌려 쓰곤 했다. 1980년대 TDX 교환기를 국산화한 주역으로 오명(2013년 현재 동부하이텍 회장)을 꼽는다. 그는 《30년 후의 코리아를 꿈꿔라》에서 그때의 상황을 생생하게 설명하고 있다.

"당시에는 백색전화와 청색전화 제도가 있었다. 청색전화는 전화국에 신청해서 받는 전화였고, 백색전화는 사고팔 수 있는 전화였다. 그 백색전화 권리금이 250만 원이 넘었다. 웬만한 서민주택보다 비쌌던 것이다. (중략)

그때는 자동차에 달고 다니는 무선전화기도 있었다. 지금 가치로 환산하면 억대가 넘는 돈이다. 자동차에 그 긴 안테나가 달려 있으면 교통경찰들도 건드리지 않았다. 소위 힘 있는 사람이 타고 있는 차였기 때문이다."

이와 같이 전화기를 가지고 있다는 것은 일종의 돈과 권력의 과시였다. 그런데 1980년대에 교환기 국산화라는 커다란 업적을 이루면서 전화기 가격은 크게 떨어졌다. 비로소 집집마다 전화기를 놓는 시대가 되었고 여유가 있는 집에서는 전화기를 1~2대 더 들여놓기 시작했다. 친구와 대화를 나눴던 게 바로 이 시점, 즉 유선전화기가 겨우 집집마다 들어갔을 때였다. 그러나 모든 사람이 전화기를 하나씩 가지고 다니는 풍경까지는 예상할 수 없었다. 전화기를 들고 다니려면 무선통신을 사용해야 하는데, 아직 대중화하기에는 미흡했고 인프라 비용도 만만치 않았던 탓이다.

그 많던 공중전화 박스는 다 어디로 갔을까?

수도꼭지와 전화기의 숫자가 증가한 것은 우리 삶의 발전상과 무관하지 않다. 이웃에 전화기가 한 대 있을까 말까 하던 시절, 우물 하나에 여러 집이 의지하던 시절. '한 지붕 세 가족'처럼 주인 집 전화기를 빌려서 사용하는 것, 세들어 사는 여러 세대가 수도꼭지를 공동으로 사용하는 것. 사람마다 전화기를 들고 다니는 풍경. 사람 수보다 많아진 기기와 가족 수보다 많은 수도꼭지….

문명의 발전은 우리에게 주어지는 문명의 이기가 증가하는 현상과 맥을 같이한다. 전화기 한 대 들여놓기 힘들던 시대에서 개인마다 하나 혹은 두 개 이상의 전화기를 들고 다니는 시대로 바뀌는 과정은 불과 30년 사이에 이루어졌다. 서양이 몇 백 년에 걸친 산업화 과정을 통해 문명의 발전을 이룩한 반면, 우리나라는 불과 한 세대 동안 압축적으로 성장했다. 그러다 보니 수도꼭지 숫자나 전화기 숫자가 비슷한 시대에 늘어난 것처럼 느껴질 때도 있다.

때로는 문명의 이기가 조용히 사라지는 것도 보게 된다. 앞 사람 통화가 끝나기를 애타게 바라며 줄을 서서 기다리던 공중전화. 공중전화 박스는 추위를 피하던 고마운 장소이기도 했다. 그런데 이제는 자리만 차지한다는 따가운 시선을 받으며 애처롭게 서 있는 처지가 되었다. 어쩌다가 만취한 사람이 유리창이라도 깨뜨리면 애꿎은 수리비용만 나가게 만드는 애물단지 취급을 받기도 한다. 과거 TV 드라마 장면을 다시 보면 전화하는 모습만 보아도 그 시대를 대충 짐작할 수 있다. 세들어 사는 집에서 주인집 전화를 빌려 쓰던 1970~80년대, 공중전화로 통화를 하다가 곤란한 문제를 추궁당하면 "어쩌지요? 카드가 다 되었네요. 다음에 연락 드릴게요"라면서 카드 핑계를 대곤 황급히 수화기를 내려놓기도 했던 1990년대….

불과 20년 전만 해도 서로 연락이 안 되고 약속 장소가 엇갈려 만나지 못했다는 이야기가 적지 않았다. 당시 TV 드라마에서 통속적으로 사용하는 수법 중 하나는 연인들을 간발의 차로 만나지 못하게 해서 보는 이들의 마음을 아프게 하는 것이었다. 그래선지 1970~80년대 대학 캠퍼스 근처 찻집에는 서로 메모를 통해 만나는 방법이 흔했다. 요즘 젊은이들은 자기 부모 세대가 이렇게 데이트했던 모습을 상상하기 어려울 것이다.

그러나 지금은 커뮤니케이션의 자유를 누리는 세상이다. 인터넷 전화 스카이프(Skype)를 사용하면 비용도 들지 않고, 그룹을 만들어 대화할 수도 있다. 이제 우리는 전화, 문자 메시지, 이메일 등 다양한 방법으로 소통한다. 휴대폰과 인터넷 없이 지내는 하루를 상상해볼 수 있겠는가? 24시간 연결되어 사는 세상. 커뮤니케이션의 홍수 속에서 우리는 살고 있는 것이다.

레코드판과 카세트테이프의 시절

고등학교 시절 방송반에서 활동한 적이 있다. 당시 학교에서 보유하고 있던 음반은 대부분 LP 레코드판이었는데, 음악방송을 할 때마다 한 가지 애로사항이 있었다. 턴테이블 위에 올라가는 바늘을 정확하게 맞춰두었다가 DJ의 멘트가 끝나자마자 제 시간에 음악이 시작하게 만드는 것이었다. 잘못 맞출 경우 음악이 나오기까지 몇 초간 기다려야 했다. 그 짧은 정적이 왜 그리도 길게 느껴지던지… 등에서 식은땀이 흐르곤 했다. 선배에게 야단을 맞아가면서 늦게까지 남아 연습했던 기억이 생생하다.

그로부터 몇 년이 지나 대학생이 되자 새로운 기기가 우리 앞에 등장했다. 모두들 신기하다는 듯이 그 기기를 돌려가면서 구경했다. 헤드폰을 끼자마자 앞에 나가 춤을 추는 친구도 있었다. 소니의 워크맨이었다. 워크맨은 테이프에 녹음된 음악을 헤드폰을 통해 생생하게 전달해주었다. 손바닥 안에 들어오는 작은 기기로 이렇게 파워풀한 음악을 들을 수 있다니! 전자공학을 전공하던 우리들은 가뜩이나 일본의 전자 기술에 주눅이 들어 있던 터라, 이 작은 제품에 경탄을 금치 못했다. 워크맨으로 음악을 들을 때 사용했던 바로 그 카세트테이프는 대학 실험실에서 직접 만든 마이크로컴퓨터의 데이터 저장 수단이 되기도 했다. 하지만 오늘날 데이터를 카세트테이프에 저장해 사용하는 사람은 없다. 아니, 카세트테이프 자체가 사라지고 있다. 과거에는 세상에 널린 게 카세트테이프였지만, 이제 소형 오디오 제품에서도 카세트테이프를 재생해주는 자리는 자취를 감추고 있다. 어쩌다가 연세 드신 부모님이 소장하고 있는 테이프를 틀어보기 원하시면 일부러 그런 제품을 찾으러 나서야 할 정도다.

오늘날 스마트폰에서 음악을 재생하는 것은 손가락 한 동작으로 이루어진다. 특별히 연습할 필요도 없다. 듣던 음악이 싫증 나면 터치 한 번으로 다른 음악을 틀기도 한다. 젊은 세대에게 LP 레코드판이나 워크맨에 얽힌 에피소드는 먼 구석기 시대의 이야기처럼 들릴지도 모른다. CD나 MP3 같은 깨끗한 음질의 디지털 미디어도 차고 넘친다. 그런데도 오히려 LP의 판 긁히는 소리가 더 좋다는 7080 세대도 있다고 한다. 단지 공부에 여념이 없었던 학창시절, 혹은 지친 삶에 여유가 없었던 때 큰 위로를 주고 기쁨을 주었던 추억 때문일 것이다.

어쨌든 당시 축음기와 레코드는 신줏단지 모시듯 귀하게 보관했던, 재산 목록 상위권에 올랐던 품목이었다. 하지만 기술 혁신을 거듭하고 보급이 늘어나면서 기기의 가격도 크게 떨어졌다. 규모의 경제 효과다. 이제는 경제력에 따라, 소비의 우선순위에 따라, 일반인도 자신에게 맞는 제품을 장만할 수 있게 되었다. 음악회 현장에서나 느낄 수 있는 음악의 장엄함을 거실에서 감상하는 것은 더 이상 일부 특권층만의 전유물이 아니다. 한때 부의 상징이었던 카메라조차도 이제는 모든 사람들의 휴대폰 안에 들어 있지 않은가.

LP를 소장하기 위해 적지 않은 투자를 감행한 이들에게 이제 레코드판은 단지 추억일 뿐이다. 다른 미디어도 명멸을 거듭했다. 1990년대 중반 미국 회사에 같이 근무하던 동료는 레이저 디스크(LD) 수집이 취미였는데,

LD를 150장 이상 가지고 있다며 자랑을 늘어놓곤 했다. 그런데 과연 지금도 그가 LD로 영화를 보는지 궁금하다. 시간이 갈수록 올드 미디어의 효용가치는 제로로 수렴하고 있다. 과거의 추억은 남아 있을지언정, 더 이상 사용되지 않는 매체는 처치 곤란한 애물단지로 전락해버린 듯하다.

기술 장벽 붕괴와
거대한 변화의 서곡

전화선으로 연결된 PC통신 신세계

2007년에 세미나 발표를 위해 인도네시아에 간 적이 있다. 호텔에 체크인하고 방에 들어가서 이메일을 확인하기 위해 노트북을 켜고 인터넷에 연결하려고 했다. 그런데 어찌된 영문인지 인터넷 케이블이 보이지 않았다. 생각을 가다듬고 호텔 방에 비치된 안내 책자를 꼼꼼히 살펴보았다. 결국 인터넷을 연결하는 방법을 찾기는 했는데, 모뎀을 통해 연결하라는 방법이 적혀 있었다. '모뎀'(modem). 참으로 오랜만에 접하는 용어였다.

과거의 기억을 되살리려고 노력하다가 그제야 아주 중요한 것을 잊고 있다는 것을 깨달았다. 내가 가지고 있는 컴퓨터에는 모뎀을 연결할 수가 없었다. '인도네시아 수도 자카르타의 최고급 호텔에서 인터넷에 연결할 방법이 없다니….' 순간 망연자실했다.

다음 날 이 이야기를 인도네시아에 거주하는 지인에게 들려주었는데 한술 더 뜬 이야기를 듣게 되었다. 한국에서 폐기한 모뎀 제품을 모아 동남아시아에 수출하는 기업도 있다는 것이다. 우리나라는 기술 변화에 뒤처지지 않으려고 혈안이 되어 있는데, 다른 한편에서는 기술의 시간차를 겨냥한 사업이 성행하고 있었다.

모뎀. 이 용어를 기억하는 사람이 얼마나 있을까? TV에 나온 유명 아이돌 가수가 모뎀으로 컴퓨터를 연결해 마음을 주고받았던 이야기를 자랑스럽게 얘기했다. 그러자 어이가 없다는 듯 사회자가 "모뎀? 아니 도대체 나이가 어떻게 되시는 겁니까?"라고 묻자, 순간 그 출연자는 나이가 들통 났다는 듯이 당혹스러워하는 표정을 감추지 못했다. '모뎀'은 자신의 나이가 탄로 나는 기준이 될 정도로 오래전 사라진 공룡과 같은 존재였다. 그런데 지구촌 어느 나라에서는 아직도 버젓이 사용되고 있었던 것이다.

전화선을 이용한 다이얼업(dial-up) 모뎀은 PC 통신이 탄생한 모태였다. '삐' 하는 신호음을 통해 접속되는 모뎀 통신은 새로운 문화를 잉태한 아이콘이었다. 한국 영화 '접속'과 할리우드 영화 '유브 갓 메일'(You've got mail)은 시대적 문화상품인 PC 통신을 중심으로 한 남녀 간의 애정과 갈등을 그림으로써 큰 인기를 모으기도 했다. 모뎀의 등장은 전화기가 전국 거의 모든 가정에 비치되고 난 1990년대로 거슬러 올라간다. 이와 비슷한 시기에 또 다른 현상이 벌어지고 있었으니 바로 개인용 컴퓨터의 보급이다. 본격적으로 PC가 집에서도 자리를 차지하기 시작한 것이다. 통신 서비스인 전화와 정보 기기인 PC, 이처럼 서로 다른 성격을 가진 둘의 만남은 새로운 변화를 예고했다.

PC를 사기 위해 적지 않은 비용을 지불했기에 이를 더욱 잘 활용하고 싶었던 것은 당연하다. 그러던 차에 PC를 전화선으로 연결해 데이터를 주고

받는다면 유용하다는 데 생각이 미쳤다. PC통신 서비스가 탄생한 배경이다. 개인용 컴퓨터인 PC와 전화 통신의 결합으로 사이버 시대가 열리기 시작했다. PC 통신을 통해 커뮤니티가 형성되었고 사이버 세상은 새로운 만남의 장소가 되었다. 뉴스, 게임, 오락과 같은 콘텐츠를 온라인으로 보고, 게시판에서 비슷한 취미를 가진 친구들과 사귀며, 이메일을 통해 안부를 묻는 사이버 문화가 열렸다. PC 통신으로 사이버 공간에서의 네트워킹에 친숙해진 다음 인터넷이라는 광대한 정보의 바다에 발을 담그게 되었다. 마치 호수 주변에서 친구들과 캠핑하다가 바다를 만난 느낌이라고나 할까? 아직 인터넷 콘텐츠는 별로 없었음에도 신천지 인터넷은 뜨거운 관심을 불러일으켰다.

초기에는 PC 통신 사업자가 울타리를 쳐놓은 공간에 답답해하던 사용자들이 열린 인터넷 공간을 엿보는 정도였지만 여기에 불을 점화한 것이 웹(web)과 브로드밴드(broadband)다. 이 두 가지 기술은 보통 사람들의 심리적 장벽마저 허물어지게 한, IT의 대중화를 일으킨 핵심이다.

한 줄짜리 주소창으로 기술의 벽을 허물다

영화 '노 웨이 아웃'(No Way Out)에서 해군 장교 톰 파렐 소령은 미국 국방성에서 장래가 촉망되는 엘리트 군인이다. 그런데 갑작스레 그의 애인이 살해당하는 사건에 연루되면서 궁지에 몰리게 된다. 실제 범인은 그의 직속상관인 국방부 장관이다. 그는 권력의 실세와 맞서 자신의 무죄를 입증해야 한다. 유일한 돌파구는 죽은 애인의 집에서 나온 물건이 국방부 장관이 외교적으로 받은 선물임을 밝히는 것이다. 이를 입증하려는 하루의

긴박한 과정이 이 영화의 스토리다.

문제는 찾고자 하는 정보가 다른 정부 기관의 컴퓨터에 있다는 점이다. 결국 주인공은 국방부에서 컴퓨터 전문가로 일하는 친구에게 부탁을 하게 된다. 이 영화가 나온 1980년대에는 다른 컴퓨터에 네트워크로 접속하는 것이 쉽지 않았다. 시스템 명령어와 사용법을 알아야 했고 노하우가 필요했다. 컴퓨터가 섬처럼 떨어져 있어서 정보의 자유로운 교환이 어려웠던 시절이다. 이와 같이 컴퓨터에 저장된 정보에 접근하기 위해서는 일련의 기술적 과정이 필요해서, 컴퓨터 전문가의 도움이 없이 일반인이 사용하는 데 어려움이 컸다.

바로 이 장벽을 무너뜨린 것이 웹이다. 우리가 어떤 웹 사이트에 접속할 때 그 웹 페이지가 담겨 있는 컴퓨터가 어느 회사 제품인지, 어떤 운영 체제를 사용하는지, 어느 지역, 어떤 건물에 있는지 알 필요가 있는가? 단지 www로 시작하는 URL 한 줄이면 된다. 웹 주소도 회사나 제품 이름을 상징하는 이름이라 기억하기도 쉽다. 또한 웹 문서를 읽다가 문서에 포함된 하이퍼링크를 클릭하면 자연스럽게 다른 페이지로 연결되는데, 이 과정에서도 기술적 어려움은 거의 없다. 기술적 도움이나 지식이 있어야만 정보에 접근할 수 있었던 과거에 비해 아주 단순하면서도 직관적이다. 절차와 허가를 받는 과정이 없어졌고, 이곳에서 저곳으로 자유롭게 움직일 수 있다. 가히 개방적이고 역동적이다.

요컨대 웹은 정보와 컴퓨터를 분리시켰다. 정보에 접근하기 위해 별도의 컴퓨터 관련 지식을 얻고자 전전긍긍할 필요가 없다. 어떤 명령어를 사용해야 할지 노심초사할 이유도 없다. 마치 TV 채널을 돌리면 다른 방송으로 바뀌듯이, 웹 주소만 바꾸면 다양한 인터넷 사이트를 찾아다니는 '서

핑'(surfing)이 가능하다. 컴퓨터에 기술적으로 의존해야 하는 상황으로부터 자유로워진 것이다.

컴퓨터에 익숙한 이들에게는 웹이 기술적 단계가 생략되어 다소 편리해진 정도로 보일 수 있다. 허나 보통 사람들에게는 그 정도 차원의 문제가아니다. 기술적 스트레스로부터 벗어나는 전환점이 된 것이다. 기술적 절차로부터 해방되니, 마음 편하게 정보 그 자체에 집중할 수 있게 되었다.이것이 웹이 우리에게 가져다준 혜택의 골자다. 웹 이전 시대가 정보를 다루기 위한 기술적 과정에 시간을 쏟아야 했다면, 웹 이후는 정보 자체에만집중하면 된다. 다시 말해서 웹 이전이 기술 중심(Technology Centric)의 세계라면, 웹 이후는 정보 중심(Information Centric)의 세계다.

웹은 기술적·심리적 장벽을 없애버렸다. 베를린 장벽이 무너지자 동독사람들이 서독으로 몰려간 것처럼, 웹은 많은 사람들을 인터넷이라는 무한한 정보의 바다로 이동시켰다. 정보는 자유로움의 상징이 되었다. 인터넷대중화의 봇물이 터진 것이다.

PC를 켜다 = 소통하다

사실 PC는 네트워크로 연결되는 개념이 아니었다. PC 그 자체가 중심이었다. 그래서 PC 안에 담겨 있는 내용이 중요했고, 파일은 디스켓을 통해 주고받았다. 모뎀 시절에도 중심은 여전히 PC였다.

그런데 혁신적인 초고속 통신 기술이 탄생했으니 우리는 이를 통칭해서브로드밴드라고 부른다. 브로드밴드는 단순히 속도가 빨라진 차원에 그치지 않는다. 네트워크 통신에 대한 인식을 결정적으로 바꾼 계기가 되었다.우선 브로드밴드는 별도의 디지털 채널로 연결되기 때문에, 기존의 전화 통화에 영향을 주지 않는다. 모뎀은 전화선을 이용했기 때문에 인터넷과 전화를 동시에 사용할 수 없었다. "왜 전화가 안 되느냐"며 친척들이 아우 성이어서 확인해보니 방에서 공부하는 줄 알았던 아들 녀석이 PC 통신을 하고 있었다는 일화는 이런 기술적 한계 때문이었다.

브로드밴드는 항상 네트워크로 연결돼 있는 상시접속(Always-On) 상태 다. 따라서 PC의 전원을 켠다는 것은 인터넷과 연결된다는 것과 동일한 의 미다. '삐' 하는 모뎀의 기계음을 기다릴 필요도, 접속을 위해 복잡한 절차 를 밟아야 할 필요도 없다. 마냥 기다려야 하는 기계적 접속 과정으로부터 자유로워진 것이다. 이렇게 접속 절차가 간편해지자, 우리는 마치 TV를 켜 는 것처럼 인터넷에 접속하게 되었다. TV를 틀면 바로 방송이 나오듯이, PC를 켜서 웹 브라우저만 클릭하면 바로 인터넷으로 들어간다. 기술적인 과정을 거칠 필요가 없다는 점은 인터넷 접속이 편리해졌다는 정도의 문제 가 아니다. 인식 자체가 바뀐 것이다.

인터넷 연결이 쉬워지자 내 앞에 물리적으로 놓인 PC보다 저 멀리 어딘 가에 있는 인터넷으로 관심이 옮겨갔다. 아침에 PC를 켜면 하드디스크 안 에 있는 내용을 보겠는가, 아니면 밤 사이 들어온 메일과 뉴스를 보겠는가? 이렇듯 웹과 브로드밴드는 우리의 생활을 바꿔놓았다. 수시로 최신 뉴스를 검색하고, 이메일을 체크하고, 친구들과 채팅을 한다. 빠르고 인터넷 연결 이 쉬워진 브로드밴드, 그리고 마음껏 인터넷 바다를 돌아다닐 수 있도록 도와주는 웹 기술 덕택이다.

토머스 프리드먼(Thomas Friedman)은 《세계는 평평하다》에서 웹브라우 저를 최초로 상용화한 넷스케이프가 미국의 증권시장 나스닥에 화려하게 상장된 1995년 8월 9일을 세계를 평평하게 만든 두 번째 사건으로 지목하고 있다. 그는 "넷스케이프의 브라우저는 인터넷에 생명을 불어넣었을 뿐만 아니라 5살 어린아이부터 80대 어른까지 인터넷에 접근하도록 세상을 바꾼 역사적 사건"이라고 의미를 부여한다. 인터넷이 단지 일부 산업이나 전문가 집단의 영역에 그쳤다면 잔잔한 파도에 그쳤을 것이다. 그러나 웹과 브로드밴드는 IT 분야에 한정된 일시적 해프닝이 아니다. 기술 장벽을 제거함으로써, 인터넷을 우리 삶 속에 깊이 파고들게 했다. 인터넷은 우리가 먹고사는 문제부터 일상 문화생활에 이르기까지 막대한 영향력을 끼치고 있다. 이미 우리 사회는 인터넷 없이는 살 수 없게 변화했다. 더 나아가 이러한 생활양식은 PC를 벗어나 스마트폰, 태블릿으로 확장되고 있다.

인터넷 이전과 이후의 세계는 너무나도 다르다. 그리고 미래는 더욱 다를 것이다. 기술의 문제라고 회피하거나, 유행이라고 무시할 수 없는 것이 현실이다. 새로운 사회 질서와 산업 구조, 일자리와 같은 문제는 인터넷 시대를 어떻게 받아들일 것인가에서 시작한다.

권위주의 시대에
종지부를 찍다

권력은 정보를 가진 쪽으로 이동한다

우즈베키스탄에 여행을 갔을 때 박물관에 들른 적이 있다. 중앙아시아를 호령하던 티무르 제국의 힘과 위상이 느껴지는 유물이 많았다. 전쟁에서 사용하던 칼과 무기, 튼튼한 갑옷은 호방한 기상을 나타내고 있었다. 그런데 문화는 융성했지만 의외로 역사적 기록물은 별로 눈에 안 띄었다. 안내하는 분에게 물어보니 끊임없는 전쟁과 정복 활동으로 신체적·물리적 활동이 활발했던 반면, 차분히 책을 읽고 기록하는 문화는 상대적으로 약했던 것 같다고 한다. 유목민적 기질이 강해서인가 보다.

반면 우리나라는 어떠한가? 왕의 모든 언사와 행동을, 그것도 500년 왕조 전체에 걸쳐서 빠짐없이 기록한 조선왕조실록을 보유하고 있지 않은가? 이처럼 방대한 기록은 유네스코도 인정하는 우리의 자랑이다. 이와 같이 문자로 적힌 기록은 후대에도 이어져 삶의 교훈을 준다. 만일 그런 기록이 남아 있지 않을 경우 과거는 현재와 단절된, 언젠가 존재했던 먼 옛날이야기에 그치게 된다.

문자는 문명의 발전에 결정적으로 기여했다. 문자를 통해 서로 소통하고 지식을 보존하는 방법을 만들었다. 문자의 존재 여부는 그 나라의 문명 수준을 가늠하는 잣대가 된다. 문자를 통해서 역사를 기록하고 배우며, 그렇게 형성된 역사의식은 스스로 과거를 거울 삼아 깨우침을 얻는 반면교사가 된다. 후진국일수록 글자가 없거나, 있다 하더라도 배우기 어렵다. 글자를 만들겠다는 의지와 공감대가 부족한 탓도 있지만, 정치 지도자의 계획된 의도 때문이라는 해석도 있다. 국민이 글자를 알면 자신들의 권력이 약해진다는 두려움 때문이다. 그런 점에서 세계에서 가장 과학적이고 배우기 쉬운 글자를 가지고 있는 우리에겐 얼마나 행운인가?

드라마 '뿌리 깊은 나무'에서 세종대왕의 한글 창제를 반대하는 정기준이 "문자는 무기다. 그게 사대부의 권력이요, 힘의 근거다. 헌데 이 문자라면 조선의 모든 질서가 무너질 것이다"라고 주장한다. 물론 역사적 허구이자 픽션에 불과하지만, 문자의 대중화로 자신들의 기득권이 흔들린다고 생각한 당시 유학자들의 근심 걱정을 엿볼 수 있다. 이런 반발을 극복한 세종대왕의 한글 창제는 평범한 백성들이 혜택을 누릴 수 있게 했다. 지식을 독점해서 권력을 영위하려는 사대부들의 집요한 반대를 물리치기 위해 극비리에 진행된 훈민정음 창제야말로 계층을 뛰어넘어 소통을 원활하게 해야 한다는 세종대왕의 '위민사상'(爲民思想)과 집념을 확실히 보여준다.

시민 권력 시대

1517년 10월 31일, 독일의 성직자 마르틴 루터(Martin Luther)는 비텐베르크 대학 부속 교회당 정문에 '95개조의 논제'라는 문서를 전격 게재했다. 당시 가톨릭교회의 면죄부 판매를 비판하는 과격한 내용이었고, 이는 종교개혁으로 발전했다. 마르틴 루터가 성공할 수 있었던 결정적 이유는 인쇄술의 발명으로 다량의 선언문을 손쉽게 배포할 수 있었기 때문이다.

인쇄술 덕택에 교황청의 가톨릭 사제들에 의해서 독점되던 정보가 더 널리 읽힐 수 있게 되었다. 인쇄술의 발달로 책은 보편적인 도구가 되었다. 지식과 정보가 세습과 계급에 의해 좌지우지되는 것이 아니라, 탐구와 노력의 산물이 되는 계기가 마련된 것이다.

인쇄술은 소통력을 강화하는 기술이다. 인쇄술이 자신들에게 도움을 줄 것으로만 생각했던 가톨릭 종교 지도자들은 초기에 인쇄물의 보급을 큰 위협으로 보지 않았다. 그렇게 과소평가했던 인쇄술이 그들의 기득권을 무너뜨리게 된 것은 역사의 아이러니다. 자크 아탈리(Jacques Attali)는 《미래의 물결》에서 "권력의 중앙집권을 용이하게 하리라고 믿는 새로운 통신기술이 실상은 그와 반대로 기존 권력을 분산시키는 막강한 적이다"라고 설명한다. 빅토어 마이어 쇤베르거(Viktor Mayer-Schönberger)가 《잊혀질 권리》에서 지적한 것처럼 "기억에 대한 통제는 교회의 손에서 빠져나가고 있었던 것"이다. 이처럼 문자와 기록 문화는 정보의 독점력을 제거함으로써 권력의 중심축을 옮기는 역사적 계기를 마련했다. 전제군주 체제에서 민주사회에 이르기까지 일련의 과정은 얼마나 대중이 글자를 읽을 수 있느냐와 인쇄 기술이 어떤 수준이냐에 의해 크게 좌우되었다. 신문, 출판이 광범위하게 확산되고, 대자보를 통해 정보가 공유되었다.

　　　　　　　　　　　　　　　　　　　　I 새로운 시대의 새로운 돌파구

지금은 어떤가? 전 세계의 정보가 인터넷을 통해 전달된다. 트위터가 실시간으로 정확한 영상과 함께 새로운 정보를 전달한다. 정보를 독점함으로써 얻을 수 있었던 권력은 점점 약해지고 있다. 문자에서 인쇄, 출판을 거쳐 인터넷, SNS로 발전한 정보 보존과 소통의 역사는 정보력이 일부 권력층에서 대중으로 이동한 과정과 같다. 대중의 지식과 정보에 대한 욕구는 한층 거세졌다. 정보의 대중화 시대가 열린 것이다.

영국의 데이비드 캐머론(David Cameron) 수상이 촉망받는 젊은 정치인 시절 TED 컨퍼런스에서 '정부의 새로운 시대'(The Next Age of Government) 라는 제목으로 정치권력의 변천 과정을 강연한 적이 있다. 그는 산업화 시대에서 정보화 시대로 넘어가면서 권력이 정부 관료에서 시민으로 이동한 시민 권력(people power) 시대에 초점을 맞추었다. 그럼으로써 보통 시민들이 정보 기기와 인터넷의 대중화로 더욱 막강한 정보력을 가지게 된 배경을 설명한다. 이러한 시대적 변화를 직시해야 바람직한 정부와 정치의 역할이 정립된다는 취지다.

제롬 글렌(Jerome Glenn) 유엔포럼 회장도 "농경시대는 종교, 산업시대는 국민국가, 정보화 시대는 기업, 후기정보화 시대는 개인으로 권력이 이동한다"고 분석했다. 소셜네트워크나 집단 지성의 시대로 가면서 국가, 정당과 같은 권력이 점차 힘을 잃게 된다는 그의 통찰력은 깊이 생각해볼 만하다. 언제 어디서나 연결되는 인터넷과 실시간으로 촘촘하게 소통하는 SNS로 인해 보통 사람들의 정보력은 빠르고 정확해졌다. 전 세계 특파원을 통해 수집되는 것보다 훨씬 입체적인 정보를 SNS로부터 신속하게 얻을 수 있다. 정보통신과 IT의 발달은 정보력의 격차를 크게 줄었다. 아무리 권위 있는 기관이라 하더라도 폐쇄적이고 경직된 방식으로 운영된다면, 보통 사람들의 정보력에도 미치지 못할 수 있다. 기업의 경쟁력 또한 그런 정보력을 결집해서 가치로 만들어내는 조직의 소통 역량에 의해 좌우된다.

평평해진 세계의 키워드, 탈권위주의

우리는 역사적 전환점에 살고 있다. 안철수 박사는 21세기의 키워드를 한 가지만 선택하라면 '탈권위주의'라는 단어를 택하겠다고 말한 적이 있다. 지구상의 수많은 사람들에게는 인터넷과 통신이라는 도구가 저렴한 가격에 제공되고 있다. 이런 상황에서 국가 기관, 언론, 대기업의 권위는 끊임없이 도전받고 있다. 개인의 선택과 권한이 중요해지고 있으며, 그들은 인터넷이나 SNS로 거미줄처럼 문화를 형성해간다.

문화 스페셜리스트 김지룡 씨의 표현처럼 지금은 개인이 국가를 선택하는 시대에 살고 있는지도 모른다. 안전이 보장되고, 세금을 적게 내고, 자녀를 좋은 환경에서 교육할 수 있고, 인간다운 삶을 영위할 수 있고, 자신의 능력을 발휘할 가능성이 높고, 정직하고 투명한 국가를 선택한다. 각 개인의 가치관과 인생 계획이 국가의 어젠더에 우선한다. 능력이 있는 사람들은 더욱 좋은 서비스를 찾아서 움직이게 되어 있다.

정보통신과 IT의 발전은 각 개인이 선택하는 삶의 공간을 글로벌화했다. 다른 나라에서 벌어지는 일은 더 이상 남의 일이 아니다. 나의 삶에도 영향을 끼치고 있는 것이다. 능동적으로 신속하게 새로운 정보를 파악해야 생존할 수 있다. 미디어는 신문이나 TV에서 블로그, 웹, 트위터로 영향력이 이동하고 있다. 블로그나 SNS는 전문 분야별로 세분화되면서 소비자들의 선택에 도움을 주고 있다. 파워 블로거의 작은 지적 하나가 사업에 엄청난 타격을 주기도 한다. 단편적인 내용이라 하더라도 인터넷을 통해 검색되고 SNS로 전파되기 때문이다.

국가적으로도 권위의 실효성에 대해 심각하게 고민해야 한다. 모든 정보가 투명하게 공개되고 공유될 수 있다면, 일부 집단의 폐쇄적인 논의보다 훨씬 유용하고 실질적인 대책이 나올 수 있다. 앞서 TED 컨퍼런스에서 캐머론 수상은 모든 정부 서비스가 유리알처럼 투명하게 운용되어야 한다고 주장한다. 이를테면 부패를 원천 차단하기 위해 정부의 구매 계약을 100% 공개하고, 시민의 안전을 도모하기 위해 우범지역 정보와 같은 세세한 내용을 실시간으로 공개해서 정보의 혜택을 누릴 수 있게 해야 한다고 설명한다. 실제로 현재의 IT 인프라는 충분히 이를 실현할 기반을 갖추고 있다. 남은 것은 정부의 의지와 자세에 달려 있다.

기업도 소수의 몇 사람이 정보력과 자본력을 장악하는 체제에서 조직 구성원이 자발적으로 참여하는 형태로 변해야 한다. '나를 따르라' 같은 상명하달 구조, 규율과 복종으로 움직이는 시스템으로는 융합의 시대를 살아갈 수 없다. 그 회사의 노하우와 경험적 가치는 현장을 아는 사람들에게서 나온다. 현장 전문가들이 리더십을 발휘해야 한다. IT는 힘의 균형을 분산시키면서, 사회적으로 기존 권위에 충격을 주고 있다. 이러한 시대 변화를 정확하게 인식하지 못한다면 그 조직과 사회는 뒤처질 수밖에 없다. 각 개인은 물론 전반적인 사회와 문화가 같이 변해야 한다. 힘은 분산되면서 수평적이고 유연한 소통이 이루어지는 풍토가 조성되어야 한다.

02

디지털 라이프에 내재된 가치

테크놀로지는 우리의 삶에 변화를 가져다준다. 인간의 사회적·심리적 요소와 융합을 이루고,

실제 삶이 이루어지는 공간과 어울린다. 새로운 형태로 소통하고 만나게 되면서, 미디어의 특

성도 동시에 변하고 있다. 급진적인 기술의 진보로 인해 개개인의 라이프스타일이 변하고 있

지만, 문제의 본질은 기술에 있는 것이 아니다. 사람이 즐기고 살아가는 삶의 구조적 변화에

있다.

기술과 낭만이
만나는 시공간

시간과 공간을 뛰어넘는 담화(談話)

2011년 설 연휴 전 TV 프로그램 '놀러와'에서는 전설적인 '쎄시봉'의 멤버들이 모여서 작은 콘서트와 옛 시절 추억의 얘기를 담았다. 조영남, 송창식, 윤형주, 김세환, 여기에 미국으로 이민을 갔던 이장희가 돌아왔다. 모두 한국 가요계와 한국 문화의 한 획을 그었던 낯익은 이름들이다. 물론 젊은 세대는 잘 모르겠지만 적어도 50~60대에게는 이름만으로도 당시의 추억에 빠져들 수 있는 힘이 있었다.

'쎄시봉 특집' 방송을 보면서 사춘기 시절 몰래 듣던 음악이 이렇게 내 마음 한구석을 차지하고 있었다는 것을 깨닫고 스스로 놀랐다. 자정이 훨씬 넘은 시간에 아내와 같이 그들의 음악을 들으면서 진한 감동을 느꼈다. 4명이 기타 치면서 즐겁게 부르는 노래가 나의 마음속에 이렇게 공명을 불러일으킬 줄은 미처 생각하지 못했다.

이 프로가 방영되는 내내 트위터 공간은 '쎄시봉' 얘기로 꽃을 피웠다. 마치 가족이나 친지들과 함께 보면서 얘기하는 느낌이 들 정도로 트윗이 가깝게 느껴졌다. TV를 보면서 실시간으로 올라오는 트윗 중엔 이런 내용이 많았다. "그들과 동시대를 산다는 건 꽤나 대단한 일이다. 비슷한 음악에 감동받고, 같은 일에 흥분하고, 공통된 희망과 꿈을 꾼다는 건 마법처럼 놀랍고 화려한 일이다. 더욱이 제한된 트위터 공간에서 함께 숨 쉬고 동감하는 사람이 있다는 건 행복이 아닐 수 없다."(@aikecho) 방송작가 박경덕 씨는 당시 이들과 현장에 같이 있었는지 숨겨진 스토리를 실시간으로 트위터에 올려주었다. 트윗 공간에서 기술 장벽이 사라지고, 사람과 사람의 직접적인 소통이 이루어지는 느낌이 들었다.

한 가지 더 와 닿은 단어는 '낭만'이다. 한동안 우리는 낭만이라는 단어를 잊고 살아왔다. 오직 성공한 사람과 실패자(loser)로 구분되는 사회, 출세하거나 소외받는 자로 나뉘어 사는 사회, 어린 시절부터 밤늦은 시간까지 학원을 오가는 사춘기 청소년들. 그들에게 아이돌 그룹이 훗날 낭만과 순수함으로 기억될 수 있을까?

쎄시봉이 활동하던 1960~70년대는 우울한 시절이었다. 말도 안 되는 이유로 금지곡이 되었고, 몰래 숨어서 테이프로 복사해가면서 음악을 들어야 했던 시절이었다. 그래서인지 더욱 애틋한 감정이 드는 노래가 많다. 그 시간에 올라온 트윗은 우리 부부가 느꼈던 감정을 잘 표현하고 있다.

"쎄시봉. 빛바랜 앨범 속 추억의 사진 한 장을 보았다. 뛰는 가슴에 눈시울까지 뜨거워진다. TV가 고맙다고 오늘 처음 생각했다. 옛것이 아름다운 건 추억할 게 많아서인지 모른다. 가슴 떨린 그 시절, 곧잘 흥분하던 그 시절이 지금 이토록 그립다."(@aikecho)

Ⅰ 새로운 시대의 새로운 돌파구

TV 프로그램 한 편을 보면서 이처럼 풍성한 대화가 오갔던 것은 SNS와 모바일 기기가 있었기에 가능했다. 기능적인 기기인 PC와 달리 스마트폰과 태블릿은 지극히 인간적인 기기다. 트윗을 날리는 저쪽 사람이 어디에서 무슨 자세로 TV를 보고 있는지 전혀 알 수 없다. 그와 나 사이에는 인터넷과 기기만이 있을 뿐이다. 그런데도 트위터를 하고 있으면 인터넷과 기기가 기술 장벽으로 느껴지지 않는다. 이렇듯 SNS란 상대방과 내가 직접적으로 교감하고 있다는 느낌을 부여한다.

미국에서도 슈퍼볼과 같이 전 국민의 관심을 끄는 행사 때는 SNS 트래픽이 급증한다는 통계가 나와 있다. 스포츠 경기도 같이 응원하면서 봐야 재미있지 않은가? 그런 점에서, 집에서 TV를 보면서 SNS로 대화를 나누는 것은 길거리 응원의 사이버 버전이다. 이 모두가 기술 장벽을 낮춘 스마트 기기 덕분이다. PC는 거실로 나오는 데 실패했지만, 스마트폰과 태블릿은 성공했다. 우리 생활양식이 변화될 필요가 전혀 없었다. 우리의 라이프스타일과 결합한 덕분이다. 그로 인해 가족들이 모여든 거실을 대화가 꽃피는 장으로 만들었다. 우리 가정 속에 스며든 융합의 모습이다. 우리의 낭만과 기쁨, 추억을 풍성하게 해주는 융합이다.

만나고 싶은 사람을 찾아드립니다

휴전 30주기가 되던 1983년 뜨거운 여름, 여의도 KBS 본관은 수많은 사람들로 북적거렸다. 한국전쟁 기간 동안 헤어졌던 가족을 만나기 위함이었다. KBS는 '누가 이 사람을 모르시나요'라는 이산가족 찾기 프로그램을 기획했다. 전쟁의 소용돌이 속에서 연락이 두절되었다가 방송의 힘을 통해

극적으로 만나게 된 애잔한 스토리는 전국을 울음바다로 만들었다.

가수 패티 김이 불렀던 '누가 이 사람을 모르시나요'는 그해 방송을 가장 많이 탄 노래였다. 밤낮으로 진행된 이 프로는 무려 5개월이나 지속되었다. 헤어지게 된 상황이 전쟁 와중이었고, 어린 시절이라서 기억을 잘 못하는 안타까운 광경이 이어졌다. 그럼에도 불구하고 한두 가지 희미한 기억을 되살려 핏줄을 찾아가는 과정은 긴박하면서도 눈물겨웠다. 때로는 빛바랜 사진 한 장이 단서가 되기도 했다. 이 프로그램은 눈물과 감동의 드라마 그 자체였다. 방송의 대중화가 사람들의 만남, 즉 연결(connection)의 힘을 발휘한 것이다.

90년대 중반에는 어릴 적 친구나 스승, 혹은 도움을 받았던 지인을 만나는 프로그램이 인기를 얻었다. 'TV는 사랑을 싣고'라는 프로그램은 연예인이나 유명 인사들이 등장해 바쁜 일상 속에서 잊고 지냈던 '만나고 싶은 사람'을 소개한 뒤 그 사람을 찾아가는 내용으로 꾸며졌다. 이런 내용은 시청자들에게도 잔잔한 감동을 주면서 높은 인기를 누렸고, 다른 연예 프로그램에서도 비슷한 형식이 이어졌다. TV 버라이어티 쇼 '해피투게더 프렌즈'는 30명 정도 앉아 있는 사람 중에서 친구를 찾아내는 프로그램이었다. 어린 시절의 사건들을 회상하면서 푸근한 웃음거리를 자아냈다. "돈이 무슨 소용이 있어요? 이렇게 옛 친구들 만나서 회포 푸는 게 최고지요"라며, 즐거워하는 어느 출연자의 진솔한 표현이 인상적이었다.

TV를 통해 이산가족을 찾던 80년대에서 20년 정도가 더 지나자 다른 미디어가 연결 엔진으로 등장했다. 인터넷이었다. '아이러브스쿨'은 이 시기에 각광받은 대표적인 인터넷 서비스였다. '아이러브스쿨'은 이름에서 직관적으로 알 수 있듯이 학창시절 친구 찾기 사이트였다. 바쁘게 살다가 한

동안 잊고 지냈던 사람을 만난다는 것은 그 당시 일종의 문화 코드였다. 굳이 이유를 따져보자면 뒤를 돌아볼 여유가 생겼다는 것과 정보통신 및 방송의 대중화로 사람 찾기가 쉬워진 환경 때문일 것이다.

기술 장벽을 낮추고 인간을 받아들이다

사실 사이버 공간에서의 연결 관계는 이미 PC 통신 시절부터 사이버 카페, 온라인 커뮤니티를 통해 이루어지고 있었다. 이메일, 채팅, 게시판 문화는 현실에서와는 다른 만남의 장을 제공했다. 시간에 구애받지 않고 외출하기 위해 무슨 옷을 입을까, 화장은 어떻게 할까, 신경 쓸 필요도 없다. 그저 사이버 공간에서 편하게 대화를 나누었다. 2000년 전후 초고속 인터넷이 광범위하게 보급되면서 한국에서 여러 가지 실험적 서비스가 활발하게 전개되었다. 그중 하나인 싸이월드는 새로운 형태의 만남과 관계의 문화를 만들어내면서 젊은 세대에게 절대적인 사랑을 받았다. 《싸이월드는 왜 떴을까?》를 쓴 채지형은 그런 문화가 형성된 배경을 다음과 같이 설명한다. "전문가들은 게시판을 중심으로 운영되었던 PC 통신 동호회를 온라인 커뮤니티의 뿌리로 꼽는다. 하이텔, 천리안, 나우누리 등을 중심으로 국내에 동호회 문화가 생겨나고, 이후 PC 통신 기반의 인터넷 서비스 업체를 표방한 유니텔, 넷츠고, 채널아이 등이 뒤를 이어 커뮤니티를 운영해갔다." 뿐만 아니라 싸이월드는 일명 '미니홈피'를 통한 일촌 맺기 방식으로 사용자들에게 확고히 자리매김했다. 한국 특유의 '촌수' 개념을 도입한 것도 독창적이었다.

그 후 페이스북, 트위터 등 대표적인 글로벌 서비스를 중심으로 SNS가 꽃을 피웠다. SNS는 IT를 통한 커넥션의 세계를 만들어냈다. 커넥션은 단지 만남을 주선하는 데 그치지 않는다. 만남을 지속적인 관계로 발전시키고, 사진, 동영상, 텍스트 등 다양한 정보의 교환 장소가 되었다. 하드웨어 측면에서도 PC에서 벗어나 스마트폰, 태블릿으로 확대되고 있다. 더욱 풍성한 스토리와 입체적인 만남, 다양한 스펙트럼을 지닌 콘텐츠 공유로 이어지고 있다. 컴퓨터와 인간의 만남에서 컴퓨터를 사이에 둔 인간과 인간의 만남으로 승화한 것이다.

SNS는 만남과 연결의 장을 온라인으로 확대했다. 블로그를 통해 자신의 생각을 알리고, 트위터를 통해 실시간으로 새로운 소식을 접하고, 페이스북을 통해 삶의 모습을 생생하게 나눈다. 그렇다면 왜 유독 이 시점에 SNS가 꽃피우게 되었을까? 컴퓨터 기술이 인간 친화적으로 변모했기 때문이다. 스마트폰과 태블릿은 인간적인 도구로 컴퓨터 기술을 재구성했다. 기계는 더 이상 장벽이 아니다. 기계 너머 다른 사람과 소통하는 과정에서 장벽이 낮아졌으니 상대방이 가까이 있는 것처럼 느껴진다.

인터넷은 시간과 공간을 초월할 뿐만 아니라, 비용도 거의 들지 않는다. 과거 미국에 사는 친척과 통화를 하려면 비싼 통화요금 때문에 빨리 끊기에 바빴다. 지금은 어느 곳에 있든지 스마트폰과 스카이프로 무료 통화를 할 수 있다. 필요하면 페이스타임을 통해 얼굴을 마주보며 대화한다. 비용이 들지 않으니 노심초사할 필요도 없다. 과거에 같은 마을에 살면서 매일 보는 사람들과의 관계처럼, 멀리 떨어져 있는 지인들과도 관계를 지속할 수 있게 되었다. SNS는 사회 속에서의 인간관계를 새롭게 설정할 뿐만 아니라 정치, 사회, 기업, 글로벌 측면에서 파장을 불러일으키고 있다.

인간 대 기계에서 인간 대 인간으로

스마트폰 사용자가 늘면서 새로운 수단이 만남과 소통을 주도한다. '카카오톡'이나 '라인'과 같은 메신저다. 카카오톡에서 그룹 채팅으로 진행되는 대화를 보면 마치 친구들이 왁자지껄 떠드는 오프라인 만남이 그대로 사이버 공간으로 옮겨간 느낌이다. 공간을 초월한 입체적 대화의 장이다. 때로는 해외로 이민 간 친구들도 들어온다. '애니팡' 게임을 하다가 오랜 기간 연락하지 못하고 지냈던 친구의 이름을 고득점 리스트에서 발견하기도 한다.

이모티콘을 사용해서 더 정감 있는 대화가 오가기도 한다. 일본에서는 '라인'이 폭발적으로 사용되고 있다. 어느 일본 직원이 라인으로 친구와 나눈 대화를 보여준 적이 있는데 텍스트가 거의 없었다. 이모티콘을 통해 자신의 의사를 유머러스하게 표현하는 것이다. 감정이 동원되니 대화는 훨씬 정감 있다. 일본 TV에 나오는 '라인' 광고도 이모티콘을 통해 수다를 떠는 여성들의 발랄한 모습을 담고 있다.

모바일 시대에는 카카오톡과 라인으로 시간과 공간을 초월해서 자신의 스토리를 전달한다. 사진, 게임, 동영상이 동원되고, 이모티콘을 통해 애교스럽게 메시지를 전달한다. IT 기술이 인간 친화적이 되면서 만남은 점점 편리하고 풍성해지고 있다. 그런 가운데 IT는 만남의 플랫폼으로 공고히 자리를 잡아가고 있다.

우리 사회는 인간과 인간의 관계로 구성되어 있다. 가족, 친구, 공동체 등 모두가 크고 작은 만남과 관계다. 전에는 물리적·지리적·시간적 한계로 인해 인간관계의 범위에 한계가 있었다. 이를테면 촌락을 이루며 살 때는 촌락에 거주하는 사람이 관계를 맺을 수 있는 최대 범위였다. 그러나 문명의 이기가 등장하면서 관계의 범위가 차츰 확장되기 시작했다. 전화로 멀리 떨어져 있는 친구나 가족의 소식을 듣고, 사진을 통해 과거와 현재의 모습을 만난다. 기술의 발명은 인간의 만남을 더욱 풍성하게 만들어왔다.

SNS는 시대적 상품이다. SNS는 우리가 사람들과 소통하는 생활의 한 축이다. SNS는 결코 한때의 유행으로 스쳐 지나가는 것이 아니다. 끊임없이 다른 형태로 진화할 뿐이다. 우리는 연결과 만남의 문화가 바뀐 환경을 정확히 직시해야 한다. SNS를 이용해 기업은 더욱 광범위한 고객의 의견을 청취할 수 있고, 국가는 국민의 정서를 구체적으로 파악할 수 있다. 만남과 연결을 어떻게 활용할 것인가는 자신에게 달려 있다.

컴퓨터와 낭만. 전혀 어울릴 것 같지 않은 조합이지만, 이미 우리 삶 곳곳에서 실현되고 있다. 그것은 라이프스타일과 기술의 융합이다. 기술을 통해 우리의 마음을 두근거리게 하고, 기쁘게 하고, 사회를 따뜻하게 만들 수 있다. 기술을 두려움이나 공포의 대상이 아니라, 기쁨과 즐거움을 주는 요소로 바라보는 자세가 필요하다. 컴퓨터가 인간과 기계를 이어주었다면, SNS는 인간과 인간의 관계를 바로 이어준다.

일상 속에
답이 있다

'채소 씻는 세탁기'가 준 교훈

중국의 가전회사인 하이얼(Haier)은 유독 중국 농가에서 세탁기 고장 신고가 자주 접수된다는 점에 주목했다. 그 원인을 분석해보니 채소 찌꺼기가 기계에 끼어서 오작동하기 때문이었다. 세탁기를 옷이 아닌 채소를 씻는 데 사용했기 때문이다. 하지만 하이얼은 고객을 탓하지 않았다. 오히려 그에 대해 진지하게 고민했다. 그리고 얼마 후 채소를 씻는 세탁기를 개발했다. 가히 발상의 전환이다.

한국에서도 많은 세탁기 업체가 중국에 진출했다. 그러나 중국인들이 세탁기로 채소를 씻는 행위를 심각하게 생각하지 않았다고 한다. 세탁을 하라고 만든 기계를 엉뚱한 곳에 쓰다니, 이해할 수 없는 게 당연하다. 그렇지만 하이얼은 세탁기에 채소를 씻으려고 하는 중국 문화를 이해할 수 있었다. 중국 농가의 지적 수준과 열악한 사정을 알기 때문이다.

세탁기의 핵심 기술인 모터는 어느 물건이든 씻는 용도로 사용할 수 있다. 단지 배수 장치를 조금 개량해서 채소를 씻는 데 사용할 수 있다면 어떨까? 구태여 세탁기를 옷만 세탁한다는 프레임에 한정시킬 필요는 없지 않은가? 이러한 호기심이 '채소 씻는 세탁기'를 만들어낸 것이다. 김치 문화에 익숙한 우리나라에서 김치냉장고를 개발한 것과 유사하다. 이처럼 기술 혁신은 수요에 대한 열린 마음에서 시작한다.

글로벌 기업 인텔에서는 인류학자가 제품 개발에 참여한다. 특히 후진국에서 기술이 어떻게 적용될지에 대해 집중적으로 연구한다고 한다. 이를테면 아무리 좋은 반도체를 개발하더라도 그 전자 부품이 필요로 하는 전력이 불안정하거나 과도하게 비쌀 경우, 그 부품으로 이루어진 완제품은 효용가치가 적다. 그래서 인텔의 인류학자들은 후진국의 환경에 알맞은 부품을 개발하도록 방향성을 제시한다. 잘 알다시피 인텔은 전자제품 속에 들어가는 부품을 만드는 반도체 기업이다. 즉 부품을 만드는 기업이지 최종 제품을 만드는 회사가 아니다. 그런데도 인텔이 오래전부터 이런 방식으로 제품을 개발하고 있다는 사실은 우리가 주목해야 할 부분이다.

이와 같은 사례들을 보면 현실을 정확하게 직시하는 것이 중요하다는 것을 깨닫게 된다. 하이테크 제품에서는 '세계 최초 기술'이라는 문구를 많이 발견할 수 있다. 그러나 정작 보통 사람들에게 뛰어난 기술은 별 의미가 없다. 자신에게 얼마나 유용하느냐가 중요할 뿐이다. 기업이 고객에게 전달하는 가치는 정성적이고 정량적인 혜택(benefit)의 본질에 달려 있다는 게 마케팅 이론에서 말하는 바다. 다시 말해 기술의 관점에서 잠시 벗어나 과연 이 기술로 만들어진 제품이 얼마나 진정으로 도움이 되는지에 초점을 맞추어야 한다.

산업화 시대에는 기술이 선진국에서 후진국으로 일방적으로 전파되어갔다. 먼저 기술을 발명하고 상품화하면 선진국에서 널리 사용된다. 설사 후진국에 그 제품을 가져다주어도 경제 수준이나 생활환경과 맞지 않을 수 있다. 따라서 시일이 지나고 후진국의 인프라도 개선되어야만 사용할 수 있게 된다. 그러나 이제는 시대가 바뀌었다. 미국과 유럽이 주도하던 세계 경제는 브릭스(BRICS, 2000년대를 전후해 빠른 경제성장을 이루고 있는 브라질, 러시아, 인도, 중국, 남아프리카공화국)의 부각으로 다각 체제가 되고 있다. 게다가 인터넷의 대중화로 인해 후진국에서도 충분히 정보력을 가지게 되었고, 국가 간의 장벽도 허물어졌다. 더욱이 첨단 제품이 대중화하면서 가격은 크게 떨어졌고 남녀노소가 쉽게 사용할 수 있는 수준이 되었다. 더 이상 최신 정보 기기는 선진국의 전유물이 아니다. 세계가 평평해진 것이다.

세계적으로 널리 사용되는 휴대폰만 보아도 우리는 주로 고급 브랜드 제품만 생각한다. 그러나 실제로 비브랜드(non-brand) 시장의 규모도 만만치 않다. 특히 통신 인프라가 낙후된 국가의 경우, 유선을 설치하는 것보다 무선 통신이 훨씬 효율적이다. 그런 나라는 모바일 기기가 PC보다 더 많이 사용된다. PC를 거쳐 모바일 시대로 가는 것이 아니라 그 역으로 진행되고 있다. 마찬가지로 지금은 산업화 시대처럼 후진국이 선진국을 일방적으로 따라가지 않는다. 대중화된 기기에 대한 활용도가 각 나라별로 다르고, 지역적으로나 세대별로 생각하는 방식과 문화도 다르기 때문이다. 감내할 수 있는 소비 수준도 천양지차다. 따라서 같은 기술이라고 해도 적용되는 형태는 다를 수 있다.

요컨대 세계에는 다양한 국가, 인종, 직업이 있고, 한 국가 안에도 다양한 민족이 어울려 산다. 수명이 늘어나면서 연령대도 다양한 스펙트럼으로 분산되었다. 앞으로 대중화된 기술은 많은 이들에게 골고루 전파될 것이다. 단지 문화와 경제 수준, 라이프스타일에 따라 방식이 바뀔 뿐이다. 끊임없는 기술 향상도 중요하지만, 어떻게 적용해서 삶의 가치를 높일 것인가도 기술 혁신의 또 다른 전개 방향이다.

당신의 일상을 먼저 관찰하라

어느 해외 컨퍼런스에 참석했다가 사이버 공간에서의 인간관계라는 주제가 눈에 띄어 발표장에 들어갔다. SNS에 대한 얘기가 주로 전개되었다. 물론 페이스북, 마이스페이스, 트위터와 같은 예를 많이 들었다. 그런데 흥미롭게도 발표 자료에서 '싸이월드'(CyWorld)라는 단어가 눈에 들어왔다. 발표자는 SNS의 선구자로 '싸이월드'를 지목했다. 한국 특유의 문화와 탄탄한 인프라, 신기술을 두려워하지 않는 국민성이 맞아떨어진 결과였다.

이처럼 융합은 우리 삶의 현장과 기술을 어떻게 잘 연결하는가에 달려 있다. 우리나라에서 잘 사용하고 있다고 해서 다른 나라에서도 성공할 것이라는 보장은 없다. 싸이월드가 미국에 먼저 진출했더라도 미국 문화와 맞지 않으면 소용이 없는 것이다.

지금은 기술이 기능적 수준을 벗어나 우리의 삶 속에 유연히 적용되는 융합과 스마트의 시대다. 요컨대 융합은 IT를 얼마나 우리 문화 및 라이프스타일과 결합하느냐에 달려 있다. 그 열쇠는 우리 자신이 어떻게 살고 있는지에 대한 진지한 관찰과 더불어 여기에 IT를 접목시키려는 융합적 마인드에 달려 있다. 선진국의 기술 동향을 놓치지 않기 위해 노력해야 하지만, 한편으로 우리가 살고 있는 모습에서 가치를 창출하려는 노력이 있어야 한다.

우리의 문화는 우리가 제일 잘 안다. 또한 우리 문화는 충분히 글로벌 스탠더드가 될 수 있다. 멀리서 찾기보다 우리의 삶을 돌아보아야 한다. 단, 기능적인 편견에서 벗어나 창의적인 발상을 할 줄 알아야 한다. "안 될 거 뭐 있어?"(Why not?)라는 질문을 부단히 던지면서, 변화를 두려워하지 않는 진취적인 생각이 절실히 필요한 때다.

사용자에 따라 변화하는
디지털 미디어

혁신은 사용자의 행태로부터 온다

마이크 월쉬(Mike Walsh)는 정보와 미디어의 현재와 미래를 설파하는 대표적인 인물이다. 그는 《미래의 엔터테인먼트》(Futuretainment)라는 책에서 디지털 미디어 혁명에 대해 자신이 직접 관찰한 현상을 설명하고 있다.

"MP3 음질은 CD보다 훨씬 못하다. 휴대폰에 달린 카메라는 전용 카메라에 비해 화질이 크게 떨어진다. 그리고 웹을 통해 전파되는 비디오 품질은 DVD에 비해 형편없다. 고품질을 희생했지만, 오히려 이런 미디어가 더 각광을 받았다. 미디어 혁명은 기술의 발전에 비례해서 개선(linear improvement)되는 것이 아니다. 때로는 사람이 어떻게 행동하느냐에 따라 혁신의 불이 붙었다."

가정용 엔터테인먼트라고 하면 우리는 거실 소파에서 편안하게 즐기는 미디어를 상상한다. 고급 오디오 시스템, 대형 TV, 비디오와 같은 가전제품은 풍요로운 문화생활을 원하는 사람들의 요구에 맞추어왔다. 오늘날 현장감 있게 방송과 영화를 보게 된 것도 이런 다양한 요구에 맞추기 위해 끊임없는 기술 혁신을 이뤄냈기 때문이다. 그런데 디지털 기술은 또 다른 변화를 이끌었다. 사람들이 미디어와 대화하게 만든 것이다. 사용 행태의 구조적인 변화다. 유튜브로 원하는 영상을 검색해서 찾아보고, 조깅하면서 MP3 플레이어로 음악을 듣고, 잘 차려진 음식을 보면 스마트폰으로 사진을 찍어서 친구들에게 자랑한다. 인터랙티브하고 적극적인 자세로 미디어 콘텐츠를 즐긴다. 디지털 기술이 가져다준 혜택이다. 그러다 보니 콘텐츠의 전달 경로도 다양해지고 있다. 이정재, 최지우 주연의 '에어시티'라는 드라마는 방영 내내 저조한 시청률로 고전했다. 그러나 MBC 드라마 '인터넷 다시보기'로는 1위를 차지했다. 젊은 세대들이 좋아하는 내용이었는데, 그들이 드라마를 보는 행태가 바뀌었기 때문이다.

미디어의 수익 창출 구조도 변하고 있다. TV나 신문은 광고가 주요 수익원이다. TV는 프로그램 사이에 광고를 넣고, 신문은 여백을 이용해 광고를 집어넣는다. 소비자의 눈에 일방적으로 들어올 수밖에 없는 구조다. 채널을 바꾸지 않는 이상, 의도적으로 광고를 외면하지 않는 이상 피할 수 없다. 그러나 디지털 세계에서는 다른 메커니즘이 작동하고 있다. 인터넷으로 TV 프로그램을 보게 되면 광고가 설 자리가 없기 때문에 드라마 안에 집어넣는 간접광고 기법을 늘리고 있다. 인터넷 미디어도 '배너 광고'라는 형태로 온라인 광고의 방향을 찾았다. 그러나 너무 많은 배너 광고나 팝업창에 짜증을 내는 사람들이 늘어나면서 광고 효과 또한 명확하게 판단할 수 없게 되었다. 이런 까닭에 클릭 수에 따라 광고비가 책정되는 새로운 기법까지 등장하게 된 것이다.

0.1초 만에 사용자를 사로잡아라!

지난 2009년 7.7디도스 사건이 있고 나서 CNN과 생방송 인터뷰를 한 적이 있다. 그런데 국내 방송과 전혀 다른 방식에 적지 않게 당황했다. 방송용 원고가 없었던 것이다. 한국에서는 보통 기본 스크립트를 중심으로 인터뷰의 범위가 정해져 있다. 물론 그대로 하는 것은 아니지만, 틀은 유지되어서 어느 정도 답변을 미리 준비할 수 있는 것이다. 그런데 CNN은 항상 즉석 인터뷰로 진행한다고 한다. 어떠한 팁도 주지 않아서, 어떤 대답을 할지 준비할 수도 없었다. 가뜩이나 영어 인터뷰라 스트레스를 받고 있는데 질문지까지 없으니 적잖이 당황스러웠다. 한 관계자는 이러이러한 질문을 할 테니 너무 걱정하지 말라고 안심시켰다. 그러나 정작 본사 앵커와 연결되면서 예상 밖의 질문이 이어졌다. 그리고 그 인터뷰는 가감 없이 그대로 방송으로 나갔다.

매년 라스베이거스에서 열리는 국제전자제품박람회(CES) 프로그램 중 하나로 미디어 관계자들이 모두 집결하는 '쇼 스토퍼'(Show Stopper)라는 행사 또한 마찬가지다. 이곳에는 수많은 라디오 방송국, 인터넷 미디어, 신디케이트(syndicate: 여러 기업의 출자로 설립된 공동판매회사. 기업연합) 제작회사가 부스를 만들어 인터뷰를 한다. 현장의 분위기 때문에 인터뷰도 즉흥적으로 이루어질 수밖에 없고, 테크크런치(TechCrunch) 같은 미디어는 곧바로 인터넷 방송으로 나간다. 이처럼 준비된 원고에 따라 일방적으로 정보를 전달하는 시대는 지나가고 있다. 미디어는 잘 포장된 형식보다 인터랙티브하고 즉각적인 반응을 통해 있는 그대로의 모습을 담고자 한다. 어차피 그 미디어의 내용을 보는 것은 사용자의 선택이고, 미디어는 쌍방향 대화를 이어주는 창구일 뿐이다.

I 새로운 시대의 새로운 돌파구

이처럼 디지털 시대는 사용자의 반응을 먹고 산다. 직관적으로 사용할 수 있고, 순간적인 반응을 보일 수 있는 제품을 소비자는 좋아한다. 예를 들어 스마트폰에서 카메라 경쟁은 불을 뿜고 있다. 화질 경쟁은 기본이고 얼마나 빠른 속도로 촬영할 수 있느냐는 '순간포착' 경쟁이 눈을 끈다. 즉흥적이고 자연스러운 사진을 더 좋아하는 분위기가 반영된 것이다.

《내가 갖고 싶은 카메라》에서 카메라 전문가 윤광준은 "찍는 사람과 찍히는 사람이 서로 편할 때 삶의 진실은 비로소 제 모습을 드러낸다"고 강조하면서 디지털 시대가 이러한 인간의 바람을 해소하기 시작한다고 설명한다. "전화의 용도에 카메라를 붙인 휴대폰은 엉뚱한 쓰임새를 만들어간다. 전화 앞에 주눅 들 사람은 없다. 사진 찍히는 사람 앞에 있는 것은 휴대폰일 뿐이다. 인간의 선입견이란 이토록 단단하다."

오늘날은 참여와 공유의 시대라고 얘기한다. 그런데 디지털 시대의 참여는 물리적으로 여러 사람이 만나거나, 인맥 관리 차원에서 만나는 것과는 다르다. 실제로 의견을 개진할 수 있고, 구체적인 논의가 이루어지고, 결론에 이르는 실용적인 만남이다. 일방적으로 지시를 받아서 명령을 따르는 방식과는 거리가 멀다. 소통과 대화의 방식이 달라져야 한다. 그러기 위해서는 자신의 뚜렷한 철학과 소신, 전문성이 요구된다. 합리적이고 자유롭게 소통하는 것이 쌍방향 미디어 시대를 살아가는 자세다.

03

변화에서 살아남을 돌파구를 찾아라

먹고사는 경제 활동에도 변화가 일어나고 있다. 이런 변화는 일부 산업의 문제가 아니다. 글로

벌할 뿐 아니라, 비즈니스 모델이 바뀌고 있다. 전문성과 기술력을 갖춘 중소기업이 없다면 우

리나라의 미래는 없다. 산업의 포트폴리오, 지속적인 양질의 일자리 창출에 대한 근본적인 인

식의 전환이 필요하다. 이 변화의 돌파구가 바로 도전하는 기업가 정신이다.

비즈니스 모델이
바뀌고 있다

이동통신 산업의 횡적 경쟁구도

휴대폰이 한창 대중화되던 시절, 3명의 친구가 동해안 여행길에 나섰다. 함께 차를 타고 가면서 이런저런 얘기로 꽃을 피우다가 최근 장만한 휴대폰 이야기로 넘어갔다. 휴대폰을 장만하는 데 적지 않은 돈이 들던 시절이라 각자 휴대폰을 자랑할 때도 목소리가 커졌다. 마침 세 친구의 휴대폰도 3인 3색. 휴대폰 모델도 달랐지만 통신사도 모두 달랐다. 휴대폰의 앞자리 인식 번호만 보아도 어느 통신사인지 판단할 수 있던 시절이다.

마침 대관령을 넘어가면서 한 친구가 말했다.

"나는 아무 데서나 휴대폰이 터지더라. 아마 여기에서도 될 것 같은데?"

그러자 다른 친구가 되물었다.

"에이, 여기에서 터지겠어? 내기 한번 해볼까?"

그렇게 해서 자존심 반, 재미 반으로 대관령을 넘어가면서 누구 휴대폰이 잘 터지나 내기를 했다.

이런 식의 이야기는 당시 많이 회자되곤 했다. 지하에서는 A사가 잘 터진다느니, 서울 시내에서는 B사가 좋은데 지방에 가면 잘 안 터진다느니 등등. 통신사 간의 과열 경쟁으로 근거 없는 루머도 많았다. 어쨌든 전화가 잘 터져야 좋은 통신사였다. 그래서 통신사는 경쟁적으로 기지국을 확대하면서 통화 품질 향상을 위해 노력했다. 그때만 해도 소비자가 휴대폰을 구매하려면 일단 통신사를 선정한 다음 그 통신사에 연결되는 휴대폰 모델을 선택했다. 번호 이동이 쉬워지고 통신 사업자 간의 품질 격차가 줄어들면서 원하는 휴대폰을 먼저 선택하는 경향도 생겨났다. 통신의 특성상 휴대폰 사업은 통신 사업자와 긴밀하지 않을 수 없다. 어느 나라를 막론하고 통신사는 막강한 위상을 가지고 있고, 다음이 통신사와 연관된 단말기 제조사였다. 산업 관점에서 통신사는 통신사끼리 경쟁하고, 휴대폰은 단말기 제조업체끼리 경쟁하는 구도였다.

게임의 법칙을 바꾼 스마트폰과 앱스토어

그런데 스마트폰은 이러한 게임의 법칙을 흔들기 시작했다. 처음 아이폰을 발표할 때 애플은 자신의 혁신적 제품을 과감히 받아줄 파트너를 찾았지만, 통신 사업자들은 호락호락하지 않았다. 그들이 기존의 소비자를 대상으로 이런 실험을 하는 것을 좋아할 리 없었다. 무엇보다 애플에게 이끌려가는 것을 동의하기 어려웠을 것이다. 통신 사업자의 영향력은 거의 절대적이었기 때문에, 자존심도 허락하지 않았을 것이다.

애플은 통신사 중에서 AT&T를 선정했다. 당시 시장 점유율을 끌어올려야 하는 AT&T 입장에서는 그 실험을 기꺼이 받아들였다. 휴대폰 업체가 통신사를 결정하는 최초의 사례가 탄생한 것이다. 초기에 아이폰을 사용하려는 소비자는 통신사를 AT&T로 선정해야만 했다. 자사 제품 때문에 통신사의 고객이 증가한다는 이유로 애플이 인센티브를 요구했다. 스마트폰 한 대가 팔릴 때마다 AT&T로부터 돈을 받기로 한 계약은 이동통신 산업의 새로운 전례가 되었다. AT&T는 이를 약진의 계기로 삼았다. 사실 AT&T는 미국 내에서 통신 품질이 약했다. 일부 대학에서는 AT&T가 잘 안 터져서 아이폰을 장만한 학생들의 불만도 컸다. 이 때문에 급기야 AT&T 고위급 임원이 바로 달려와서 캠퍼스 내에 기지국을 설치해주기도 했다.

현재는 이동통신 사업자와 스마트폰 제조업자가 독점적인 관계에 얽매이지는 않지만 여전히 둘 사이에는 밀고 밀리는 신경전이 전개되고 있다. 그런데 스마트폰의 위상을 한층 높인 사건이 발생한다. 앱스토어다. 애플은 콘텐츠나 소프트웨어를 제공하는 메커니즘을 바꾸어놓았다. 그동안 휴대폰에 소프트웨어와 콘텐츠를 넣는 권한은 전적으로 이동통신사에 있었다. 아무리 좋은 소프트웨어라 하더라도 통신사가 채택하지 않으면 일반 사용자가 그 소프트웨어를 사용할 방법이 없었다.

애플은 바로 이 족쇄를 풀어 개방해버렸다. 애플은 누구든 소프트웨어나 콘텐츠를 올릴 수 있게 했고, 이들이 거래될 수 있는 시장, 즉 장터(market place)를 만든 것이다. 우리는 그러한 콘텐츠와 소프트웨어가 유통되는 장터를 앱스토어라고 부른다. 앱을 만들어 앱스토어에 등록하면 세계 누구에게든 판매할 수 있게 된 것이다. 엄밀하게 말해서 애플의 앱스토어는 애플의 정책과 가이드라인에 따라 소프트웨어를 만들어서 등록하고 판매하는 이들에게만 개방된다. 자신만의 세계를 구축했다고도 할 수 있다. 어쨌든 소프트웨어를 만드는 이들이 더 이상 통신사에 가서 허락을 받을 필요도 없고 돈을 지불할 필요도 없게 만든 것은 가히 혁신적이다.

앱스토어는 소프트웨어와 콘텐츠 제공업체와 이동통신사의 위상을 뒤바꿔놓았다. 이동통신사 허락 없이는 휴대폰에 아무런 콘텐츠도 올릴 수 없었던 과거에는 이동통신사가 대부분의 이익을 가져갔다. 그러나 앱스토어 체제에서는 이동통신사에 의존할 필요가 없어졌다. 이후 판매금 배분 방식은 역으로 바뀌었다. 현재 적어도 판매금의 70% 정도는 소프트웨어와 콘텐츠 제작업체가 차지한다.

방송과 통신은 정부가 라이선스를 부여하는 대표적인 사업이다. 사업에 필요한 주파수를 막대한 자금을 주고 구입한다. 라이선스를 받는 것이다. 투자에 상응하는 대가로 이들은 인프라를 구축해서 바로 그 인프라를 통한 사업 권한을 갖게 된다. 당연히 절대적인 비즈니스 권력은 방송사와 통신사가 쥐고 있었다. 그래서 방송 분야의 외주 제작 업체처럼 무선 통신 분야의 콘텐츠 개발업체 환경은 열악할 수밖에 없다. 워낙 권한이 한쪽으로 기울어져 있기 때문이다. 그러나 앱스토어는 이런 수직적 관계를 수평적 비즈니스로 바꿔놓았다. 의존도가 없으니 영향력은 줄어들 수밖에 없다.

문제는 규모가 아니라 실력이다

소프트웨어와 콘텐츠를 개발하는 기업에게 이런 변화는 큰 기회로 다가왔다. 한국 시장에 머무를 필요도 없다. 이전까지 미국의 통신 사업자와 비즈니스를 한다는 것은 언감생심이었다. 방대한 유통망을 가진 사업자와 연결되는 것도 아주 힘들었다. 그러나 앱은 그럴 필요가 없다. 소프트웨어를 잘 만들어서 앱스토어에 등록하기만 하면 되기 때문이다. 물론 경쟁은 더욱 치열해졌다. 아이패드에서 비디오 동영상을 보는 수많은 앱이 출시되었다. 그중 군계일학으로 꼽히는 대박 상품은 어느 국내 소프트웨어 개발자가 만든 것이었다. 앱스토어 덕택에 혼자 한국에 앉아서 사업을 하고 있는 것이다.

그런데 아직도 하드웨어 사업의 종속적인 개념으로 소프트웨어나 콘텐츠를 바라보는 경우가 많다. 어느 정부 고위 당직자가 한국의 스마트폰 경쟁력을 키워서 이를 기반으로 소프트웨어와 콘텐츠 산업을 활성화시키겠다고 주장한 적이 있다. 소프트웨어 산업에 종사하는 사람들은 고개를 갸우뚱했다. 스마트폰 경쟁력을 키우는 것은 좋다. 그러나 그것과 소프트웨어, 콘텐츠 산업은 별개의 문제다. 물론 한국에서 제조되는 스마트폰에서 동작하는 소프트웨어와 콘텐츠를 만드는 한국 기업이 있을 것이다. 그러나 애플의 플랫폼에서 돌아가는 소프트웨어와 콘텐츠를 만드는 한국 기업도 있다. 그들도 외화를 벌어들이고, 일자리를 창출하고, 세금을 성실히 내는 소중한 한국 기업이다. 게임의 법칙이 바뀌었는데 아직도 하드웨어에 기반을 둔 수직적인 사고방식에 젖어 있는 것 같아 답답했다.

BMW 코리아는 독일에서 만들어진 자동차를 한국에 판매하고 있다. 그러나 이 회사가 차별화된 기술력을 갖고 있지만 외부에 잘 알려져 있지 않은 국내의 자동차 관련 부품업체를 꾸준히 찾아내 약 4조 원대의 수출을 하는 것을 아는 사람은 드물다.

BMW 코리아 김효준 사장은 이렇게 말한다. "세계가 네트워크 경제로 이동하고 있는데, 아직 수직적인 방식에서 탈피하지 못하는 것이 안타깝다. 잘 알다시피 독일에는 BMW나 도이체방크(Deutsche Bank), 바스프(BASF)

나 지멘스(Siemens) 같은 대기업이 있다. 그러나 정작 독일의 힘은 작은 중소기업에서 나온다. 단 하나의 제품을 만들지만 그 제품이 전 세계에서 50% 이상의 시장 점유율을 갖고 있는 회사가 무려 700개나 된다. 세계를 상대로 하는 중소기업을 키워야 한다."

소프트웨어와 콘텐츠는 전형적인 수평적인 산업이다. 아직도 이를 수직적인 가치 사슬의 한 요소로 본다면, 시대를 거꾸로 사는 것이다. 글로벌한 사업 제휴는 기업의 규모와는 상관이 없다. 좋은 아이디어와 기술만 있다면 기업의 규모와 상관없이 국경을 넘어 제휴할 수 있다. 문제는 기업의 실력이지 규모의 차이가 아니다. 비즈니스 모델이 바뀌고 있는 시대에 수평적이고 자유로운 소통, 유연한 자세로 네트워크 경제를 받아들여야 한다.

새로운 생태계를 이끌 기업가 정신

변화하는 산업의 중심에 있는 IT

2011년 2월 18일, 미국의 오바마 대통령이 실리콘밸리에 있는 벤처 투자자 존 도어(John Doerr)의 집에서 IT리더들과 함께 만찬을 하고 있는 사진 한 장이 화제가 된 적이 있다. 미국의 대통령이 실리콘밸리를 방문했다는 사실 자체로도 전례가 드문 일이지만, 그날 초대된 인사들의 면면을 보면 미국, 아니 세계를 움직이는 힘의 중심이 결집된 느낌을 주기에 충분했다. 그 자리에 참석한 인사들을 보면, 오바마 대통령의 가장 가까운 자리인 왼쪽에 스티브 잡스 애플 CEO, 오른쪽에 마크 주커버그 페이스북 CEO를 비롯해 구글, 오라클, 야후, 시스코, 트위터, 넷플릭스의 CEO 등이었다.

이 자리에서 어떤 논의가 있었는지는 알려지지 않았다. 그러나 오바마 대통령이 공공연하게 관심을 표명하는 일자리 창출, 교육, 글로벌 경쟁력에 관한 논의가 주를 이루었을 것은 자명하다. 이날 한자리에 모여 건배한 이들은 단지 IT 업계의 스타가 아니다. 현재 산업, 경제, 사회, 교육, 문화 전반에서 시대를 바꾸고 있는 혁신의 주역들이다. 이들이 만들어내는 소프트웨어와 콘텐츠 플랫폼, 최첨단 기기에 의해 산업의 지형은 다시 형성되고 있으며, 라이프스타일과 사회생활에도 큰 영향을 끼치고 있다. 지식기반 사회로 지축을 바꾸고 있는 이 시대의 아이콘인 셈이다. 이들은 거대한 생태계를 만들어내 수많은 기업과 개인들이 더불어 살아가는 세계를 구축하고 있다.

세상은 쉴 새 없이 바뀌고 있다. 우리가 먹고사는 문제는 예전과 달라졌고, 예측하기 어려운 상황이 빈번하게 발생하고 있다. YG 엔터테인먼트의 양현석 대표는 한 언론과의 인터뷰에서 가장 존경하는 경영인이 누군지 묻는 질문에 의외의 대답을 한 적이 있다. 엔터테인먼트 분야의 인물이 아닌 스티브 잡스였기 때문이다.

"그가 어떤 성장 과정을 겪었고, 어떤 사람인지는 중요하지 않다. 잡스의 전기를 본 적도 없다. 다만 그가 뛰어난 크리에이티브로 만들어낸 결과물과 그것이 온 세상을 바꿨다는 점에서 정말 대단하다고 본다."

변화를 주도하는 사람은 분야를 막론하고 또 다른 변화를 주도하는 사람을 존경한다는 생각이 들었다. 우리는 기존의 상식을 뒤엎은 사람이나 기술을 '게임 체인저'(Game Changer)라고 부른다. 자기가 그리는 세상으로 규칙을 바꿔버린 사람. 스티브 잡스는 게임 체인저의 대표적인 인물이다. IT 분야의 선구자였던 그는 굵직굵직한 IT 역사의 변곡점을 만들어냈다.

이전에는 컴퓨터라고 하면, 으레 검정색 배경에 흰색이나 녹색 글자가 나오는 단말기였다. 그런데 그는 밝은 화면에 다양한 크기와 모양의 글자, 아이콘과 그래픽이 주도하는 화면으로 바뀐 세상을 보여줬다. 그 후 모든 컴퓨터의 사용자 인터페이스는 그의 방식처럼 획기적으로 변했다. 그는 또한 CD가 주도하던 음반 시장을 온라인 디지털 시장으로 바꾸었다. 음성통신을 위한 휴대전화는 모바일 인터넷이 가능한 스마트폰으로 재탄생했다. 모두가 안 된다고 단정했던 태블릿을 28일 만에 밀리언셀러로 만들었던 것도 그였다. 그는 자신이 열었던 PC 시대의 종말을 스스로 고하면서 포스트 PC 시대를 선언했다. 그의 영향력은 실로 엄청났다. 그가 신제품을 발표할 때 온 세계는 숨죽이고 그를 주목했다. 그는 IT 분야에 종사했지만, 그의 영향력은 엔터테인먼트, 미디어, 라이프스타일에 막대한 영향력을 끼쳤다.

이처럼 IT의 역사에는 스티브 잡스와 같은 괴짜가 있었지만 IT가 사회 전반에 영향력을 가지게 된 것은 비단 그 혼자만의 공로는 아니다. 월드와이드웹을 발명한 팀 버너스 리, 마이크로소프트의 빌 게이츠, 구글을 만든 세르게이 브린과 래리 페이지 등 많은 기업가들의 노력으로 끊임없이 기술 혁신이 이루어졌고, 그 결과 IT는 비즈니스뿐 아니라 우리 생활 깊숙한 곳까지 들어올 수 있었다. 그리고 오늘날 산업이 재편되고 있는 핵심에도 IT가 있다.

지축이 흔들리는 변화, IT 빅뱅

본질적인 문제로 돌아가보자. IT가 필요한 이유는 크게 두 가지로 나뉜다. '생산성 향상'과 '비용 절감'이다. 굳이 하나를 더 들자면 사용자가 느끼는 즐거움이다. 기업은 자동화를 통해 사람의 업무를 줄였고, 좀 더 효율적으로 업무를 관리할 수 있게 되었다. 컴퓨터의 도움으로 과학자들의 연구개발 성과는 일취월장했다. 화려한 그래픽 기술로 영화와 드라마는 상상 속의 장면을 실현했다.

지금까지의 정보화 과정을 보면 생산성과 효율성에 초점이 맞추어져 있었다. 컴퓨터의 세계는 우리의 업무와 삶을 좀 더 편리하게 해주고, 불가능하다고 생각했던 것을 가능하게 만들었다. 기업에서 초기 IT 업무는 전산실이라고 불리는 지원부서의 소관이었다. 그러다가 정보를 경영해야 한다는 인식이 확대되면서 정보경영 최고책임자(CIO, Chief Information Officer)의 역할이 강화되었다.

이제 IT 기술은 대중화되어 모든 사람들의 손 안에 쥐어졌다. 휴대폰, PC, 교통카드, 전자여권, 심지어 옷과 음식 같은 사물에도 전자칩이 장착되고 있다. 여기서 흘러든 정보들이 모여서 기록되고 분석된다. 인간과 컴퓨터의 관계에도 변화가 일어나고 있다. 스마트폰은 인간과 기계를 연결하는 정보의 흐름을 바꾸었다. 기계 속 정보를 찾아가던 것이 과거 모습이라면, 정보가 각 개인에게 입체적으로 전달되는 것이 현재와 미래의 모습이다. 스마트폰은 인간의 '터치'를 감지해 눈과 귀 역할을 한다. 위치의 제약도 없다. 인간적인 기기로 바뀌면서 IT는 한정된 업무 공간을 벗어나 우리의 일상 속으로 들어왔다. 거실 소파에서 TV를 볼 때도, 지하철 안에서도 IT는 우리 손 안에 있다.

IT 기기가 많아지면서 개인과 기업은 자신의 정보 자원과 IT 자산을 어떻게 관리할 수 있는지 고민하게 되었다. '클라우드'는 IT를 소유에서 임대로 바꾸는 패러다임 변화를 일으켰다. 정보 기기가 대중화하면서 그곳에서 뿜어내는 디지털 정보는 기하급수적으로 늘어나고 있으며, 방대한 데이터를 수집해서 지능적인 판단을 하는 빅데이터는 기업의 가치를 높이는 신개념으로 부각하고 있다.

소셜네트워크는 국경을 뛰어넘어 인간과 인간이 실시간 소통하고 연결되는 플랫폼을 제공한다. 이런 소통의 스펙트럼은 시공을 초월한다. 지구 반대편의 목소리가 생생하게 내 앞으로 전달된다. 내가 어디에 있든지 이메일만 주고받을 수 있으면 그곳이 바로 업무의 현장이다. 내가 고객 앞에 앉아 있든, 바닷가에서 휴가를 즐기든 간에 책상 위의 업무 환경을 내 앞으로 당겨올 수 있다.

산업과 경제는 IT를 바탕으로 재편되고 있다. 세리CEO는 이를 'IT 빅뱅'이라고 명명한다. 이처럼 IT에 의해 오늘날의 모든 산업 구조는 지축이 흔들릴 정도의 변화를 겪고 있다. 산업의 재편은 일자리의 재편을 의미한다. 아무리 일자리 창출을 위해 머리를 싸매도, 시대의 변화를 직시하지 못한다면 공염불이다. 이에 맞도록 교육, 지원, 인프라가 재편되어야 한다. 산업혁명이 일자리의 성격을 바꾸었듯이, 융합의 시대는 또 다른 일자리의 소용돌이를 일으키고 있다.

무엇보다 이에 상응하는 기업의 자세가 갖추어져야 한다. IT의 의미를 정확히 깨닫고, 이를 활용해서 위기를 기회로 바꾸는 결단력이 필요하다. 새벽부터 밤늦게까지 열심히 일한다고만 해결되는 것이 아니다. 정확한 변화를 읽고 이를 헤쳐나가는 기업가 정신이 절실한 때다.

대기업에서 다시 벤처기업으로

오랜 미국 친구 중에 벤처기업을 대기업에 성공적으로 매각해서 큰 부를 거머쥔 이가 있었다. 그는 자신의 기업을 매수한 대기업에서 고위급 임원으로 재직했다. 수많은 청중 앞에서 기조연설을 할 정도로 유명 인사도 되었다. 대기업에서 고위 경영진으로 계속 일할 것을 제의했고, 직접 벤처 캐피탈도 만들었다. 그러던 그가 어느 날 갑자기 명예와 직장을 내던지고 다시 조그마한 벤처기업을 창업했다. 일자리에 대한 불안감도 없고, 평생 먹고 살고도 남을 만한 재력도 확보한 그가 다시 창업이란 가시밭길을 선택한 이유는 무엇일까?

그의 대답은 의외로 아주 간단했다. "재미가 없다"는 것이다. 그는 "대기업은 큰일을 도모할 수 있는 존경받는 자리이고, 벤처 투자도 내 경험을 살릴 수 있는 업무다. 그런데 도무지 즐겁지가 않았다. 다른 사람이 하는 것을 관리하는 것보다 내가 직접 새로운 것에 도전하는 게 항상 즐겁다"고 답하면서, "우리는 너무나도 흥미로운 시대에 살고 있는데, 내가 왜 뒤로 물러나 앉아야 하는가?"라며 사업에 대한 열정을 불태웠다. 그는 카드빚을 내 컴퓨터를 장만해서 사업을 시작했을 때 재정은 열악해도 세상에 보탬이 되는 제품을 만든다는 기쁨으로 충만했다고 회고했다. 그런데 수많은 회의와 연설, 인터뷰로 점철된 업무는 지루하고 시간 낭비처럼 느껴졌다고 덧붙였다.

그는 철저하게 벤처기업가로 다시 돌아갔다. 어쨌든 나는 그를 보면서 대기업과 벤처기업의 차이를 피부로 느낄 수 있었다. 그의 말에 따르면, 인수 후 대기업으로 편입됐던 직원들 대부분이 의무 복무 기간이 끝나자 창업을 하거나 작은 회사로 옮겼다고 한다. 그것이 창업 열풍이 다시 일어난 배경이었다.

도전정신이 가장 잘 발휘되는 벤처

미국의 IT 업계는 크게 두 가지 부류로 나뉜다. 대기업과 벤처기업이다. 벤처기업은 창업한 지 얼마 되지 않은 신생(start-up) 기업부터 어느 정도 성숙한 기업에 이르기까지 다양하다. 초창기 개인 투자자 정도만 있는 소기업부터, 막강한 벤처 캐피탈과 연합군을 구성해서 공격적으로 투자를 하는 회사도 있다. 대부분의 신기술과 이노베이션은 특정 분야의 기술을 발명해서 새로운 패러다임을 창출해내는 벤처기업이 주도한다.

한편 대기업은 글로벌한 시각으로 폭넓게 사업을 전개한다. 대기업은 브랜드와 종합적인 제품 구성, 체계적인 서비스로 굵직한 사업을 전개한다. 물론 연구개발 투자도 크게 하지만, 규모가 크다 보니 위험 관리가 중요하고 철저한 규율 및 약속 준수가 경영적으로 중요시된다. 상대적으로 혁신과 기회 창출에는 느릴 수밖에 없다. 그래서 스피드와 혁신은 인수합병을 통해 수혈한다.

수많은 창업 기업들이 혁신적인 제품 개발에 매진하고, 그중 성공하는 기업들은 대기업에 인수된다. 대기업은 외부의 벤처기업을 수혈해서 자신들의 강점인 체계적인 사업 인프라 속에 집어넣는다. 대기업은 혁신을 위해 노력하는 한편, 신선한 피를 받아들임으로써 관료화의 함정에 빠지지 않도록 끊임없이 스스로를 자극하는 것이다.

《안철수의 생각》에서 안철수 박사는 "대기업과 함께 탄탄한 중소기업과 벤처기업들이 육성된다면 이 축이 국가 경제의 리스크를 낮추고 안정성을 높여줄 것"이라며 경제를 '포트폴리오' 관점에서 바라보았다. 뿐만 아니라 5,000만 국민 중 대기업에 종사할 수 있는 사람은 200만 명밖에 없기 때문에 어차피 2,000만 명 이상의 일자리는 중소기업 또는 벤처기업에서 나올 수밖에 없다는 현실을 지적했다. 이스라엘의 칼럼니스트 사울 싱어(Saul Singer)는 《창업국가》에서 미국 인구조사 통계국의 자료를 소개한다. 이 데이터에 따르면 1980~2000년 대부분의 고용은 설립한 지 채 5년이 안 된 기업들이 만들어냈다. 그만큼 벤처기업과 중소기업은 양질의 일자리를 창출하는 핵심 동력인 것이다.

게다가 지금은 개방성에 기반을 둔 네트워크 경제 체제다. 다시 말해 전문성이 최우선으로 평가받는 수평적 관계가 세계적 추세다. 그러므로 창의력과 혁신 가능성을 갖춘 전문 중소기업이 더욱 절실하며, 공정한 시장 환경이 조성되어야만 기업가 정신 역시 살아날 수 있다. 기술과 전문성을 갖춘 중소기업이 없으면 우리에게 미래는 없다. 중소기업이 받쳐주지 않는 상태에서 대기업만 잘되리라 보장할 수 없다.

그러나 아쉽게도 우리나라의 중소기업은 인력 구하기가 힘들다. 그나마 우수한 인력들은 대기업에서 웃돈을 얹어주고 데려간다. 때로는 인간적으로 읍소하거나 대기업의 횡포라고 정부에 호소하기도 한다. 어느 외국계 투자기관에 일하는 애널리스트는 이렇게 말한다. "미국에서는 대학을 졸업한 인력들이 대기업에서 경험을 쌓은 뒤 오히려 창업을 통해 도전하려고 작은 기업으로 움직인다. 그런데 우리나라는 중소기업에서 경험을 쌓으면 대기업에서 스카우트해간다. 그러니 인력 불균형의 악순환이 계속될 수밖에 없다. 산업 환경의 변화가 절실하다."

우리는 기업의 가치가 혁신성에 의해 크게 좌우되는 시대에 살고 있다. 혁신은 호기심과 도전정신을 통해 이루어진다. 또한 도전적 기업가 정신은 벤처를 통해 가장 잘 발휘된다. 내가 만든 제품을 다른 사람이 사용하는 것을 볼 때의 희열은 경험한 자만이 알 수 있다. 지금도 도전정신을 가진 많

I 새로운 시대의 새로운 돌파구

은 사람들이 세상을 바꿀 수 있다는 기대를 가지고 힘들어도 기업가의 길을 걷고 있다.

1990년대 미국의 대기업들이 자금난에 빠져 구조조정을 실시한 적이 있다. 그러자 클린턴 대통령은 소기업 창업 프로그램을 통해서 산업 구조를 재편했다. 해직된 사람들이 창업을 통해 새로운 활력을 모색했다. 전문대학도 확충했다. 패러다임 변화가 급증하는 상황에서 상시 교육을 받을 수 있도록 하기 위해서다. 이와 같은 창업과 소규모 기업 지원 노력이 인터넷 산업을 이끈 미국의 저력으로 승화되었다.

우리나라에서도 중소기업에 대한 다양한 지원 정책이 논의되고 있다. 돌이켜보면 중소기업 정책이 논의되지 않았던 적은 어느 정부를 막론하고 없었던 것 같다. 그러나 정책이 효과가 있으려면 건강하고 투명한 시장 질서를 만드는 것이 선행되어야 한다. 공정한 시장 경쟁이 보장되는 생태계를 만들어야 한다.

누가 어떻게 살아남을 것인가?

상생의 근본은 공정성에 있다

어느 CEO 모임에서 있었던 일이다. 강사로 초빙된 외국인 경영전략 전문가가 강의 중간에 몇몇 참석자들에게 "당신 회사의 핵심 성장 전략은 무엇이냐"고 물었다. 질문을 받은 한 CEO는 "납품처인 대기업과 좋은 관계를 유지하는 것"이라고 답했다. 사실 대부분 중소기업에 있어서 대기업과의 관계는 아주 중요하다. 하지만 이 답변을 들은 강사는 "그것은 좋은 사업 방향이 아니다"라고 잘라 말했다. 그러면서 "당장은 아니더라도 대기업을 뛰어넘을 수 있는, 당신 회사만의 강점을 가질 수 있어야 한다"고 말했다.

대기업과 중소기업의 상생은 늘 화두가 되고 있다. 일자리 창출과 체감적인 경제 회복이 되려면 중소기업의 역할이 절실하다. 어차피 대기업만으로는 일자리 창출에 한계가 뚜렷하고, 수많은 중소기업에서 일하는 사람들의 상황이 좋아져야 소비가 살아난다. 특히 소프트웨어와 콘텐츠의 경쟁력

I 새로운 시대의 새로운 돌파구

을 확보하기 위해서는 중소기업의 역할이 그 어느 때보다도 중요하다. 그런데 이러한 '상생' 논의 과정을 지켜보면 주로 대기업이 중소기업에 베풀어야 한다는 인상을 받는다. 너무 욕심 부리지 말고 중소기업에 나누어주고, 기술도 전수하고, 경영 지원도 해주어야 한다는 내용이다. 여유 있는 대기업이 일종의 만형 역할을 해야 한다는 취지다.

물론 대기업과 중소기업의 문제가 자원의 편중과 불공정 거래에서 시작한다는 측면에서 보면 틀린 얘기는 아니다. 항상 중소기업 육성 대책은 최고의 과제였음에도 양쪽의 불평불만은 별로 해소될 기미가 없다. 대기업은 중소기업이 기술이나 경쟁력이 없다고 하고, 중소기업은 대기업이 독식한다고 한다. 양쪽의 특성을 고려한 근원적 고찰이 필요한 대목이다. 대기업과 중소기업이 직접 맞붙는다면 애당초 게임이 되지 않는다. 결국 자본의 힘에 의해 판가름 날 수밖에 없기 때문이다. 브랜드 가치는 물론 계약 과정에서의 협상력, 법적 대응 능력, 자금력, 고급 인력을 끌어들이는 매력 측면에서 중소기업은 허약할 수밖에 없다.

역사적으로 돌이켜보면 혁신적으로 성장한 주도 세력이 나타난 뒤에는 이들의 과도한 시장 지배와 공정 거래 유무를 감시하고 견제하는 움직임이 뒤따랐다. 미국의 시어도어 루스벨트(Theodore Roosevelt) 대통령은 세계 최고의 부자인 록펠러의 독점 체제를 무너뜨렸다. 마이크로소프트에 대한 IT 업체들의 견제도 이와 맥을 같이한다. 이들은 모두 뛰어난 기업가 정신으로 성공을 일구었지만 그 성공의 기반을 사업의 기득권으로 활용하려고 했다. 그럴 때마다 시장의 공정성을 원하는 미국의 법 정신은 균형과 견제를 이루는 잣대가 되었다.

공정성은 대기업과 중소기업의 공존을 받쳐주는 뿌리다. 반칙이 허용된다면, 혹은 심판이 한쪽 손을 일방적으로 들어준다면 그것은 자본주의에서 말하는 시장경제가 아니다. 많은 대책이 논의되지만 결코 쉽지 않고, 어떤 때는 대책 회의조차 제대로 운영되지 않는다.

어느 모임에 참석한 위원이 "대기업과 중소기업의 대표가 마주 앉아서 허심탄회하게 대화하면 해결되지 않겠습니까? 세상에 해결 안 되는 문제가 있겠습니까?"라며 운을 뗀 적이 있다. 우리는 '허심탄회'라는 말을 너무 남발하는 경향이 있다. 동석했던 다른 위원이 답답하다는 듯이, "정말 현실을 모르시는군요. 마주하고 앉기를 겁낼 정도로 한쪽이 기운 상황인데, 거기에서 대화가 되겠습니까? 애당초 평등한 관계가 아닌데, 그걸 진짜 모르시는 건가요?"라며 강한 어조로 반박했다. 마치 한정된 파이를 사이좋게 나누어 가지라는 접근 방식은 근본 대책이 될 수 없다. 이익을 극대화해야 하는 기업에게 양보하라는 것도 말이 안 된다. 그런 대책보다는 기업 본연의 모습에서 해결책을 찾아야 한다. 근본적으로 기업은 자신의 위치를 찾아가야 한다.

뚜렷한 방향성이 성공을 보장한다

미국 실리콘밸리에 위치한 어느 벤처기업의 CEO와 대화할 기회가 있었다. 그는 그 기업의 창업자는 아니었다. 창업자는 추구했던 사업 모델이 실패해서 이미 떠난 후였다. 대주주였던 벤처캐피털은 기업을 살리기 위해 그를 전문 경영인으로 영입했다. 벤처캐피털이 그에게 요구했던 것은 무엇이었을까.

보통의 경우라면 하루빨리 경영을 정상화하고 재정 상태를 흑자 구조로 바꾸라고 주문했을 것이다. 그러나 그에게 주어진 과제는 달랐다. 필요한 자금을 투자할 터이니 새로운 도전을 해보라는 것이었다. 과거의 실패 경험을 기반으로 한 신제품이든, 기존의 기술을 향상시킨 것이든 '남과 다른 무엇'(to be something)이 되라는 게 전부였다고 한다. 그는 기업의 전열을 재정비하고 열정적으로 노력한 결과 혁신적인 제품을 출시하는 데 성공해 '주목할 만한 틈새 기업'(niche player)으로 인정받았다. 비록 흑자 전환은 하지 못했지만, 기술의 잠재력을 인정한 대기업에 인수됐다. 대기업의 포트폴리오에 편입된 그 제품은 현재 전 세계 시장에서 성공적으로 판매되고 있다. 실리콘밸리에서 이노베이션과 차별화가 기업의 가치를 얼마나 좌우하는지 잘 보여주는 이야기다. 만일 우리나라에서 이런 기업과 같은 상황이 발생했다면 어땠을까? 투자는커녕 하루라도 빨리 청산하라고 하지 않았을까?

회사의 방향성은 아주 중요하다. 여기서 방향성이란 자신이 속한 산업군에서 회사의 포지션이 어떻게 되는지, 회사의 제품이 어떤 전략으로 어느 시장을 겨냥하고 있는지를 말한다. 이 문제는 대기업이든 중소기업이든 마찬가지다. 아무리 규모가 큰 대기업이라 하더라도 자신이 나아가는 방향성이 결여되어 있다면, 혹은 그 방향이 직원들과의 공감대를 통해 이루어져 있지 않다면 궁극적으로 위기에 봉착하게 된다. 아무리 자원이 부족한 작은 기업이라도 전략과 방향성이 뚜렷하다면 성공할 수 있다.

소비자가 상대적으로 대기업을 선호하는 이유는 안정된 재무구조와 인프라를 바탕으로 안정감과 신뢰감을 주기 때문이다. 하지만 대기업은 새로운 아이디어의 사업화에 느릴 수밖에 없다. 혁신과 스피드는 중소기업의 속성이다. 중소기업은 규모는 미약하더라도 아이디어를 발굴하는 의지와 사업적 집중력이 뛰어나다.

대기업이 항공모함이라면 중소기업은 쾌속선이다. 대기업은 한번 정한 방향을 돌리는 속도는 느리지만 잘 정비된 시스템을 바탕으로 큰 시장에서 승부를 건다. 반면에 중소기업은 모험적이더라도 신속하게 사업에 달려든다. 대기업은 축적된 경험에 의한 종합적 관리 능력에 강하고, 중소기업은 혁신적 아이디어와 열정으로 신속한 비즈니스 모델을 창출하는 데 강하다. 대기업은 풍부한 자원으로 세계적 기업과 경쟁하고, 중소기업은 독창적 기술과 아이디어로 차별성을 추구한다.

그런데 우리는 이런 특성은 무시한 채 모두가 같은 역할에 전력을 쏟는 느낌이다. 대기업이 중소기업의 영역으로 들어오고, 중소기업은 자기 몫을 빼앗길까 노심초사다. 중소기업은 투자 여력이 없으니 대기업에게 매달리고, 대기업은 중소기업을 데리고 가자니 부담스럽다. 결국 각자의 역할에 충실하지 못하면서 신뢰만 무너져버렸다. 이것이 현재 산업 생태계의 모습이다.

축구나 농구 경기를 보면 상대방의 공격을 막을 때 정확한 위치를 선점하는 것이 수비의 기본이다. 공격을 할 때도 빈 공간을 재빨리 선점해서 유리한 위치를 차지해야 한다. 그것은 선수의 특성에 따라 다르다. 키가 큰 선수는 골대 근처에 있어야 하고, 발이 빠른 선수는 미드필드를 헤집고 다녀야 한다. 대기업과 중소기업도 자신에게 맞는 위치를 잡는 게 중요하다. 대기업의 상대는 국내의 중소기업이 아니다. 글로벌 대기업과의 경쟁에서 당당하게 자신의 위치를 찾아야 하며, 중소기업은 중소기업대로 글로벌한 시각에서 자신만의 위치를 잡아야 한다. 아이디어와 신제품을 대기업의 방대한 유통망 및 서비스 체계와 접목하는 것이 시너지 측면에서 가장 성공 가

　　　　　　　　　　　　　　　I 새로운 시대의 새로운 돌파구

능성이 높다. 또한 대기업은 끊임없는 인수합병과 제휴로 성장과 혁신의 DNA를 수혈하는 효과를 얻을 수 있다.

창업과 성장, 합병과 제휴는 산업에 중요한 활력소다. 급변하는 산업 환경에서 기득권에 안주한 채 변화와 성장을 추구하는 것은 거의 불가능하다. 따라서 대기업이 중소기업을 부담스러운 존재가 아닌, 사업을 역동적으로 확장하고 변신하도록 이끌어주는 동반자로 인식해야 한다. 대기업은 글로벌 대기업과 당당히 맞서고, 이를 뒷받침하기 위해 중소기업도 끊임없는 도전정신과 함께 실력을 갖추는 데 매진해야 한다.

대기업과 중소기업의 상생 논의는 이처럼 상호 역할을 인정하고 자신의 자리를 찾아가는 데서 시작해야 한다. 수직적으로 의존하는 구조에서 벗어나 수평적 관계에서 각자의 장점을 극대화함으로써 서로의 발전에 도움이 된다는 확신과 그에 맞는 실행이 이어져야 진정한 상생이 이루어질 수 있다.

Ⅱ 사람이 미래의 경쟁력이다

04

누구를 위한 교육인가?

새로운 시대의 가장 큰 동력은 '사람'이다. 전문성과 경험, 누적된 실력이 개인의 경쟁력을 결정한다. 산업화 시대의 교육 시스템은 지식기반 시대에 맞지 않는다. 주입식 교육에 근거한 단순 스펙과 인맥이 지배하던 사회는 끝났다. 현장에 바탕을 둔 전문성, 유연한 사고, 창의적 발상을 지닌 인재를 키워야 한다.

'성공'은
성적순이 아니다

모든 것이 시험으로 환원되는 사회

"학교를 빛낸 자랑스러운 동문, OO고시 합격!"

어느 대학에 갔을 때 국가 고시 합격자 명단이 적힌 대형 현수막이 시선을 끌었다. 대학 시절, 지방에서 올라온 친구로부터 현수막 문화에 대해 생생하게 들은 적이 있다. 자신이 대학에 합격하자 그 동네 전체의 자랑거리로 여겨 기차역과 모교 등 동네 곳곳에 대형 현수막이 걸렸다고 했다. 서울에서만 자란 나로서는 생소한 이야기였지만 한편으론 그 정겨운 풍경이 부럽기도 했다. 그러나 과연 21세기 대학에서 고시 합격이 저렇게 자랑해야 할 만큼 중요한 것인지 어리둥절했다. 마치 'OO대학 합격'이라는 현수막을 내건 사설 학원과 다를 게 무언가?

고시 합격을 폄하하려는 것은 결코 아니다. 치열한 경쟁을 뚫고 나름대로 인생의 첫 목표를 달성한 것은 당연히 축하받을 일이다. 하지만 교육의 목표가 고시는 아니지 않은가? 진리 탐구와 다양성이 핵심인 대학과는 뭔가 어울리지 않는 광경이라는 생각이 들었다.

산업화 시대와 지식기반 시대에서 원하는 인재상은 다르다. 산업화 시대의 교육 방식은 오늘날 기업들의 요구에 미치지 못한다. 결국 한쪽에서는 일자리가 없다고 하고, 다른 한쪽에서는 일할 사람이 없다고 한다. 고시를 통해 얻을 수 있는 자리는 한정되어 있음에도 이 자리를 위해 많은 젊은이들이 몇 년씩 고시촌을 전전한다. 반면 과학기술 전공자, 소프트웨어 엔지니어는 태부족인데도 적게 배출된다. 그나마 이공계 학생들은 의사가 되는 길로 우수 인력들이 빠져나간다. 당연히 인력난이다.

사실 전자, 자동차, 조선 등 우리의 주력 산업이 세계로 도약할 수 있었던 배경에는 엔지니어를 꿈꾸었던 많은 이들이 있었다. 1960년대부터 시작된 이공계 지원 열풍은 1970~80년대까지도 식을 줄 몰랐다. 그러나 과학기술 분야에 대한 관심은 1990년대부터 차츰 줄어들기 시작했고, 오늘날엔 매우 낮은 비율의 이공계 출신이 사회로 배출되고 있다. 어쩌면 앞으로 10년이 무척 고통스러울지 모른다는 불길한 예감마저 든다. 미래 성장 엔진에 대한 우려 속에서 한쪽은 일자리가 없다고 아우성인 반면, 실력을 갖춘 이공계 졸업자는 태부족이다. 앞뒤가 맞지 않는다. 이런 괴리를 해결하지 않는 한 악순환은 되풀이될 것이다.

교육열이 높다고 행복해지지 않는다

부모의 열성과 교육 제도의 울타리 안에서 주어진 지식만으로는 험난한 세상을 버텨가기 힘들다. 시험을 위해 얻은 지식은 사회에서 생존하기 위한 기초 발판일 뿐이다. 오히려 얼마나 풍성한 인생 경험과 고민을 해보았느냐에 따라 창의력과 진지함의 강도는 차이가 난다. 물론 자식이 잘되기를 바라는 부모의 마음은 누구나 똑같다. 자식이 좋은 학교에 가는 게 잘되는 것이라고 생각하기에 교육 열풍이 부는 것이다. 사실 교육열 자체가 문제는 아니다. 오히려 소 팔아서 대학 보내는 교육에 대한 열정이 이 나라를 발전시킨 원동력이었으니까.

부모의 교육열은 비단 우리나라만의 현상이 아니다. 미국에서도 동양인, 특히 중국인, 베트남인의 교육열은 한국 부모보다 더하면 더했지 결코 밀리지 않는다. 오죽하면 실리콘밸리에서 육성회의 임원을 중국계 엄마들이 모두 장악했다는 소리가 나오겠는가? 미국인 부모들도 결코 뒤지지 않는다. 미국의 텍사스 주에서 연구원으로 근무할 때 우리 가족은 백인들이 주로 거주하던 동네에 살았다. 그런데 어느 날 보니 백인 부모들이 밤새 밖에서 진을 치고 줄을 서 있는 진풍경이 벌어졌다. 알아보니 근처에 유명한 유치원이 있는데, 다음해 입학생을 선착순으로 뽑는다고 해서 부모들의 극성 경쟁이 벌어진 것이었다. 그들은 아예 해수욕장에 가져가는 간이 의자를 가져다놓고 잠을 청하기도 했다. 미국 백인 사회에서도 자식 교육에 대한 열정이 결코 만만치 않다는 것을 직접 확인할 수 있었던 광경이었다. 지금도 미국의 유명 학교는 학생을 선발하기 위해 학부모 인터뷰를 한다. 부모로서 갖춰야 할 소양과 사회적 평판을 파악하기 위해서다.

그러나 그러한 교육열이 진정으로 자식의 장래를 위한 것인지, 부모의 어깨를 으쓱하게 해주는 자식의 간판, 즉 '좋은 학교', '알아주는 직장'을 위한 것인지에 대한 진지한 성찰이 필요하다. 자신의 적성을 찾아가고, 자신의 일을 통해 즐거움과 보람을 느끼고, 이 사회에 즐겁게 적응해가는 게 궁극적으로 자식에게 바람직한 방향이 아닌가? 그런데 이를 알면서도 부모는 자식의 간판에 대한 미련을 쉽게 버리지 못한다. 자신의 임무를 다했다고 자족할지는 모르지만, 시대를 잘못 해석한 그릇된 방향일 수도 있다.

현재의 부모 세대는 대학 입시라는 과정을 경험해본 사람이 많다. 지금은 마치 2세들을 통해 2차전을 치르고 있는 것이다. 1차전에서 이미 경험해 보았기에, 자식들을 더 효율적으로 몰아붙이는 방법을 잘 안다. 그 전세대만 해도 일제 식민지나 한국전쟁 전후를 거친 극빈의 시절을 살았기에 학교를 다니기가 여의치 않았다. 학교를 다녀 보지 않았으니 자식들이 딴짓을 해도 이를 판단할 노하우가 없었다. '공부하는 척하면서 다른 짓을 하는지'를 학교를 다녀보지 않고서 어떻게 알 수 있겠는가? 그러나 학교생활을 경험했던 현재의 부모 세대는 그 상황을 너무나도 잘 알고 있기에 훨씬 철저하게 통제할 수 있는 노하우가 있다. 그래서 불쌍한 우리의 자식들은 숨이 막힌다. 아무리 자식을 위한 행위라 하더라도 그것이 자식을 진정으로 위한 것인지, 자식을 통해 부모로서 자신의 성공 여부를 인정받고 싶어서인지는 엄밀히 구분해야 한다. 그렇게 해서 좋은 대학을 나온다 한들, 또 설사 좋은 직장에 취직했다고 한들 그것이 자식의 행복과 직결될까? 부모에 의해 철저히 통제되고 키워진 아이들의 사회 적응력은 우려할 수준을 넘어선 지 오래다. 이에 대한 이나미 정신과전문의의 지적은 사뭇 통렬하다.

벌써부터 기업체에서는 부모의 재산이 많고 강남출신이거나, 그 전적이 불확실한 유학생들은 채용을 꺼리는 분위기다. 매뉴얼 달라면서 과외 받으러 온 줄 착각해 시키는 일이나 간신히 하는, 학벌은 좋은데 추진력이 부족한 부잣집 자제들 때문에 상사들은 골치가 아프다. (중략) 학벌은 좋은데 혼자 설 생각은 애초에 없는 젊은이가 너무 많다. 그럼에도 불구하고 자녀를 좋은 대학에 입학시킨 부모들을 성공적 인물로 미화하는 매스컴도 우습다. 자녀를 좋은 대학에 보낸 어머니들에 대한 찬사 뒤에는, 학벌이 앞으로의 자녀 인생을 좌우할 것이고 자녀 인생은 어머니가 결정한다는 집단 최면이 숨어 있다. 곱게 자라 좋은 간판 딴 자녀들이 사회에 적응 못하고 부모를 함부로 대하는 뒷얘기들을 정말 그리 모르는지. (〈중앙일보〉, 2008. 5. 3.)

대학은 삶의 과정일 뿐, 그 자체가 목적이 될 수는 없다. 더욱이 융합의 시대, 지식 기반 사회에서는 매뉴얼에 따른 훈련된 과정의 반복이 아니라, 끊임없이 발생하는 새로운 문제를 스스로 해결해야 한다. 그나마 4년이라는 짧은 대학 생활에서 배운 지식은 극히 작은 부분일 뿐이다. 오늘날 교육 전문가들도 이러한 현실을 인정한다. 그러면서도 여전히 대학입시라는 과정에 모두 빠져들고 있다. 간판이 우선시되고, 일을 직접 하는 사람보다 시키는 사람이 존경받는 한국 사회의 권위주의적인 풍토도 한몫한다.

목적을 찾기 위한 고민이 먼저

오늘날 전 세계를 뒤흔들면서 산업을 재편하고 있는 인물들을 보자. 소위 게임의 규칙을 바꾼 사람들이다. 스티브 잡스, 빌 게이츠, 마크 주커버그는 대학 중퇴자들이다. 구글의 창업자들은 스탠퍼드 학위를 중도 포기했다.

오해는 말았으면 한다. 단지 그들이 학업을 포기했다고 해서 학교 공부를 부인하려는 것은 절대 아니다. 이들의 사례를 놓고 대학 교육의 실효성을 논해서는 안 된다. 그러나 중요한 것은 그들이 짧은 대학 시절에 결정적 동인을 찾았다는 사실이다. 대학 친구들을 대상으로 만든 페이스북은 세계적 서비스가 됐고, 청강에서 얻은 아이디어를 기초로 다양한 서체를 구현한 애플 컴퓨터가 탄생했다. 박사 과정 연구를 위해 만든 검색 알고리즘이 거대 기업 구글의 초석이 되었다.

요컨대 그들이 그러한 힘을 가지게 된 배경을 봐야 한다. 그것은 결코 학위나 자격증이 아니라 자신이 하고 싶은 일을 진지하게 추구했던 삶에 있다. 이들은 대학에서 정규 과목에 의해 스펙을 쌓는 것보다, 자신의 내재된 역량을 끌어내는 데 주력했다. 요컨대 교육의 목표는 졸업장이나 외형적 스펙이 아니다. 각 개인의 잠재 역량을 발견하고 끄집어내는 데서 찾아야 한다. 또한 이들의 성공에는 창의력과 다양성이 발휘되는 사회 환경이 뒷받침되었다. 실질적으로 체험할 수 있는 자발적 커뮤니티, 다양한 실험 프로젝트가 가능한 환경, 생각하는 훈련에 도움이 되는 활발한 토론 문화다. 과연 우리가 그런 환경에 대해 진정으로 고민해보았는지 자문해보았으면 한다.

개인의 강점을 발굴하는 교육, 다양성이 인정되는 사회가 양질의 일자리 문제를 해결하는 해법이다. 이러한 시대적 요구에 부응하는 인재를 양성하기 위한 논의가 이루어져야 한다. 사회에 진출하는 신출내기나 기존의 사회생활에 익숙한 우리 모두가 이러한 시대적 변화에 맞는 인재상에 대해 공감대를 이루어야 한다.

잘 알려지고, 연봉이 많고, 안정적인 직장이 좋은 선택일까? 무작정 도전하는 창업이 해결책일까? 정답은 없다. 그것은 전적으로 개인의 성향과 역량, 그리고 사회적 환경에 달려 있다. 각자 인생의 선택은 다를 수밖에 없다. 그러나 공통적인 것은 이 시대에 대한 정확한 해석이 선행되어야 한다는 점이다. 그래야 그에 맞는 인력 양성 방안이 논의될 수 있다.

자신이 어느 시대, 어떤 변화의 물결 속에 있는지 명확하게 인식하지 않고는 자신의 목적을 추구해갈 수가 없다. 교육은 그런 목적을 찾는 본질적 고민으로부터 시작해야 한다. 그런 고민을 바탕으로 현실적인 교육 시스템이 실현되어야 한다. 시대착오적인 교육 정책의 남발은 혼란만 일으킬 뿐이다. 교육 혁신은 더 이상 미룰 수 없는 우리의 과제다.

전문지식을 가진
인재의 필요성

현장에 뿌리내린 전문가의 리더십

어느 컨퍼런스에서 겪은 일이다. 나는 컨퍼런스의 기조연설자로 초대되었다. 기조연설은 행사의 하이라이트이기 때문에 청중에게 유익한 메시지가 되도록 정성을 다해 발표를 준비했다. 일찌감치 도착해서 기다리는데, 어찌된 영문인지 예정된 시각에 개회식이 시작되지 않았다. 이유를 알고 보니, 축사를 하기로 한 국회의원이 도착하지 않아서였다. 그분은 15분이나 늦게 나타났다. 결국 5분 정도의 축사를 듣기 위해 수백 명의 참석자들이 무작정 기다려야만 했다. 그나마 축사 내용도 그날 행사와는 큰 관련이 없는 덕담 수준에 불과했다.

그런데 문제는 여기서 그치지 않았다. 주최 측이 발표시간을 반으로 줄여달라는 것이 아닌가? 점심시간에 영향을 준다는 핑계였다. 국회의원이 행사 시간을 지키지 않아 지연된 일정이 급기야 내 발표에도 영향을 미친 것이다. 30분에 맞도록 발표를 준비했기에 반으로 줄인다는 것은 청중에 대한 예의가 아니었다. 결국 내키지는 않았지만 최대한 발표를 빨리 해서 5분 정도 앞당겨 발표를 마쳤다. 현장 전문가의 메시지보다 의전이 더 중요한가라는 생각이 들어 씁쓸했다.

이처럼 우리나라 심포지엄이나 컨퍼런스에 참석해보면 과도하게 개회식에 이목이 집중되는 현상을 보게 된다. VIP들을 위해 진행 요원은 개회식에 모든 정열을 쏟는다. 어떤 순서로 자리 배치를 하느냐를 놓고 골머리를 앓기도 한다. 반면에 정작 행사의 꽃인 세미나 발표장은 썰렁하다. 내실보다는 격식이나 형식에 얽매이는 것은 한국의 고질병이다.

외국에서 열리는 컨퍼런스의 경우, 보통 기조연설은 아침 8시경에 첫 순서로 발표된다. 이른 시각이고 인터넷으로 볼 수 있는데도 서둘러 가지 않으면 자리가 없을 정도로 청중이 꽉 들어찬다. 시대의 변화에 대해 리더가 어떤 생각을 하는지, 어떤 비전으로 사업을 하는지 현장에서 직접 듣기 위해서다. 격려사와 축사 같은 의전 행사는 아예 없다. 설사 장관급 인사의 연설이 있더라도 하나의 발표 정도로 취급받는다. 특별대우도 없고 눈도장 찍느라 마냥 서성대는 사람도 없다.

기술의 발전은 산업의 패러다임을 급속도로 바꾸고 있다. 평범한 과거의 지식과 이론만으로 변화의 흐름을 제대로 파악하기는 어렵다. 그만큼 현장 경험에 바탕을 둔 전문가의 통찰력이 절실하다. 그러나 우리 사회는 여전히 전문성에 기반을 둔 치열한 토론보다는 격식을 차린 추상적 논의에 머무르는 경향이 있다. 일례로 특정 전문 분야의 간담회가 열릴 경우, 비전문 인사가 참석해서 주장을 하는 것을 종종 볼 수 있다. '저는 전문가가 아니지만', '저는 기술은 잘 몰라서', '깊은 생각은 안 해봤지만' 등등 빠져나갈 구실을 마련해놓고 태연스레 자기 생각을 얘기한다. 미리 자료가 배포되었건만 그것을 미리 읽어보고 오는 경우도 드물다. 즉흥적으로 말하는 것임을 쉽게 눈치챌 수 있다. 그러니 지극히 상식적인 총론만 나오고 각론은 나오지 않는다. 각론이 없으니 제대로 된 실천 방안이 나올 리가 없다. 치열하게 고민하고 토론해도 답이 나올까 말까 한데, 그런 무책임한 의견이 무슨 의미가 있겠는가?

전문가의 능력은 현장에 굳게 서 있어야 한다. 학력과 비례해서 높아지는 게 아니다. 또한 적당히 벤치마킹한다고 해서 전문가로 인정받을 수는 없다. 끊임없는 탐구로 기술 개발에 몰두하거나, 고객의 목소리를 경청하거나, 사회 돌아가는 현상을 직시할 수 있어야 전문가로서 깊이가 생긴다.

일본에서 '경영의 신'이라 불리는 마쓰시타 전기의 창업자 마쓰시타 고노스케(松下幸之助) 회장은 "업무를 체험하고, 시장 상황을 실감하는 것은 의학으로 비유하면 기초 의학이 아니라 임상 의학이다. 이런 의미에서 나는 모든 직원을 현장 감각이 있는 임상 전문의로 키우고 싶다"라고 그의 경영 일지에 적고 있다. 한마디로 현장을 꿰뚫고 있어야 제대로 업무를 수행할 수 있다는 의미다.

현장 감각에 따른 전문성은 기업에만 중요한 것이 아니다. 정보화와 개방화로 개인의 힘이 커지는 변화 속에서는 탄탄한 실력을 쌓은 사람만이 생존할 수 있다. 적당한 학력과 인적 네트워크에만 의존하는 이들보다 도전을 추구하는 개인에게 더 많은 기회가 오는 세상이다. 격식이나 형식보다 문제의 본질에 충실해야 한다. 현장에 바탕을 둔 진정한 전문가들이 리더십을 발휘해야 할 때다.

직접 조이고 닦고 수리하라

미국 유학 시절 친구들을 보면 기계를 만지고 조작하는 데 있어서 뭔가 우리보다 낫다는 생각이 들었다. 그 원인이 무엇인지 궁금해하던 차에, 어떤 선배가 "미국에서는 어린 시절부터 집에서 아버지와 같이 자동차를 만지면서 자란 것이 원인인 것 같다"는 얘기를 해주었다. 충분히 의미 있는 지적이었다.

미국에서는 자동차 서비스를 받는 비용이 엄청 비싸다. 자동차 수리점에 가기만 해도 일단 20~30달러를 지불해야 한다. 단지 기술자가 자동차를 점검하는 비용이다. 여기에 수리를 맡기면 시간당 붙는 작업 비용(labor charge)이 부과된다. 당연히 부품비는 별도다. 자동차 오일 교환만 해도 옵션에 따라 가격이 부과된다. 카센터에 가면 일체를 점검해주고 세차까지 해주는 한국과는 큰 차이가 있다. 땅덩어리가 넓으니 자동차 없이는 살 수 없고, 돈을 절약하기 위해 집에서 직접 고칠 수밖에 없다.

주말에 미국 주택가를 지나다 보면 여기저기서 차를 손보거나, 심지어는 오일 교환을 직접 하거나, 온 가족이 세차를 하는 모습을 흔히 본다. 한술 더 떠서 아예 자동차를 개조하기도 한다. 집 안의 크고 작은 수리도 마찬가지다. 미국 전역에 유통망을 가지고 있는 홈 디포(Home Depot)라는 대형 상점에 가보면 스스로 집안일을 하는 이들을 위해 수많은 부품과 도구들이 진열되어 있다. 목재, 정원 도구, 전기 시설, 부엌 싱크대 등 분야별로 잘 정돈되어 있다. 이 상점의 키워드는 '스스로 개선하기'(self-improvement)다. 이 상점은 워낙 친절하게 설명해주기 때문에 경험이 없더라도 직접 고칠 수 있다. 미국은 개척 시대부터 모든 것을 스스로 해결하는 셀프 엔지니어링(self-engineering)이 하나의 문화로 자리 잡았다.

미국에서는 서비스를 받는 비용이 비싸기 때문이다. 집에 수리할 문제가 있어 전기 기사, 목수, 배관공을 부르면 시간 단위 작업량에 따라 천정부지로 가격이 오른다. 그러니 돈을 아끼기 위해서라도 주말에 장비를 집어들 수밖에 없다.

공부만 하다 미국으로 유학을 간 학생들은 바쁜 시간 속에서도 이러한 생활 속의 엔지니어링에 부딪치게 된다. 게다가 돈이 없어 오래된 중고차를 사다 보니 운이 나쁘면 내내 골머리를 썩기도 한다. 한국에서 변변히 만져본 기계가 없었던 이들도 꼼짝없이 기계와 씨름을 해야 했다. 오죽하면 "박사 학위를 받는 순간 자동차 전문 수리 자격증도 받는다"는 농담이 나올 정도다. 공대를 나온 이들도 고등학교까지는 책으로만 공부한 경우가 태반이었기에 "우리가 진짜 공대 출신 맞아?"하며 한심해했던 기억이 있다.

바로 이런 생활 속의 경험이 엔지니어의 기본자세다. 생활 속에서 호기심이 싹트고, 호기심이 집중력으로 연결되면 위대한 기술도 탄생하게 된다. 에디슨은 호기심과 노력으로 우리 생활에 유용한 발명품들을 만들어냈다. 한평생 연구원들과 각종 아이디어를 실험한 그의 연구소 역시 이런 경험들이 협력하는 시스템으로 운영되었다. 미국 건국의 아버지 중 한 명이면서 피뢰침과 다초점렌즈 발명으로 유명한 벤저민 프랭클린은 계몽 사상가이자 과학적 아이디어를 생활 속에 접목한 엔지니어였다.

우리는 책을 통해서 이론과 개념을 터득하고 깨우칠 수 있다. 그러나 엔지니어에게는 필요한 것을 더 빨리 배우는 비결이 있다. 목적을 위해서 집중적으로 파고드는 호기심, 그리고 다양한 경로를 통해 주위 친구나 동료, 커뮤니티를 통해 배우는 것이다. 책을 통해 깨닫는 것보다 몇 배, 몇 십 배 빨리 깨닫게 된다.

소프트웨어를 잘 만들려면 도서관에서 책에 파묻히는 것만이 정도(正道)는 아니다. 물론 기본적인 틀은 공부해야 하지만, 기술을 더 잘 아는 친구들로부터 주워듣는 게 훨씬 효과적이다. 프로그래밍은 교수에게 배우는 게 아니다. 잘 아는 선배나 친구, 혹은 후배가 자신의 멘토가 된다. 전문가들이 모이면 그 지식과 노하우는 급증한다. 짧은 시간에 더 많은 기술과 정보를 파악할 수 있다. 나는 보안 업계에 오랜 기간 종사했지만 솔직히 안랩에 들어오기 전까지 PC와 악성코드에 대해서는 잘 몰랐다. 내가 몸담았던 분야는 네트워크 보안 분야였기 때문이다. IT 커리어 대부분을 유닉스와 네트워크 관련 업무에서 쌓다 보니, PC는 상대적으로 사용 경험이 적었다. 그러나 1년도 채 안 되어서 누구보다 자신 있게 PC 보안에 대해 얘기할 수 있을 정도가 되었다. 내가 능력이 뛰어나서인가? 아니다. 이 분야의 전문가들이 같은 공간에 있기 때문에 그들과 함께 생활하면서 기술의 개념과 역사, 현황을 정확하게 깨우칠 수 있었던 것이다. 처음 악성코드 전문가가 바이러스를 잡아내는 것을 봤을 땐 짜릿함마저 느낄 수 있었다. 내가 원하면 얼마든지 깊이 있게 알 수 있도록 도우미들이 늘 주위에 있었다.

이것이 전문가 집단의 무서운 경쟁력이다. 그 기반은 현장에 중심을 둔 엔지니어들의 실용적인 경험과 인적 네트워크다. 반드시 같은 조직에 있을 필요도 없다. 오늘날 실력 있는 엔지니어는 세계 어느 곳에 있더라도 서로를 알고 지내는 세상이 되었다. 링크드인(Linked-In)이라는 SNS에 등록된 나의 프로필을 본 전 세계의 보안 전문가가 접근을 해온다. 이런 현장 속에서의 경험과 협업의 문화야말로 오픈 소스, 인터넷, IT의 급격한 기술 발전을 일으킨 원동력이다.

현장 경험이 없으면 일할 수 없다

신입사원을 면접하다 보면 성적도 좋고 여러 자격증을 가지고 있음에도 기본 개념이 흔들리는 이들을 보게 된다. 면접관 앞에서 너무 긴장한 것 같아 아이스 브레이킹(ice-breaking) 차원에서 아주 간단한 것을 물어보는데, 오히려 마음을 편하게 해주려고 한 질문에 그 학생은 당황한다. 아니, 이런 개념도 모르고 어떻게 이 어려운 자격증을 받았지? 도저히 이해가 되지 않는다.

그 이유는 간단하다. 직접 해보지 않았기 때문이다. 뼛속 깊이 자기 것으로 만들지 못한 것이다. PC 전문가를 예로 들어보자. 무엇이 그 기준인가? 적어도 엔지니어의 기준으로는 손수 PC를 뜯어 고칠 수 있고, 이런저런 장비를 직접 연결해볼 수 있고, 오픈 소스인 리눅스를 설치할 수 있어야 한다.

현장 전문성은 커뮤니티를 통해서, 선배를 통해서 또는 연구실 안에서 여러 프로젝트를 통해서 배울 수 있다. 이런 환경에서 지낸 이들은 빠른 속도로 업무에 적응할 수 있다. 자유로운 소통이 이루어지는 환경 속에서 스스로 깨우치게 함으로써 엔지니어의 꿈틀거리는 끼와 호기심을 살려내게 된다. 실질적인 스킬(hands-on skill)과 실험정신이야말로 무엇보다 소중한 자산이다. 이는 또한 나의 채용 기준이기도 하다. 사회 지도자라면 이런 엔지니어의 속성을 이해해야 한다. 반드시 공학을 전공하라는 것은 아니다. 적어도 어느 정도 체험해봐야 그 개념을 정확히 깨달을 수 있다는 것이다.

특히 IT의 경우 직접 사용해보지 않으면 감을 잡기 어렵다. 컴퓨터나 인터넷을 접해보지 않고서 어떻게 인터넷 사업을 알 수 있겠는가? SNS를 직접 사용해보고, 온라인으로 물건을 사보고 전자결제를 손수 해보면 손끝에 느낌이 오고 몸 전체로 느낄 수 있다. 끊임없이 체험해보지 않는다면 절대로 이해할 수 없는 것이 IT의 세계다.

어느 IT 기업의 신제품 발표회장에 IT에 문외한인 정부 고위층 인사가 나타났다. 참석했던 이들은 어리둥절했다. 게다가 그 제품은 문제가 있다고 업계에서 의심을 받고 있었다. 그런데 그는 그 기업을 높이 칭찬하면서, 이런 기업이 한국의 희망이라고 역설했다. 하지만 결국 그 제품은 사업화되지 못했다. 거품이었던 셈이다. 우리나라의 벤처 거품은 IT에 대해서는 무지하고 권력만 지닌 사람들과 이를 이용하려는 악덕 기업가의 결탁에 있다. IT를 직접 사용해보지도 않고서, 이를 판단하려고 하는 무지함은 없어져야 한다.

인력 양성이라면 으레 석박사 학위가 필요하다고 한다. 그러나 학위가 고급 인력으로 직결되지는 않는다. 이 사회가 절실하게 바라는 인력은 현장 감각을 지닌 엔지니어다. 바로 이들이 사회에서 발생하는 모든 실질적 문제의 해결사다. 내가 아는 어느 대학교수는 90년대 중반 자바(Java)라는 프로그래밍 언어가 부각되자, 직접 자격증을 먼저 따고 나서 학생들을 가르치기 시작했다. 그는 교수라는 직함에 연연하지 않았다. 학생들에게 필요한 교육을 하기 위해서 생생한 현장을 먼저 체험한 것이다. 한때 '박사'가 얘기하면 모두가 경청하던 시절이 있었다. 그러나 이제 그런 타이틀은 거추장스러울 뿐이다. 오직 실력과 결과물이 중요하다.

인생은 효율성만으로
지속되지 않는다

도전과 시행착오가 가장 큰 교육이다

언젠가 일본의 켄자 TV와 인터뷰를 한 적이 있다. 일본의 20대 젊은이들에게 CEO가 줄 수 있는 지표를 소개하기 위한 탐방 시리즈였다. 인터뷰는 나의 사회 경험을 단계적으로 설명하는 형태로 진행되었다. 주로 어떤 계기가 전환점이었고, 영향을 준 사람은 누구였는지, 그런 결정을 하게 되기까지의 고민 등이 관심의 대상이었다. 이를테면 첫 직장을 선택한 배경, 정보 보안 초창기에 사업에 뛰어든 이유, 안랩의 CEO가 된 후의 고민과 결정 등등.

인터뷰는 미리 작가가 정리한 내용에 답변하는 일상적인 방식이 아니었다. 준비된 스크립트는 있었지만 수시로 질문의 틀을 벗어났다. 특히 그 당시 결정을 하게 된 배경과 이를 통해 어떻게 인생의 방향이 바뀌었는지를 집요하게 물었다. 밤늦은 시간까지 진행되어 거의 탈진 상태가 되었지만,

타인의 질문을 통해 내가 걸어온 인생의 여정을 돌아보는 계기가 되었다. 내가 축적해온 이력이 현재 나의 가치(value)를 만들어냈음을 다시 한 번 느낄 수 있었다.

국문과 영문 이력서는 형태가 반대다. 국문은 출신학교, 자격증, 수상 내역 등을 적은 다음 마지막에 경력을 연도순으로 나열한다. 영문은 최근 이력부터 시작해서 연도의 역순으로 나열하면서 잘할 수 있는 역량, 즉 스킬셋(skill set)이 형성된 과정을 보여준다. 학력은 맨 마지막에 나온다. 한국에서도 최근에는 영문식을 가미한 형태를 사용하지만, 여전히 국문 형식이 많이 사용된다. 자기 소개서를 봐도 태어날 때부터 자라온 환경, 학교를 선택한 배경과 걸어온 경력을 설명한다. 그만큼 한국에서는 학교와 자격증 위주로 능력을 평가하려는 문화가 강하다.

어느 모임에서 만난 한 나이 지긋한 여성은 자신이 사회 활동을 많이 하고 있다며 은근히 넓은 인맥을 과시했다. 그분의 명함에는 자신의 출신 학교가 가장 큰 글씨로 박혀 있었고, 각종 위원장 직분이 깨알같이 이어져 있었다. 어림잡아 보아도 졸업한 지 최소한 40년은 지났을 것 같아 보이는 나이였다. 그런데도 왜 그렇게 자신의 학벌을 가장 큰 글씨로 박아놓고 내세우며 다녔을까? 우리 사회의 일그러진 단면이었다.

나는 입사 면접을 할 때 국문 이력서에 기술된 내용과 반대 방향으로 질문한다. 또는 서술되어 있지 않은 내용, 이를테면 그 사람의 기술과 업무 경험을 구체적으로 알기 위해서 면접자와 씨름을 한다. 사실 가장 최근의 경력이 현재의 일자리에 적합한지 여부를 판별하는 중요한 기준이 아닌가? 현재의 본인이 있기까지 축적된 경력이 그 사람의 커리어다. 10년 전에 졸업한 학교는 그다지 중요치 않다.

면접을 해보면 그 사람의 경력이 플러스(+)의 삶으로 구성되었는지, 단지 자신의 지식과 경험을 팔러 다니기 위해 살았는지가 드러난다. 물론 인생은 애당초 설정한 목표대로 흘러가지는 않는다. 또한 한 분야에만 집중한다고 해서 플러스의 삶인 것만도 아니다. 의사에서 CEO로, 교수를 거쳐 정치인으로 직업을 바꾼 안철수 박사만 보아도 그렇다. 그의 표현 그대로 효율성만 가지고 볼 수 없는 게 인생이다.

지금 하고 있는 일과 커리어의 관계

문제는 어떠한 자세로 임하느냐에 달려 있다. 입사 면접을 할 때마다 물어보는 질문이 있다.

"5년, 10년 뒤의 자신의 모습을 어떻게 그리고 있습니까?"

회사의 간부나 임원이 되고 싶다든지, 경험을 쌓아 자신의 사업을 하고 싶다든지, 개발자로서 성공하고 싶다든지, 대답은 다양하다. 그런데 의외로 이를 달성하기 위해서 어떤 생각으로 자신을 만들어갈지에 대해 진지하게 생각해보는 사람은 드물다.

목표는 진정성이 있어야 한다. 그래야 그 목표를 달성하기 위해 어떻게 하면 자신의 부족한 면을 보강하고, 강점을 더욱 신장시킬까에 대해 고민을 하게 되고, 구체적인 계획을 세울 수 있다. 안타깝게도 사회의 통념이나 주위 사람의 말만 듣고 방향을 정하는 경우를 많이 본다. 혹은 돈 몇 푼에 직장을 옮기거나, 살기 편하다는 이유로 도전을 기피한다. 이 모든 것이 결국에는 자신의 잠재적 역량을 사장시킨다. 자신의 표출된 역량이 하나씩 축적되어 커리어로 반영되고, 이를 사회가 얼마나 인정하느냐에 따라 자신의 가치도 결정된다.

당장 일자리도 구하기 어려운데 배부른 타령이라고 할지 모른다. 그러나 의외로 아르바이트를 하면서, 때로는 전공과 전혀 관련 없는 업무를 하면서 깨달음을 얻는 경우도 많다. 하찮아 보이는 잡일을 하면서도 큰 사업을 일구어낸 기업가들의 스토리를 많이 본다. 문제는 목표와 자세다. 성공의 지름길만 걸어가는 왕도는 없다. 오히려 외도를 하면서도, 전혀 다른 커뮤니티에 참여하면서 기회를 포착하기도 한다. 도전을 통해 얻는 시행착오와 처절한 좌절도 커리어에는 오히려 큰 도움이 된다.

스티브 잡스는 유명한 스탠포드 대학 연설에서 자신이 리드(Reed) 대학에 다닐 때 캘리그라피 강의를 청강했던 일화를 얘기한다. 손으로 만든 서체 예술에 흥미를 느낀 그는 활자의 여백과 레이아웃이 주는 아름다움을 경험했다. 그렇지만 그것이 자신의 인생에 어떤 도움이 될지는 전혀 기대하지 않았다. 그러나 바로 그 서체는 자신이 만든 애플 컴퓨터의 중요한 차이점이 되었다. 오늘날 우리가 사용하는 서체, 즉 폰트(font)를 컴퓨터에 적용한 것은 스티브 잡스였다. 세계적으로 사용하는 컴퓨터 폰트의 체계는 리드 대학의 한 강의실에서 탄생했다고 해도 과언이 아니다. 당시에는 전혀 쓸모없을 것 같았던 서체가 자신에게 아주 중요한 가치로 바뀐 것이다. 그는 이것을 2005년 스탠포드 대학 졸업식 축사에서 '점(Dot)의 연결' 이론으로 설명한다.

여러분은 앞날을 내다보면서 점들을 연결할 수는 없습니다. 여러분은 단지 과거를 돌이켜보는 와중에 그것들을 연결할 수 있을 뿐입니다. 그러니 여러분은 그 점들이 미래에 어떤 식으로든 연결된다는 사실을 믿어야만 합니다. 여러분의 배짱, 운명, 인생, 업(業)··· 그게 무엇이든 간에 여러분은 믿음을 가져야만 합니다. 이런 방식은 절대로 저를 실망시키지 않았습니다. 그리고 제 인생에 힘이 되었습니다.

그렇다. 인생은 점의 조합으로 이루어져 있다. 내가 현재 번듯한 직장에 다니고 있든, 아르바이트로 생활비를 마련하고 있든, 인생의 방황에 빠져 있든, 그것은 현재의 내가 처해 있는 점이다. 어떠한 점도 무의미한 것은 없다. 그런 점들이 모여 미래의 나를 만드는 것이다.

그런 점의 조합을 축적된 커리어로 만드는 것은 본인에게 달려 있다. 똑같은 일을 하더라도 그것을 돈만 받으면 된다는 소모적인 시간 때우기로 볼 것이냐, 미래를 위한 발판으로 삼을 것이냐에 따라 미래는 전혀 다르게 다가올 것이다. 누군가에게는 없어져버리는 비용이요, 또 다른 누군가에게는 장래를 위한 투자다.

사람들은 내 경력을 보고는 평탄한 길을 걸어왔을 것이라고 쉽게 추측한다. 하지만 나는 사업에서 모든 것을 잃어버린 쓰라린 경험도 겪었다. 지금도 그때를 생각하면 여러 사람들에게 미안하고 괴롭다. 그 이후로 사업을 바라보고 판단하는 눈이 달라졌다. 그 실패는 아주 커다란 점이 되었다. 수백 권의 책에서도 얻을 수 없는 생생한 교훈을 실패로부터 뼈저리게 깨달았다. 도전하지 않았다면 실패도 경험할 수 없었을 것이다. 그러므로 그 실패의 경험은 소중하면서도 의미 있는 나의 족적이 되었다. 그 실패야말로 오늘의 나를 만든 빼놓을 수 없는 커리어(career)인 셈이다.

일자리는 단순히 일(job)이 아니라 커리어를 키울 수 있는 방향에서 고려해야 진정한 의미가 있다. 커리어는 개인의 잠재적 역량을 기반으로 실용적 현장 기술, 다양한 경험, 그리고 진지하게 임하는 자세에 따라 결정된다. 젊은 나이일수록 자신의 방향에 대해 많은 선택지를 가지고 있다. 장기적으로 자신의 커리어를 염두에 둔 선택이 중요한 까닭이다.

05

안주하지 않는 사람의 특권

조직에 적응하고 안주하는 자세는 융합의 시대에 맞지 않는다. 호기심을 가지고 끊임없이 탐

구하고 도전하는 리더십이 필요하다. 주어진 환경에서 자신의 인생을 스스로 결정해야 한다.

안정된 직업은 없다. 실력을 갖추고 꿈을 향해 도전하면 자신의 멋진 인생의 스토리를 만들어

낼 수 있다.

자유롭게 꿈꾸고
도전하라

꿈을 포기한 대가

"꿈? 그게 어떻게 네 꿈이야? 움직이질 않는데? 그건 별이지. 하늘에 떠 있는, 가질 수도 없는, 시도조차 못 하는 쳐다만 봐야 하는 별. 네가 뭔가를 해야 될 거 아냐. 조금이라도 부딪치고 애를 쓰고 하다못해 계획이라도 세워봐야 거기에 네 냄새든 색깔이든 발라지는 거 아냐!"

드라마 '베토벤 바이러스'에서 나온 강마에의 독설이다. 이 대사는 꿈을 추구하는 데 머뭇거리는 젊은이를 나무라는 내용이다. 자신의 부모가 하라는 대로, 사회가 인정해주는 대로 흔들리는 젊은이들에게, 또는 자신이 원하는 것을 애써 피하려는 이들에게 꿈을 실현하기 위해 도전하라는 교훈적 메시지다.

영화 '업 인 디 에어'(Up in the Air)에서는 해고 전문가인 주인공이 구조 조정 대상자인 중견 간부와 나누는 대화가 잠깐 나온다.

"왜 어린아이가 운동선수를 좋아하는지 아십니까?"

"잘 모르겠네요. 란제리 모델들과 어울리기 때문인가요?"

"아니요. 그건 우리가 좋아하는 이유죠, 아이들은 그들이 꿈을 추구하기 때문에 좋아합니다."

"그렇다고 제가 덩크슛을 배울 수는 없지 않습니까?"

"그렇지만 당신은 요리를 할 수 있잖습니까? 당신은 요리를 하고 싶어 했지만, 대학을 졸업한 후 줄곧 이 직장에서만 일해왔습니다. 그렇게 당신의 꿈을 포기한 대가로 도대체 얼마나 벌었습니까?"

평생 한 직장에 충성을 다했고 자녀를 위해 최선을 다했던 사람에게 잔인한 통보를 하는 순간이다. "자신의 꿈을 포기한 대가"라는 표현이 뇌리에 남았다. 우월한 스펙과 안정된 직장을 성공의 잣대로 삼는 환경 속에서 개인의 꿈을 실현한다는 것은 교과서 속의 얘기일 뿐인가? 혹은 일부 '뛰는 인물'에게나 가능한 드문 일인가? 개인이 꿈을 추구할 수 없다면, 그 사회의 비전은 도대체 무엇인가?

페이스북의 창업자인 마크 주커버그는 초창기에 수익을 내기보다 사람들이 즐겁게 빠져들 수 있는 무엇인가를 만드는 데 주력했다. 공식적으로 나서기를 싫어하는 그는 한 인터뷰에서 "진부하게 들릴지도 모르겠지만, 저는 사람들의 삶을 좀 더 윤택하게 만들고 싶어요. 특히 사회적 관계에서 말입니다"라는 소박한 꿈을 밝힌 적도 있다. 이 회사의 각종 일화를 생생하게 담은 《페이스북 이펙트》에서는 이러한 정신을 다음과 같이 설명한다. "페이스북의 중요한 목적은 비즈니스보다는 즐거움이었으며, 이 같은 주커버그의 취지는 짧은 페이스북 역사를 관통하는 중요한 요체였다."

그는 광고로 빨리 돈을 벌자는 주위의 설득과 회유를 완강히 거부하고,

사람들이 즐거워하는 무엇인가를 만들어내는 데 주력했다. 어떻게 보면 지나친 고집과 집착이라고 할 정도로 자기가 실현하고자 하는 꿈에 배치되는 어떤 것과도 결코 타협하지 않았다. 누가 시키지도 않았는데 대학 기숙사에서 밤새 소프트웨어를 만든 이유는 자신이 만든 것을 좋아하는 친구들의 모습을 보는 게 즐거웠기 때문이다. 평생 쓰고도 남을 거액의 인수 제안을 거부한 배경은 그만큼 자신이 만들어가는 세계에 대한 열망이 강렬했기 때문이다. 성공한 수많은 IT 기업들에서 이러한 기술적 순수함과 열정을 발견할 수 있는 것은 결코 우연이 아니다.

작지만 세계를 꿈꾸기에 즐겁다

2012년 미국 트위터나 페이스북에서는 미국프로농구(NBA)에서 활약하는 대만계 미국인 선수 제러미 린(Jeremy Lin)이 화제였다. 스포츠 뉴스는 물론 포털과 언론에서도 이 선수의 활약상이 연일 톱뉴스로 등장했다. 동양계는 철저히 소외당할 수밖에 없는 NBA에서 그는 '황색 돌풍'을 일으켰다.

제러미 린. 1988년생. 대만계 미국인. 하버드대 경제학과 졸업.
독실한 크리스천. NBA에서 뛰고 있는 포인트가드.

프로필만 보면 그는 모범생으로 공부도 잘하고 운동도 잘하는 영락없는 소위 '엄친아'다. 그러나 그 이면의 기록을 보면 분위기가 전혀 다르다. 고등학교 졸업 후 농구 명문 대학 진학을 희망했지만 그의 꿈은 좌절되었다. 어느 곳에서도 운동 장학생으로 그를 원하지 않았고, 그는 자력으로 하버드에 갈 수밖에 없었다. 졸업 후에 기대했던 프로선수 드래프트에서도 그는 철저히 외면당했다. 간신히 계약 선수로 전전하다가 방출되어 뉴욕 닉스에 후보 선수로 들어갔다. 그나마 방출 대상에 올랐다가 주전선수의 부상을 계기로 선발 기회를 얻는다. 감독도 별 기대를 하지 않았고, 교체 출전한 첫 게임에서도 별다른 주목을 끌지 못했다. 그러나 그는 연패로 침체되었던 팀을 연승 기록으로 반등시킨 일등공신이 된다. 작은 키에도 활발한 플레이와 레이업슛, 빠른 침투 공격, 완벽한 수비, 정확한 중거리 슛 등을 선보이며 매 게임 활약을 이어갔다. NBA 간판스타 코비 브라이언트의 LA 레이커스를 상대로 38득점을 넣는 경이적인 기록을 달성하기도 했다.

그는 명문 대학 출신으로 좋은 직장을 얻어 편안하게 사는 데 별 어려움이 없었지만, 보통 사람들의 상식을 뒤엎었다. 자신을 인정해주는 코스를 포기하고 자신을 무시하는 세계를 선택했다. 언제 방출될지 모르는 불안한 상태에서 후보 생활을 전전했다. 그럼에도 그는 농구에 대한 꿈과 도전을 포기하지 않았다. 불굴의 노력은 한순간 주어진 기회를 거머쥐는 데 큰 역할을 했다. 꾸준한 연습으로 다져진 충실한 기본기와 장대 숲을 헤집고 다니는 그의 스피드는 많은 이들을 열광시켰다. 그는 'NBA는 흑인 스포츠'라는 인식을 뒤집으며 열등감을 가졌던 많은 동양계 미국인에게 자신감을 불어넣었다.

우리 사회에도 자신의 꿈과 비전을 성취하기 위해 도전하는 이들이 있다. 산업 현장에서 세계를 상대로 열정을 불태우는 기업가들이 있다. 자금도 부족하고 세간의 주목도 받지 못한다. 잘 알려진 직장에서 편안하게 살기를 바라는 주위의 시선도 있다. 그러나 그들은 더 큰 세계를 꿈꾸기에 강하고 즐겁다.

'타이타닉', '아바타' 등을 감독한 제임스 캐머런은 TED 컨퍼런스에서 거듭된 실패 속에서 도전을 계속했던 과정을 설명하면서, 실패에 대한 자신의 생각을 얘기했다. "NASA에서는 실패가 옵션이 아니라고 합니다. 그러나 제 생각에는 실패가 옵션이어야 합니다." 물론 NASA와 영화 제작은 전혀 다른 영역이라서 비교 대상이 아니지만, 그는 좌절하지 않고 자신의 꿈을 추구했던 경험이 얼마나 소중했는지 강조했다. 어느 컨퍼런스에서 구글의 한 임원은 '구글은 우아하게 실패하는 것을 장려한다'(Google encourages to fail nicely)는 정신을 강조하기도 했다. 그렇게 직원에게 도전 의지를 불어넣는 회사의 정신이 새로운 가치를 창출하는 원동력이 되고 있다.

정보화와 융합의 시대에 힘의 축은 개인에게 옮겨가고 있다. 따라서 개인의 역량과 열정은 사회 발전의 중요한 요소다. 기업도 종업원 한 명 한 명이 어떠한 리더십과 창의력을 발휘하느냐에 따라 성과의 차이가 크다. 세계를 품고 도전하는 기업가 정신은 현재 한국 사회가 가장 절실하게 요구하는 시대정신이다. 이를 실현할 수 있도록 공정한 기회를 주는 환경을 만드는 것이 우리 공동의 목표가 돼야 한다. 그랬을 때 제러미 린처럼 기존의 인식과 장벽을 두려워하지 않고 진지하게 꿈을 추구하는 이가 많아질 것이고, 우리 사회의 각 분야에서 꿈과 도전이 큰 성과로 이어질 기회 또한 더욱 늘어날 것이다.

자유로운 생각, 소통하는 환경

과학 잡지 〈포퓰러 일렉트로닉스〉의 1975년 1월호 표지에는 최초의 마이크로컴퓨터인 '알테어'의 사진이 실렸다. 이 표지는 당시 많은 컴퓨터 마니아들의 가슴을 들뜨게 했다. 여기서 영감과 확신을 얻은 스티브 잡스와 스티브 워즈니악은 '애플'이라 이름 붙인 세계 최초의 개인용 컴퓨터를 만들었다. 빌 게이츠와 폴 앨런은 알테어를 위한 프로그래밍 언어 '베이직'을 개발했다. 이들의 도전은 훗날 애플과 마이크로소프트라는 세계 최고 IT 기업의 탄생으로 이어졌다. 한편 같은 잡지에 실린, 알테어에 탑재된 인텔의 8080 반도체 확대 사진은 당시 미국에 유학 중이던 젊은 손정의를 흥분시켰다. "컴퓨터가 새끼손가락만 한 반도체 칩 안에 압축돼 들어간다는 건 큰 충격이었다. 내 인생에 가장 큰 변화가 일어났다"고 그는 회고했다. 이후 그는 잠잘 때나 외출할 때도 그 사진을 항상 몸에 지니고 다녔다고 한다. 그야말로 '컴퓨터에 인생을 바치겠다'는 열정적 마니아가 됐다. 이를 시작으로 그는 '정보혁명'을 자기 삶의 테마로 정한다. 그가 설립한 소프트뱅크는 일본 최대의 소프트웨어 유통업체가 되었다. 뿐만 아니라 미국의 메이저 통신사 중 하나인 스프린트를 인수하면서 세계적 기업으로 성장했다.

이들은 모두 당시 20세 안팎의 젊은이들이었다. 그리고 훗날 모두 IT업계에 획을 긋는 세계적 인물이 됐다. 최초의 개인용 컴퓨터를 만들어냈고, PC 운영체제를 장악했고, 소프트웨어의 유통망을 지배하게 됐다. 이들이 설립한 회사들이 반세기도 안 돼 세계적 기업이 된 배경에는 이렇듯 평범한 잡지 사진 한 장이 있었다. 그러나 일개 사진이 개인에게 영감을 불어넣을 수 있는 사회적 분위기, 그리고 그것을 받아들일 수 있는 자유로움이 없었다면 디지털 혁명으로 세계 역사를 바꾸어버린 발상이 과연 싹틀 수 있었을까?

말콤 글래드웰은 《아웃라이어》에서 PC 혁명의 여명기인 1975년 전후의 사회적 환경이 이들의 성공에 큰 도움을 주었다고 지적한다. 많은 실험과 도전을 할 수 있는 환경, 그리고 그러한 노력이 보상받을 수 있는 시대를 만났다는 것이다. 한마디로 그들의 성공은 그들만의 작품이 아니라 그들이 자라난 세계의 산물이라고 주장한다. 세계 최대의 SNS인 페이스북도 그러한 환경의 산물이다. 빠르고 편리한 인터넷과 디지털 카메라의 대중화로 SNS의 꽃이 피어나고 있었다. 과감하게 개방형 플랫폼을 채택한 페이스북은 후발주자임에도 경쟁자들의 고객을 흡수해 절대적 위치를 차지하게 됐다.

우리나라에서 벤처기업이 잘 안 되는 이유는 오래전부터 화두였다. 수많은 논의와 정책과 각종 지원도 있었다. 그럼에도 상황은 더 나빠졌다. 이공계를 기피하고 도전보다 안정적인 직장을 선호하는 젊은이들의 모습은 이를 여실히 입증한다. 왜 그럴까? 이스라엘에 방문했을 때 현지에 거주하는 한국인과 얘기를 나눈 적이 있다.

"이스라엘에서 벤처기업이 성공하는 예가 많은데, 특별한 이유가 무엇일까요?"

그러자 그는 한 치의 망설임도 없이 답변했다.

"자유롭게 놓아두기 때문입니다. 한국인의 시각에서 보면 버릇없을 정도입니다."

실리콘밸리나 이스라엘이 벤처기업의 요람이 된 공통 배경이 '자유롭게 생각하고 소통하는 환경'이라는 점은 주목할 필요가 있다. 그런 토양 덕분에 각 개인은 자유로운 발상과 의지를 발휘해 지속적 혁신을 이루어가고 있는 것이다.

'왜'라고 끊임없이 질문하라

2000년대 중반 어느 통신 사업자 임원과 휴대폰의 미래에 대해 대화를 나눈 적이 있다. 휴대폰을 컴퓨터처럼 사용하려면 키보드가 필요한데, 무슨 기발한 생각이 있는지 물어보았다. 그러나 그의 대답은 실망스러웠다.

"다른 방법이 없지 않나요? 최대한 축소해서 넣는 수밖에."

"그래도 키보드는 자리를 차지하니까, 작은 휴대폰에는 뭔가 새로운 방법이 필요하지 않을까요?"

"글쎄요. 특별히 다른 방법이 없을 것 같은데요."

사실 휴대폰에서 인터넷이 되는 기능은 이미 노키아나 블랙베리에 의해 보편화되어 있었다. 노키아는 부동의 1위 사업자였고, 블랙베리는 언제 어느 곳에서든 이메일이 가능한 실용적인 개념으로 기업 시장에서 큰 자리를 차지하고 있었다. 문제는 휴대폰의 반 이상을 차지하고 있는 키보드였다.

비슷한 시기 미국 출장 중에 비행기 옆자리에 아주 체격이 좋은 미국인이 앉았다. 그는 비행기가 이륙하기 전에 바쁘게 블랙베리로 이메일을 보내고 있었다. 그 큰 손가락으로 자그마한 키를 누르는 게 신기할 정도였다. 비행기가 이륙하면서 블랙베리를 끄고 난 뒤 그와 잠깐 얘기를 나눌 시간이 생겼다.

"키보드가 작아서 불편하지 않느냐"고 슬쩍 말을 건넸다. 그러자 그는 "처음에는 불편했지만 익숙해지니 할 만하다. 그런데…" 순간 나는 귀를 쫑긋하고 기울였다. 그는 손가락을 보여주며, "오래 사용하면 손가락이 좀 아프다"라고 대답했다. 그러면서 어쩔 수 없지 않느냐는 제스처를 취했다.

회사에서 신제품 기획은 아주 중요하다. 사업의 새로운 성장 동력을 마련하는 자리이기도 하지만, 자금과 인원에 대한 투자가 결정되기 때문이다. 새로운 아이디어를 중심으로, 철저한 시장 조사와 여러 부서의 의견 조율이 이루어져야 한다. 제품 기획자는 나름대로 차별화 전략을 마련해서 만반의 준비를 한다. 그런데 사람들이 흔히 범하는 오류 중 하나는 '왜'라는 근본적인 질문을 던지지 않는 것이다.

예를 들어 경쟁 제품에 있거나, 고객이 요구하면 별 생각 없이 그런 기능을 개발한다. 아무리 경쟁에서 이겨야 하고, '고객은 왕'이라고 해서 그대로 여과 없이 받아들여야 할까? 가끔 회의를 진행하다가 나는 엉뚱한 질문을 던진다. "왜 그래야 하지요?" 그러면 "고객이 원해서요", "경쟁을 하기 위해서는" 등의 답변이 따른다. 그러나 때로는 한 발 뒤로 물러나서 생각해볼 필요가 있다. '왜 그것을 원할까? 경쟁업체의 기능을 꼭 같이 만들어야만 할까? 단순히 경쟁에서 이기기 위한 불필요한 기능은 아닐까? 고객이 틀린 것은 아닐까?' 이와 같은 수많은 질문에 대한 답변 과정은 제품 기획의 핵심이다. 아무리 시장을 예측하고, 제품 로드맵을 잘 만들고, 매출과 수익 분석을 잘해도, 제품 개념에 대한 확신이 서지 않으면 의미가 없다. 호기심과 끊임없는 질문이 중요한 이유다.

휴대폰에서 자판을 없앨 수 있다는 상상

2007년 1월, 샌프란시스코 모스코니 센터(Moscone Center)의 맥월드 발표장. 청중의 눈길을 한 번에 받으며 등장한 애플의 스티브 잡스는 기존 휴대폰의 문제점을 조목조목 비판했다. 특히 앞서 지적되었던 휴대폰에 딸린 자판의 불편함을 지적하는 데 공을 들였다. 당시 고급 휴대폰은 컴퓨터 자판이 전체의 반을 차지하고 있었다.

"이 자판 문제를 어떻게 해결하지요? 흠. 사실 우리는 이 문제를 이미 컴퓨터에서 20년 전에 해결했습니다. 비트맵(bitmap) 스크린과 마우스였습니다. 마우스는 아주 편리했습니다. 그렇지만 모바일 기기와 같은 작은 기기를 위해 우리는 마우스나 스타일러스 같은 도구를 가지고 다니고 싶지 않습니다. 우리는 이 세상의 도구를 사용하지 않을 겁니다"라고 선언했다. 청중들의 궁금증은 극도에 달했다.

"우리는 우리 모두가 태생적으로 가지고 태어난 도구를 사용할 겁니다. 모두 10개씩 가지고 있지요. 바로 우리의 손가락입니다. 우리는 이 손가락으로 스크린을 직접 터치할 겁니다. 멀티터치(multi-touch)라는 놀라운 기술을 우리는 발명했습니다."

바야흐로 오늘날 모든 스마트폰과 태블릿에서 사용되는 멀티터치 기술이 선보이는 순간이었다. 프레젠테이션의 달인으로 불리는 스티브 잡스의 연설 중에서도 이날의 발표는 백미로 꼽힌다. 이어서 그는 직접 시연을 했다. 스티브 잡스가 손가락을 들어 올려 슬라이딩해서 아이폰 첫 화면을 여는 순간 환성이 터져 나왔다. 손가락으로 화면을 확대하거나 축소시켰다. 스크린 위에 키보드가 나타나더니, 손가락으로 키를 입력했다. 멀티터치 기술! 작은 모바일 기기를 자유자재로 다루기 위한 그의 해답이었다. 손가락으로 음악을 선택하고, 전화를 걸고, 인터넷에 접속했다. 매 순간 감탄이 이어졌다. 그가 애용하는 단어인 '마법'(Magic)이 벌어진 것이다.

인간의 손가락과 컴퓨터 사이에 존재하던 필수품, 키보드와 마우스가 사라지는 순간이었다. 그런 물리적 도구가 사라지면서 작은 기기는 인간의 손가락, 눈과 귀, 입으로 소통하는 인간적 도구로 탈바꿈했다. 감지(sensing)를 활용한 인간과의 교감, 이것이 스티브 잡스가 내세운 스마트폰의 패러다임이었다.

앞서 언급했던 통신사업자 임원은 휴대폰에서 키보드를 없앨 수 있다는 상상을 하지 못했다. MP3 플레이어 1위인 아이팟이 처음 나왔을 때도 파워 버튼이 없고, 녹음하는 기능이 없다며 '왜 없느냐'는 불평불만이 많았다. 그러나 '왜 그게 꼭 필요할까?'라는 근본적인 질문을 한 사람은 별로 없었다. 결국 '왜'라는 질문을 던지고, 그것을 실험해서 구현한 기업이 승자가 되었다.

지식기반 시대에는 교육받고 훈련받은 대로 하면 되는 산업화 시대의 인식을 넘어서야 한다. 그러기 위해서는 각 개인이 강한 의지를 표출할 수 있는 교육과 그러한 의지로 자유롭게 도전하는 것을 장려하는 환경이 마련돼야 한다. 호기심은 발명의 원천이다. 창의력은 호기심에서 나온다. '왜'라는 질문을 던지는 자세가 우리 시대의 기본 덕목인 까닭이다.

기술에도 인문학적인
고민이 필요하다

인문학과 기술의 융합

한국외국어대학에서 특강을 한 적이 있다. 매주 최고경영자를 초빙해서 현장의 목소리를 직접 듣는 프로그램이었다. 흥미롭게도 강의실을 가득 메운 학생들의 전공 분야가 인문계와 이공계로 절반씩 섞여 있었다. 융합이 중요하다는 생각에 의도적으로 만든 강좌라고 했는데, 고등학교부터 문과와 이과로 나뉘는 우리 교육 현실에서 보면 신선한 시도였다.

그날의 주제는 IT가 일으키는 사회 변화였다. 모바일, 클라우드, 소셜네트워크, 사이버 보안, 프라이버시 등과 같은 시대적 키워드를 중심으로 진행되었다. 지금은 고인이 된 스티브 잡스가 인문학과 기술의 교차를 설명하는 사진을 띄우자 곳곳에서 탄성이 터져 나왔다. 바로 자신들이 앉아 있는 강의실의 모습과 맞아떨어졌기 때문이었을까? 아무튼 그 화면 속에서 스티브 잡스는 이렇게 주장했다.

"기술만으로는 충분하지 않다는 게 애플의 DNA다. 기술이 인문학과 결합해야 우리의 가슴을 울리는 결과를 만들어낼 수 있다."

그러면서 그는 태블릿의 예를 들었다. 사람들은 태블릿이 단지 PC의 연장선이라고 생각했지만, 그의 생각은 달랐다. 업무를 위해 사용하는 PC는 성능이나 기능이 중요하다. 그러나 태블릿은 사용하기 편리하고 직관적이며 소프트웨어, 하드웨어, 애플리케이션이 빈틈없이 결합되어 인간적인 기기로 동작해야 한다. 여기에 초점이 맞춰져 있어야 한다는 게 그의 신념이었다.

돌이켜보면 지난 20~30년간 IT는 우리의 업무를 도와주는 보조 도구였다. 그러나 이제 IT는 보조적 수단에서 벗어나 사업의 중심으로 이동했다. IT가 일으키고 있는 변화의 미래는 이에 그치지 않는다. IT 기기는 부담 없는 컨슈머 제품이 되었고, IT 서비스는 삶의 구석구석에 스며들어 우리를 도와주고 있다. 컴퓨터와 인터넷으로 정보를 찾는 것은 자유로움 그 자체다. 이제는 정보를 알고 있는 것보다 정보를 찾는 노하우가 더 중요한 시대가 되었다. 게다가 모바일 환경은 공간의 제약에서 벗어나 인간과 기계 사이에 놓인 장벽마저 허물어뜨리고 있다.

카메라는 보편적인 기능이 되어 전문가가 아니더라도 쉽게 사진과 영상을 찍을 수 있다. 그렇게 생성된 콘텐츠는 SNS를 통해 급속도로 퍼져나간다. 무선 인터넷을 가능케 하는 와이파이, 위치를 알려주는 GPS 기능은 아주 적은 비용으로도 집어넣을 수 있다. 지능적이고 스마트한 것을 만드는 것은 더 이상 큰돈을 필요로 하는 일이 아니다. 얼마나 의지를 갖고 실천하느냐에 달려 있다. 이러한 환경 변화로 인해 우리가 생각하고 소통하는 방식, 생활 문화, 그리고 교육 시스템에 큰 변화가 진행되고 있다. 이런 변화를 생산성과 효율성의 측면에서만 바라본다면 큰 줄기를 놓치고 있는 것이다. 오히려 우리의 삶과 행위, 생각이 IT와 어떻게 융합되는가를 고민해야 한다. 다시 말해 인문학적인 고민에서 바라보아야 한다.

창의적 사고가 새로운 생명을 부여한다

과거에 같이 일했던 직원을 오랜만에 만났는데 소프트웨어 벤처기업을 창업했다고 했다. 그런데 그 회사의 인적 구성과 사업 모델이 독특했다. 우선 국내 사업엔 전혀 관심이 없고, 제품 개발은 전적으로 미국 시장을 목표로 하고 있다는 것이다. 흥미로운 것은 그 제품을 기획하는 사람이 인문학을 전공한 미국인이라는 점이었다. 그 친구는 인문학을 전공했음에도 열정적인 IT 마니아라고 했다. 스스로 기술에 심취해 있었기 때문에 전공도 국적도 다른 엔지니어들과 같이 사업을 할 수 있었던 것이다. 그렇게 해서 한 명의 미국인 인문학도와 여러 명의 한국인 엔지니어가 모여 이 회사를 구성할 수 있었다. 그는 즐겁게 얘기한다. "미국의 문화를 알고 기술에 호기심이 많은 인문학 전공자, 그리고 복잡한 기술을 구현할 수 있는 엔지니어가 만나니 사업의 성공 여부를 떠나서 무척 재미있다."

단지 인문학과 기술의 물리적 결합만으로는 의미가 없다. 상대방에 대해 끔찍할 정도로 관심을 가지고 접근해야 한다. 그래야 우리의 심금을 울릴 수 있는, 감동스러운 기술이 될 수 있다. 인문학에서 접근하는 사람은 기술 혁신이 일으키는 변화에 대해 체험해야 하고, 기술에서 접근하는 사람은 자신이 만드는 기술이 어떤 삶을 가져올지에 대해 마음의 눈을 열고 바라봐야 한다. 융합은 거대 담론으로 실현되는 것이 아니다. 융합은 생활 현장에서 일어날 뿐만 아니라 끊임없이 기술을 접목해 스마트한 세상을 만들겠다는 의지가 따라야 한다.

임마누엘 페스트라이쉬 교수(Emanuel Pastreich)는 창의적인 생각에 대해 다음과 같이 정의한다. "창의적인 생각은 새로운 무엇인가를 창조하는 것이 아닌, 우리 주변의 것을 다르게 보고 생각함으로써 그것에 또 다른 생명을 부여하는 것이다." 그는 소프트웨어의 역할을 이 한마디로 정의하고 있는 것이다. 소프트웨어는 서로 다른 다양한 기기와 서비스를 인터넷이라는 공통 프레임으로 연결하는 핏줄이다. 소프트웨어가 받쳐주지 않는 상태에서 융합을 얘기한다면 공염불일 뿐이다. 융합은 자신을 가두고 있는 울타리에서 벗어나 서로가 열린 마음으로 다가가는 자세에서 가장 먼저 시작된다. 현장의 작은 체험을 진지하게 관찰하면서, 작은 아이디어부터 하나씩 실현해내야 한다. 자유로운 사고와 소통은 창의력의 원천이다. 이를 실현하는 것은 소프트웨어다. 소프트웨어는 우리의 삶을 바라보고 꿈꾸는 세상을 실현하는 도구다.

《지금 중요한 것은 무엇인가》에서 게리 해멀(Gary Hamel)은 역사적으로 사람들이 자신의 창의성을 발휘할 기회를 얻지 못한 두 가지 이유를 든다. 창의성을 발휘할 수 있는 도구가 엄청나게 비쌌거나 혹은 창의성을 발휘할 자유가 제한되었기 때문이다. 그러면서 우리를 축복받은 세대로 선언한다. "우리는 터무니없이 싼 비용으로 또는 무료로 여러 도구를 활용하는 것은 물론 인터넷에서 세계 각지의 친구들과 연결되어 그들의 기발한 아이디어를 엿볼 수 있다. 이뿐만이 아니다. 인터넷 덕분에 우리의 혁신적인 성과물을 사람들과 공유할 수 있게 되었다. 르네상스와 계몽, 산업 혁명은 잊어라. 우리는 혁신의 황금기에 있다. 이 사실에 기뻐해야 한다."

우리가 살고 있는 시대는 창의성으로 기쁨을 느낄 수 있는 시대다. 자유로운 생각으로 혁신의 상상력을 마음껏 발휘할 수 있다. 우리가 상상할 수 있는 것을 소프트웨어를 통해 얼마든지 구현할 수 있다. 이 기회를 꿈의 실현으로 이끄는 것은 전적으로 자신의 의지와 노력에 달려 있다.

문과와 이과의 구분은 의미가 없다

융합은 개방적인 마인드에서 싹튼다. 하지만 여전히 우리 사회는 세분화되고 갇힌 사회를 지향하고 있다. 인문학과 기술의 융합이라는 너무 거창한 명제를 내세우기에 앞서, 당장의 교육 현장부터 변해야 한다.

우선 문과와 이과를 구분하는 체제부터 없애야 한다. 문과와 이과의 분리는 청소년 시절부터 커다란 담을 쌓고 그 안에 생각을 가두게 만든다. 문과와 이과를 구분하는 기준 자체도 모호하다. 보통 국어나 영어를 좋아하면 문과로, 수학과 과학을 좋아하면 이과로 갈 것을 권한다. 그런데 과연 그게 맞는 기준인가?

한 학교 선배는 영어를 잘해서 문과로 갔다. 그분은 훗날 판사가 되었다. 그런데 그분은 그 잘하는 영어를 사용할 일이 거의 없다. 국제 사건을 맡게 되거나, 법 연구를 할 때나 영어를 사용할 뿐이다. 반면 이과에서 의대나 공대로 간 친구들은 대학 초년생부터 영어 원서로 공부해야 한다. IT의 메카는 미국이기 때문에 모든 IT 관련 문서와 정보는 영어로 되어 있다. 그러니 영어를 하지 않고 IT를 한다는 게 말이 되는가? 경영학을 전공한 친구는 금융공학을 더 공부하고 싶었지만 수학의 깊이가 약해서 포기했다. 그는 고등학교 시절 수학을 아주 좋아했다. 그러나 경영대를 가려고 문과로 갔다. '차라리 이과로 가서 수학을 더 공부할 것을…' 하고 후회했지만 이미 때는 늦었다.

물론 이과나 문과로 구분되어 일찌감치 적성을 찾아간 사람도 있을 것이다. 그러나 청소년 시절에는 잠재력이 풍부하다. 획일적인 기준을 적용해서 그 가능성을 스스로 닫는 교육은 많은 이들을 불행하게 한다.

그나마 대학을 가면 또 다른 벽이 기다리고 있다. 전공학과의 벽이다. 우리나라 대학은 유난히 학과 간 협조가 이루어지지 않는다. 문제를 인정하면서도 현실적으로 고치기가 어렵다고 한다. 어쨌든 피해를 보는 쪽은 학생들이다. 협소한 학과의 커리큘럼 과정이 그 학생에게 맞지 않는다면 어떻게 하겠는가? 수능 시험을 다시 봐서 원하는 학과로 다시 들어가든지, 그냥 졸업한 뒤 다른 분야의 일자리를 찾는다. 일에 만족스러울 리가 없다. 어느 경우든 엄청난 사회적 낭비다.

IT 전공학과만 하더라도 너무나 세분화되어 있다. 우리가 널리 사용하고 있는 TV, 스마트폰, PC와 같은 IT 기기에는 이미 통신, 컴퓨터, 반도체, 소프트웨어 기술이 융합되어 있다. 어느 한 분야만 전공해서는 지금 자기가 사용하고 있는 제품조차 이해할 수 없다. 그런데 어떻게 미래의 창의적인 제품을 만들겠는가? 인문학과의 융합은 차치하고 IT 안에서의 융합도 제대로 할 수 없다.

문과와 이과로 나뉘는 청소년 시절, 전공학과로 세분화되는 대학 시절, 모두 갇힌 교육을 받은 상태로 사회의 문을 두드린다. 산업화 시대에는 어느 한 분야만 잘해도 조직의 일원으로서 공헌할 수 있었다. 그러나 융합의 시대에는 개인의 총체적 역량이 중요하다. 자기 자신의 강점을 살릴 수 있는 열린 교육이 필요하다. 젊은 시절부터 비좁은 공간으로 밀어 넣은 상태에서 사회에 진출한 후 열린 마인드를 가지라고 하는 것은 앞뒤가 맞지 않는다. 절반의 지식만 가지고 사회에 나온 젊은이들은 다가올 미래 사회에 적응하기가 힘들다.

이 세상에는 많은 직업이 있고, 그중에서도 자신이 파고들어야 할 분야는 광범위한 지식과 경험을 필요로 한다. 커리큘럼에 의해 공장에서 찍어내듯이 사람을 교육하는 방식은 시대착오적이다.

내가 아는 한 미국인은 월스트리트의 유명한 투자은행인 JP 모건에서 인수 합병 전문가로 활약했다. 그러나 한창 잘나가던 그가 이런 얘기를 한 적이 있다.

"만일 누가 저와 같은 길을 걷기 원한다면 저는 반드시 공대를 가라고 하겠습니다. 테크놀로지를 모르는 게 나에게 얼마나 핸디캡이 되는지 아십니까? 경영 공부는 나중에 얼마든지 할 수 있었지만, 테크놀로지를 제때 공부하지 못했던 것이 너무나도 후회됩니다. 기술을 모르고 사업을 논의하니 핵심을 놓치고 겉으로만 빙빙 도는 느낌입니다."

미국에서 만난 어느 변호사는 역사학과를 졸업했다. 어떻게 역사 공부를 하다가 변호사가 되었느냐고 물었더니, 그는 "역사학과 출신은 다양한 직업으로 진출합니다. 우리 동기 중에는 사업가, 변호사, 교수, 영화감독, 작가 등 다양하답니다. 저는 역사가 좋아서 이 전공을 택했을 뿐입니다. 그런데 결국 역사 공부는 모든 곳에 쓰이더군요."

우리는 젊은이들이 자신의 잠재력을 발견할 수 있도록 교육의 방향을 설정해야 한다. 당장 써먹기 위해 대학 교육을 받는 것은 아니다. 안랩도 대졸 신입사원을 뽑지만, 경력사원과 기준은 다르다. 경력사원은 당장 업무를 할 수 있느냐가 중요하지만, 신입 공채는 잠재력을 보고 뽑는다. 폭넓은 기초 소양을 갖춘 융합형 인간이 되도록 교육 방식이 바뀌어야 한다.

이런 주장을 하면 공감은 하면서도 현실적으로 어렵다고 한다. 왜 그런가? 기존 체제를 바꾸고 싶지 않기 때문이 아닌가? 그렇지만 시대가 바뀌었는데, 사회는 지축이 흔들리는 변화가 일어나고 있는데, 일자리의 성격은 급변하고 있는데, 몇 십 년 전 교육 방식을 고수하면서 시대에 맞는 인재를 육성한다는 것은 불가능하다. 교육 혁신이 선행되지 않으면 안 된다. 일자리가 없다며 걱정할 것이 아니라, 학생 스스로 자신의 길을 개척해갈 수 있는, 꿈과 비전을 키워가는 교육이 되어야 한다. 유연하고 열린 마인드는 융합의 시대가 원하는 인재의 표상이다.

능력에 맞는 기회를
찾아 나서라

실력이 있다면 반드시 인정받는다

"그는 공을 가지지 않았을 때의 움직임이 뛰어나다." -알렉스 퍼거슨

"그는 마치 귀신(ghost)같다. 이쪽에 있는 것을 보았는데, 어느 순간 뒤쪽에 있다." -파트리스 에브라

"그의 모습을 보면 핀볼 기계가 생각난다." -미키 토마스

이는 모두 박지성 선수에 대한 표현이다. 내가 박지성을 가장 인상적으로 접한 장면은 2002년 월드컵 전에 프랑스와의 평가전 때 터뜨린 골이었다. 김남일 선수의 롱 패스를 받아서 공의 방향을 바꾸더니 톡톡 드리블한 뒤 골 구석으로 차 넣는 장면! 한 템포 빠른 동작으로 수비나 골키퍼가 속수무책으로 당한 이 장면은 아주 인상적이었다. "우리나라 선수도 저런 플레이를 할 수 있구나!" 하고 감탄했다. 그때부터 나도 그의 팬이 되었다.

진정한 프로는 자기가 좋아하는 일을 할 때 최고로 실력을 발휘할 수 있

다. "축구는 잘하고 싶지만 평범하고 싶다"는 표현은 축구에 대한 그의 진솔한 애정을 보여준다. 누구에게 잘 보이기 위해서 하는 것은 프로가 아니다. 부모에게 잘 보이기 위해서 좋은 학교에 가고, 주위의 부러움과 시선을 받기 위해 열심히 한다면 본말이 전도된 것이다. 또한 자신을 과시하기 위해 자식을 다그치는 부모가 있다면 그것 역시 자식을 진정으로 위하는 게 아니다.

오래전 소위 오피니언 리더들의 모임이란 데서 목격한 광경이다. 그중 두 여성이 선후배 관계라며 요란하게 기뻐하는 모습을 보았다. 내가 볼 때 그 둘 사이는 적어도 10살 이상 차이가 있는 것으로 보였다. 대학 동문이라지만 학교를 같은 시기에 다니지는 않았던 셈이다. 옆에서 이를 보던 어느 CEO가 "사회의 지도자급이라는 사람들이 생면부지 같은 사람을 동문이라고 무작정 챙기니, 이래가지고서야 어떻게 학연이 타파될 수 있겠어요?"라며 야단을 쳤다. 또 어떤 모임에서는 다선의 국회의원이 축사를 부탁 받고 단상에 올라왔다. 그의 첫마디는 "실은 이 행사를 주관한 분이 자기 후배"라는 자랑이었다. 그러면서 잘 봐달라고 부탁을 하는 것이다. 어림잡아도 20~30년 차는 나 보이는 관계였다. 언론에 오르내리는 정치 지도자의 인식이 이 정도다.

박지성은 축구의 명문 대학에서 부름을 전혀 받지 못했다. 아니 버림받았다고 할 수 있다. 하지만 그는 언론과 주위의 비판을 무릅쓴 히딩크 감독이나 허정무 감독의 현명한 판단으로 기존 체제에서 가능하지 못했던 길을 걸을 수 있었다. 통쾌한 반전이다. 우리 사회에서 혈연, 학연, 지연에 의해 능력 있는 사람들의 진출을 막는 것은 비단 축구만이 아니다. 박지성 선수는 실력과 능력으로 이를 타파했다. 우리 사회에 시사하는 바가 아주 크다.

나는 면접 때 지원자의 출신 학교나 성적표를 별로 보지 않는다. 대학을 졸업하지 않았더라도 엄청난 결과를 만들어낸 이들을 많이 보아왔다. 또한 학교마다 성적을 받기 쉬운 과목이 있는 것을 알고 있기 때문에, 평점에 대한 나의 신뢰도는 크지 않다. 자격증이나 어학 점수도 그 사람의 진정한 실력을 그대로 반영하지는 않는 것 같다. 물론 그런 스펙이 어느 정도의 실력을 반영하기는 한다. 그러나 거기에 연연할 필요는 없다는 말이다.

다만 어떤 과목들을 들었느냐 하는 것은 눈여겨본다. 특히 별다른 경력이 없는 신입사원의 경우 대학에서의 이수 과목과 활동 여부는 중요한 판단 기준이다. 그 기록을 보면 어떤 생각으로 이 사람이 학교를 다녔는지 대략 상상이 간다. 또한 왜 이 전공을 택했고, 이런 자격증을 받고 싶었는지 물어본다. 얼마나 이 분야에 관심을 가지고 있는지, 어떤 모멘텀이 있었는지 궁금해서다. 그런 모멘텀으로 인해 호기심이 생기고, 그로부터 자신의 잠재된 역량을 발견하게 되기 때문이다.

내 경우 처음 컴퓨터를 접하면서 아주 원초적인 호기심이 있었다. 키보드에서 키를 하나 눌렀는데, 왜 내 앞에 놓여 있는 모니터의 왼쪽 상단 저 자리에 알파벳이 나타날까? 도대체 키보드와 모니터 사이에 어떤 일이 있었던 것일까? 너무나도 기초적인 내용이지만, 바로 그런 작은 모멘텀으로부터 컴퓨터 구조에 대한 관심이 싹텄다. 사람마다 모멘텀은 다른 형태로 온다. 선배의 프로그램 실력에 감명 받을 수도 있고, 어떤 제품을 보고 충격을 받기도 한다. 요컨대 그런 모멘텀을 어떻게 자기 탐구로 연결할 것인가가 중요하다. 그 속에서 자신이 하고 싶은 것을 찾을 수 있기 때문이다.

IT를 중심으로 융합의 시대가 전개되고 있다. 융합의 시대에는 현장 전문가, 진정한 실력자, 소통에 적극적인 인재를 원한다. 더 이상 스펙과 죽은 지식은 의미가 없다. 어설프게 잘하는 척하기보다는 당장 실력은 부족해도 끊임없이 탐구하는 자세를 갖는 게 중요하다.

과거와 현재 기준으로 직장을 선택하지 말라

2000년대 초반 어느 외국 투자사의 애널리스트와 점심을 같이할 기회가 있었다. 그녀는 미국인이었지만 동아시아 담당으로 오랜 기간 일본에서 지내고 있었다. 마침 시간적 여유가 있어서 우리 회사와 관련이 없는 얘기도 나눌 기회가 있었다. IT와 벤처 열풍이 불고 있던 시절이었지만, 상대적으로 일본은 그렇지 않아서 일본의 상황에 대해 궁금했던 터였다. 이에 대해 그녀는 즉각적으로 답변했다.

"일본은 미래가 없습니다. 아직도 엘리트 학생들이 정부 공무원이나 대기업 관료를 꿈꿉니다. 시대가 바뀌고 있습니다. 산업화 시대는 조직이 이끌었지만, 글로벌 시대는 개인의 역량에 달려 있습니다. 그런데 일본은 꿈을 가지고 도전해야 할 두뇌들조차 안정적인 직장에서 잘 순응하면서 살기를 원합니다. 그러니 발전도 없는 것이죠."

그런데 이것이 일본에만 국한된 얘기는 아닐지도 모른다는 생각이 들었다. 최근 한국의 젊은이들도 도전보다 안정을 찾는 경향이 강하다. 2000년대 초반 불었던 벤처 열풍은 거품이 빠지면서 무너져내렸다. 설상가상으로 "그것 봐라"하는 식으로 벤처기업을 안 좋게 바라보는 인식마저 생겨났다.

한때 신랑 후보 1위까지 올랐던 벤처기업가는, 불안해서 딸을 시집보내고 싶지 않은 인물로 바뀌었다. 그러면서 '안정된 직업이 최고'라는 인식이 자리 잡았다. 벤처에서 대기업으로, 기술자가 관리직으로 옮겨가기 시작했다. 직업에 우열이 있는 것은 아니지만, 안타깝게도 창의력과 도전의 상징인 산업 포트폴리오의 한 축이 무너져내렸다.

가장 위험한 것은 과거와 현재의 기준으로 직업을 선택하는 것이다. 사회가 급변하고 있는데, 현재 좋다고 판단하는 직업이 미래에도 계속 좋을 확률이 얼마나 되겠는가? 게다가 새로운 직업 유형이 계속해서 생겨나고 있다. 그것은 전혀 새로운 분야에서 싹트는 것이 아니다. 기존 직업에서 분화하고 세분화되고 있는 것이다.

나는 젊은이들에게 부모 말 듣고 직업을 정하지 말라고 한다. 부모들은 과거와 현재를 기준으로, 사회적으로 인정받을 수 있는 통념으로 판단할 수밖에 없기 때문이다. 부모들이 미래에 어떤 직업이 그 자식에게 좋은지 어떻게 장담할 수 있겠는가? 앞에서도 설명했듯이 정보통신과 컴퓨터를 전공한 공학박사 둘이 앉아서도 불과 10년 뒤에 모든 사람이 휴대폰을 가지고 다닐지 전혀 예측하지 못했다. 현재 밖으로 비춰진 모습으로 직업을 판단해서는 안 된다.

혜민 스님은 《멈추면, 비로소 보이는 것들》에서 "다른 사람들이 정해놓은 삶의 지도를 그대로 따라가면 조금은 안전할 수는 있으나, 내가 내 삶의 주인이 될 수는 없다. 나 자신이 무엇을 진정으로 원하고, 또 무엇을 하면서 의미를 느끼는지 스스로 찾아서 그것을 하라"고 조언했다. 자신에게 주어진 기회와 가능성을 찾아보지 않는 것만큼 현명하지 못한 선택도 없을 것이다.

좋은 직업의 조건은 무엇인가?

통념상 좋은 직업이라고 하는 것은 계속 바뀌어왔다. 은행원이 최고의 직장이던 시절이 있었다. 경제적으로 가난하던 시절, 돈을 다루는 것이 경제적 안정감의 척도였던 것이다. '수출만이 살 길'이었던 시절, 대기업 무역 상사는 최고의 인기 직종이었다. '벤처가 미래'라던 시절은 두둑한 스톡옵션을 가지고 벤처기업에 근무하는 것이 전도유망했다. 하지만 벤처 열풍이 사그라들면서 고용이 보장되는 직업으로 관심이 옮겨갔다.

좋고 나쁜 직업은 없다. 자신에게 맞는 직업이 있을 뿐이다. 안정된 직업도 없다. 글로벌하게 경쟁하는 시대이고 기술 혁신으로 급변하는 세상에서, 불과 5~10년 이후에 세상이 어떻게 바뀔지 아무도 예측하기 힘들기 때문이다. 부단히 몇 년 후 미래를 예측하는 책을 찾아보지만, 그조차도 확률의 문제로 귀결된다.

정년 보장도 좋은 직업의 선택 기준은 아니다. 의학 기술의 발달로 수명이 길어졌기 때문이다. 정년 후 살아야 할 기간이 길어졌다. 전문가들은 지금 20대 젊은이들의 경우 평균 100세 이상까지 살 것이라고 예상한다. 그렇다면 정년 이후 무려 40~50년을 더 살아야 한다는 얘기다. 은퇴 후 좀 쉬겠다는 생각은 과거의 기준일 뿐이다.

단 하나 기준이 있다면, 자신이 즐겁게 할 수 있는 일을 찾는 것이다. 혹은 당장 즐거운 일이 아니더라도 무언가 도전하고 싶은 분야에서 일하는 것이다. 내 경험으로는 누구든지 장점과 단점을 가지고 있다. 장점만 가진 사람도 없고, 단점이 없는 사람도 없다. 단지 사람마다 다름이 있을 뿐이다. 자신의 다름을 발견하고자 하는 진지한 자세가 중요하다. 결코 쉽지는 않지만, 자신의 장점을 발견해서 발휘하는 것이 가장 행복한 사회생활이다. '운'도 노력하는 사람이 거머쥐게 된다.

안철수 박사는 "자신에게 기회를 주는 것이야말로 자기에게 줄 수 있는 최고의 선물"이라고 했다. 왜 자신에게 기회를 주지 않는가? 왜 사회에서 인정받는 기준으로, 자신의 부모를 당장 기쁘게 하기 위해서, 정해지지도 않은 미래의 배우자를 위해서 직업을 정하는가?

《시도하지 않으면 아무것도 할 수 없다》에서 저자인 지그 지글러는 텍사스 주의 버몬트 마을에 사는 한 지주가 정유 회사의 제안을 받아들여 역사상 최고 생산량의 유전을 발견한 이야기를 소개한다. 그러면서 그는 땅 주인이 하루아침에 억만장자가 된 것이 아니라 그 땅을 소유했을 때부터 이미 억만장자가 되었다고 해석한다. 단지 불행은 그가 그 사실을 모르고 그 땅을 이용할 줄 몰랐다는 것이다.

그는 인간도 자기 속에 '노다지'가 숨겨져 있는지 모르고 있을 수 있다는 것을 일깨워준다. 그는 "내 안의 유전을 개발하라"고 강조하면서, 자신을 탐구할 것을 촉구한다. "당신이 가지고 있는 것을 정확히 인식하고, 개발하고, 그리고 사용하라는 겁니다. 당신 자신의 능력이라는 땅을 드릴로 파고 개발한다고 해서 손해 볼 것이 없습니다."

농경 사회에서 산업화를 거쳐 지식 기반 사회로 발전해오면서 직업의 라이프사이클은 계속 줄어들었다. 농경 시대에는 대를 이어서 직업을 이어갈 수 있었다. 산업화 시대에는 자신의 인생 기간 동안 하나의 직업으로 살 수 있었다. 그러나 지식 기반 사회에는 자신이 사는 동안 몇 번의 직업을 바꿀지도 모른다. 정년도 따로 없다.

미래가 불투명하고 일자리가 없고, 비전이 없다고 젊은이들은 불행해한다. 나는 동의할 수 없다. 지금은 시대가 달라졌을 뿐이다. 오히려 다른 관점에서 보면 기술이 급변하면서 과거에는 불가능했던 새로운 분야가 계속 등장하고 있다. IT를 기반으로 과학기술은 꽃을 피울 것이고, 이로 인한 사회 변화는 가히 세상의 축을 뒤바꿀 정도다. 얼마나 흥미로운 시대인가? 도전하는 사람들에게는 지축이 흔들리는 변화가 위기가 아닌 기회다.

자신에 대해 더 깊이 파고들고, 수많은 잠재적인 기회를 찾기 위해 노력하고, 이를 성취하기 위해 도전하는 삶은 아름답지 않은가? 일할 수 있는 시간은 길다. 당장은 아니더라도 수많은 일을 재미있게 해볼 수 있다는 기쁨도 있지 않은가? 자신에게 기회를 주고, 사회 변화를 탐구하는 삶 속에서 각자 자신에게 맞는 일을 즐겁게 할 수 있다. 이것이 융합의 시대를 살아가는 지혜다.

06

다원사회의 경쟁력

농경 시대와 산업화 시대의 노동력은 젊은 남성 위주로 형성되어 있었다. 그러나 정보통신 사회가 되면서 세대의 스펙트럼도 넓어졌고, 구성원도 다양해졌다. 국가 간 경계가 허물어지면서 다원화 사회로 나아가고 있고, 직업의 종류도 다양하게 형성되고 있다. 이제 국가나 기업의 경쟁력은 다양성이 어떻게 시너지를 일으켜 창의적인 결과물을 만들어내느냐에 달려 있다. 그러기 위해서는 각 개인의 잠재력을 표출할 수 있는 환경이 조성되어야 한다.

다양성이
창의력을 잉태한다

다양한 사람들이 모인 조직이 성공한다

《투명한 리더》(The Transparent Leader)라는 책에는 이런 사례가 나온다. 글로벌 기업 다이얼(DIAL) 사의 최고책임경영자로 취임한 허브 바움(Herb Baum)은 취임 다음 날 전사 영업회의에 참석했다. 처음으로 여러 직원을 만날 기회라서 기대가 컸다. 그런데 왠지 영업사원들의 잘 준비된 발표에 집중할 수 없었다. 다른 것에 신경이 쓰였기 때문이다. 그것은 회의에 참석한 이들이 대부분 백인 남성이라는 사실이었다. 많은 회사에서 일을 해 본 그에게도 이런 경우는 익숙지 않아 당혹스러웠고 시간이 갈수록 화가 났다.

드디어 그에게 발표할 기회가 주어졌다. 그는 천천히 그리고 명확하게 다음과 같이 말문을 열었다. "내년에는 이 회의장에 더 많은 소수계 출신 직원이 있을 것입니다. 그것이 이 그룹에 대한 나의 첫째 목표입니다. 다양성이 없다면 성공적인 영업조직이 될 수 없습니다."

중상류층 백인만이 고객이 아니라는 관점도 있었지만, 무엇보다 다양한 문화와 배경이 섞여 있어야 직원들의 재능과 역량을 끄집어낼 수 있다고 확신했기 때문이었다. 훗날 그는 이를 철저히 실행에 옮겼다.

좀 더 가까운 예를 들어보자. 한국의 양궁은 무려 30년 동안 세계를 제패하고 있는 종목이다. 하지만 70년대에 양궁은 아무도 거들떠보지 않는 종목이었다. 미국, 일본과의 실력차도 워낙 커 불모지에 가까웠다. 그랬던 한국을 세계적 양궁 국가로 만든 지도자가 서거원 감독이다. 그는 본래 운동선수가 아니었다. 전기전자 공학을 전공한 이공학도였다. 그러던 그가 양궁에 빠져 들었고, 결과적으로 세계적인 양궁 지도자가 되었다. 그러나 그 과정은 결코 순탄하지 않았다. 선수 출신이 가득한 사회에 이공계 출신이 들어왔으니 속된 말로 왕따 당할 것은 자명했다. "어릴 적부터 쭉 선수 생활을 한 우리도 잘 모르는데 네가 뭘 알아?"라는 시선은 그를 여러 번 좌절에 빠뜨렸다. 그렇게 어울릴 수 없다 보니까 오히려 많은 책을 읽는 계기가 되었다고 그는 회고했다. 무엇보다 그는 과학자의 시각으로 양궁을 바라보았다. 그런 시각은 다른 측면에서 양궁의 경쟁력을 일으키는 요인이 되었다. 먼저 정량적이고 투명한 평가 체계를 도입했다. 그는 엄밀한 기록 체계를 통해 주관적인 평가가 개입하지 못하게 만들었다. 또한 스포츠 과학을 통한 철저한 선수 관리로 항상 최고의 컨디션으로 최종 경기에 임하게 했다.

한번은 외국에서 장비를 제대로 공급해주지 않아서 경기장에서 제 역량을 발휘할 수 없었다. 그만큼 한국에 대한 경계심이 대단했다. 그러자 그는 당시 장난감 수준밖에 안 되던 양궁 장비를 국산화하자고 주장했다. 온갖 비관론과 반대에도 그는 기어이 그 프로젝트를 실현시켰다. 이제는 다른 나라 선수들도 한국산 양궁 장비를 들고 나오는 것을 볼 수 있는데, 이는 결코 우연이 아니다. 열정적인 과학적 노력의 결과다. 그가 한국 양궁을 세계적으로 만든 배경에는 타고난 집념과 솔선수범의 리더십도 있었지만, 전혀 다른 관점에서 양궁을 바라보는 시각도 한몫했다. 전혀 다른 배경 지식을 가진 사람이 새로운 시도를 해볼 수 있다. 다양성은 발전적인 방향을 만들어내는 기반이 되는 것이다.

산업화 시대에는 일사불란한 조직력과 효율성이 중요했다. 개성을 발휘하기에는 자금, 환경, 인적 자원, 정보력 등에 한계가 있었다. 또한 지역을 벗어나 사업을 전개하는 것도 경제적 비용과 위험 부담이 컸다. 그러나 IT의 발달로 인해 지식기반 사회와 글로벌화라는 커다란 패러다임 변화가 일어났다. 정보를 찾고 소통하는 방식 역시 인터넷의 대중화에 힘입어 그 종류가 다양해지고 비용은 거의 들지 않게 되었다. 이런 환경 변화로 정보와 지식이 사업적 측면에서 더욱 중요해졌다. 정보는 빠른 속도로 조직에서 개인으로 이동하고 있다.

그런 관점에서 개인의 역량 발휘는 기업의 가치 창출과 직결된다. 다양한 아이디어가 개진되고, 그것이 사업으로 실행될 수 있는 환경은 기업의 성장은 물론 생존을 위해서도 필수적이다. 상명하달식 프로세스로 움직이는 기업 문화는 창조와 융합의 시대에 적응하기 어렵다. 오히려 서로 다른 배경을 지닌 개인들의 시너지로 혁신의 에너지를 일으킬 수 있다.

불확실성의 시대를 돌파하는 힘

온라인 생명보험이라는 혁신적 상품으로 일본에서 성공적인 사업을 펼치고 있는 넥스트 생명보험의 데구치 회장은 "일본 기업에 여성과 젊은 임원이 채용된다는 사실만으로도 일본의 주가는 10~20% 오를 것"이라고 다소 도발적인 주장을 했다. 실제로 그는 스타벅스 마케터 출신을 생명보험 업계 최초의 여성 상근 임원으로 영입하는 파격을 단행했다. 그렇다면 일본의 생명보험 업계에는 여성이 별로 없었을까? 그 반대다. 보험업계의 영업 사원은 대부분 여성이다. 한국과도 비슷한 양상이다. 그러나 임원은 남성이 해야 한다는 잘못된 편견, 그리고 영업은 대리점 꽁무니나 쫓아다닌다는 기존의 틀을 못 벗어나고 있었던 것이다.

그렇다고 해서 식음료 업계에 있었던 사람이 보험 상품을 팔 수 있을까? 스카우트된 그 여성 임원은 "고객을 위해 좋은 보험 상품을 만드는 것과 고객을 위해 맛있는 커피를 만드는 것은 일맥상통한다"며 기꺼이 새로운 도전을 수용했다. 우리나라 IT 대기업에서도 전혀 다른 분야, 생활 산업에 종사했던 여성 전문가를 영입하고 있는 것과 같은 취지다. 데구치 회장은 "지도자는 끊임없이 고민해야 한다. 무엇인가 바꾸고 싶다는 생각이 없다면, 동반자는 모여들지 않는다"며 변신하겠다는 의지, 다양성을 포용하는 문화와 시스템이 시급하다고 강변했다.

하지만 여성 임원이 늘어나고 젊은 세대가 많아지는 수적 변화만으로 기업의 변신이 이루어질까? 단지 젊다고 해서 창의적이고 혁신적일 것이라는 기대는 섣부르다. 오히려 경험이 풍부한 이들에게서 신선함을 보기도 한다. 젊음의 열정과 전문가의 감과 통찰력이 어우러져야 한다. 문제는 세대와 성별, 성장 환경에 관계없이 다양성을 추구하고, 구성원들이 진심으로 열린 마음으로 임하느냐에 달려 있다. 각자의 경험과 참신한 아이디어가 논의될 수 있는 수평적인 소통 문화, 그리고 이를 신속하게 실행하는 리더십이 조직의 성패를 좌우한다.

수직적 사회와 달리 융합의 시대에는 리더십의 덕목이 바뀐다. 기업의 가치는 개개인의 창의력과 열정에 의해 좌우된다. 리더십은 조직 구성원들의 참여를 최대한 이끌어내 기업의 가치와 연결시켜야 한다. 그러기 위해서는 핵심 가치에 대한 공유, 명확한 비전 제시, 공동체로서의 기업 문화가 정착되어 있어야 한다. 다양성이 없는 조직은 융합의 시대에 생존하기 어렵다. 다들 비슷한 생각을 하고 있는데 무슨 기발한 아이디어가 나오겠는가? 서로 다른 사람들이 모여 있어야 창의력도 생긴다. 리더는 이런 환경을 조성하고, 아이디어가 실현될 수 있도록 격려해야 한다. 다양한 의견이 활발히 제시될 수 있고 토론에 의해 합의점을 도달할 수 있는 문화가 성공하는 기업의 필요조건이다. 국가나 사회도 마찬가지다. 그렇기 때문에 진정한 민주주의와 공정한 경쟁이 승리하는 것이 아닐까?

브랜드는
하루아침에 만들어지지 않는다

이미지는 만드는 것보다 지키는 것이 더 어렵다

안랩에 입사하면 정기 교육을 거쳐야 하는데, 그 프로그램 중 하나가 '강점 혁명' 교육이다. 누구나 자신만의 강점이 있다. 이 교육의 목적은 자신의 강점을 발견하고 인지해서, 자기 발전과 커리어 관리에 활용하는 것이다. 교육을 받는 과정에서 '내가 이런 강점이 있었나?'라며 신기해하기도 한다.

나는 사업이 안랩에 인수되면서 입사하게 되었다. 보통 신규 입사 직원은 서로를 잘 모르지만, 나와 함께 합류한 직원들은 이미 오랜 기간 같이 일한 사이였다. 당연히 서로에 대해 잘 알고 있었다. 강점 혁명 교육을 맡은 안랩의 여성 임원은 우리 중 A와 B 두 명을 가리키며, A 직원에게 질문을 던졌다.

"B 직원을 꽤 오랜 기간 알고 지냈지요? 그분의 강점은 뭐라고 생각하세요?"

"네, B 직원은 착하고 항상 친절하게 도와줍니다."

질문이 이어졌다.

"그러면, 단점은 뭐라고 생각해요?"

잠시 생각에 잠기더니 그가 답변했다.

"잘 도와주려고는 하는데, 설명할 때 필요 없는 것까지 너무 길고 상세하게 얘기합니다. 그래서 때로는 짜증이 납니다."

좌중에서 폭소가 터졌다. 이어지는 그 임원의 설명이 걸작이었다.

"네. 우리는 이렇게 상대방의 장점에 대해서는 짧게 기억하지만, 단점에 대해서는 아주 상세하게 기억하는 경향이 있습니다."

다시 한 번 폭소가 터졌다.

우리가 어떤 사람에 대해서 짧게 평가를 부탁했다고 하자. 그 사람의 이미지를 설명하기 위해 얼마나 잘 기억할까? 몇 분 정도 그 사람에 대해 설명할 수 있을까? 의외로 아니다. 형용사 기준으로 한두 단어를 넘지 못한다. '착하고 믿을 만하다', '아이디어가 많고 적극적이다', '성실하기는 한데 융통성이 없다', '약속을 잘 안 지킨다' 등. 사람은 자기 자신에 대해서는 알리고 싶은 게 많지만, 다른 사람에 대한 평가는 아주 인색한 편이다. 기업도 마찬가지다. 기업에 수많은 제품이 있고 다양한 사업이 있지만, 그 기업에 대한 이미지는 몇 단어로 귀결된다. '기술력이 뛰어나다', '서비스 정신이 투철하다', '거래할 때 조심해야 한다' 등등.

개인이든 기업이든 특정한 이미지가 모여 결국 브랜드를 형성한다. 브랜드는 단순히 잘 알려지는 것을 의미하지는 않는다. 그 사람이나 기업, 제품을 바라보는 제3자의 평가다. 앞에서 살펴본 교육 과정의 얘기처럼 좋은 이미지와 인상은 짧게 떠오르지만, 안 좋은 기억은 더 상세하게 오랫동안 남는다. 그래서 브랜드의 지속성을 유지하는 것이 어렵다.

브랜드의 힘은 어디에서 나오는가?

브랜드는 단순히 광고비를 많이 쓴다고 해서 올라가는 것도 아니다. 브랜드 기업으로 유명한 현대카드의 정태영 사장과 차를 한 잔 나눌 기회가 있었다. 브랜드를 위해 얼마나 마케팅이나 대외 활동에 시간을 쏟는지 궁금했다. 그러나 그의 대답은 의외였다.

"사람들이 저를 보고 브랜드 가이(Brand Guy: 브랜드 감각이 뛰어난 전문가)라고 얘기합니다. 제가 마치 브랜드에만 전념하는 것처럼 생각하더군요. 그런데 실제로 브랜드는 이를 받쳐주는 콘텐츠와 실력에 의해 결정됩니다. 정작 내용 없이 마케팅으로 포장만 하는 것은 오히려 독이 됩니다. 그래서 저는 내실 있는 제품을 만드는 데 최선을 다할 뿐입니다."

결국 브랜드는 자기 실력이 고객에게 가치(value)로 전달되는 것이라는 얘기다. 사람들의 기억에 남는 브랜드가 되기 위해 기업들은 엄청난 비용을 마케팅에 투자하고 있다. 그러나 본질적으로 브랜드 인지도는 실력과 정체성, 그리고 철학에서 나온다.

산업화 시대는 주로 수요와 공급에 의해 비즈니스가 형성되었다. 생활필수품이나 주거 공간이 필요했고, 우리의 생활을 윤택하게 하기 위해 수많은 발명품이 사업으로 이어졌다. 우리는 자연스레 상품의 홍수 속에서 살게 되었다. 불과 몇 십 년 전까지만 해도 상품과 서비스에 대한 정보를 얻는 방법은 한정되어 있었다. 상점에 직접 가거나 신문, 잡지, TV와 같은 미디어의 광고와 뉴스를 통해서였다. 그런데 IT의 대중화는 상품에 접근하는 방식까지 바꾸었다. 이제 사람들은 신문이나 잡지보다 인터넷 검색을 통해 필요한 정보를 찾는다. SNS를 통해 지인이나 친구들로부터 더 실질적인 정보를 얻기도 한다. 단순한 제품 소개 차원이 아니라 사용해본 사람의 생생한 경험마저 공유되는 것이다.

무엇보다 정보가 흘러넘친다. 제품도 끊임없이 쏟아져나오고, 이런 제품을 판매하는 곳도 아주 많다. 모두 현란한 마케팅 메시지로 소비자의 마음을 흔든다. 나에게 꼭 필요하지 않아도 유혹에 빠지게 만든다. 수많은 정보 속에서 나는 어떻게 선택을 해야 할까? 결국 그 제품을 만들어낸 기업, 그 제품을 판매하는 기업이 얼마나 믿을 만한지가 중요한 기준이 된다. 브랜드가 중요해진 이유다. 좋은 인상으로 남은 브랜드, 많은 사람이 가치를 인정하는 브랜드는 구매 리스크를 줄일 수 있는 방편이다.

약 10년 전 어느 대기업 간부와 식사를 하며 대화를 나누다가 바이러스 백신 제품에 대한 얘기로 화제가 옮겨갔다. 그런데 그는 안랩의 V3 제품에 대해 절대적인 신뢰를 가지고 있었다. 당시는 내가 안랩에서 일하기 전이라서, 나에게 굳이 좋게 얘기할 이유도 없었다. 그만큼 진정한 마음이 담긴 체험이었다. 그의 얘기는 90년대 초반으로 거슬러 올라간다. PC 사용자가 늘면서 컴퓨터 바이러스가 문제로 대두되기 시작했다. 당시 바이러스 백신 역할을 하는 제품이 꽤 있었는데, 아직 산업이 형성되기 전이라서 프리웨어(Freeware) 형태가 주류를 이루고 있었다. 그는 개인적으로 관심이 많아 대부분의 제품을 직접 사용해보면서 얼마나 바이러스를 잘 잡는지 비교해보았다고 한다. 다른 소프트웨어는 일부 바이러스가 남아 있어서 훗날 뒤탈이 나곤 했는데, V3는 깔끔하게 치료를 했다는 것이다. 어쨌든 오래전 경험으로 인한 그의 V3에 대한 충성도는 10년이 넘도록 지속되었다. 그는 바이러스 백신 제품이라면 V3 이외에는 고려조차 하지 않는다. 제품의 기능 때문이 아니라, V3와 회사에 대한 신뢰 덕분이었다.

CEO로서 언론 인터뷰를 하게 되면 '회사를 경영하면서 가장 중요한 게 무엇인가'라는 질문을 받곤 한다. 그러면 나는 주저 없이 브랜드라고 대답한다. 브랜드는 고객과 기업을 연결해주는 끈이기 때문이다. 일부 사업은 포기할 수 있어도, 브랜드 가치 유지는 항상 최우선 순위를 둔다. 사업은 생겨나기도 하고 없어지기도 한다. 그러나 고객과의 끈인 브랜드는 지속적이고 영원하다. 개인도 마찬가지다. 인간 사회에서 서로를 검증하고 확인한다는 것은 쉽지 않다. 프로필만 보면 훌륭하지만, 실제 얼마나 좋은 성과를 낼 수 있는지, 믿을 만한 사람인지는 겉으로 판단하기 어렵다. 결국 아는 사람을 통해 레퍼런스(reference)를 확인하게 된다. 평판을 통한 검증이다. 그런 부탁을 받게 되면 그 사람에 대한 인상, 즉 몇 단어의 형용사로 그에 대한 기억을 살리게 된다. 다른 사람들에게 비친 자신의 모습, 즉 개인의 브랜드는 결정적일 수 있다.

개인이든 기업이든 브랜드가 중요한 시대에 살고 있다. 투명함과 신뢰를 갖추지 못한다면, 아무리 좋은 기술과 실력이 있더라도 금세 도태될 수 있는 무서운 사회다. 개인의 브랜드는 어떻게 살아왔느냐에 의해 결정되고, 기업의 브랜드는 경영 철학에 의해 좌우된다. 브랜드 시대에 맞는 자기 관리와 기업 경영이 중요한 이유다.

다양한 접점을 통해
길러지는 경쟁력

점점 사라지는 남녀 간의 직업 구분

미국의 어느 소프트웨어 기업 컨퍼런스에 참여했을 때 영업 사원의 상당수가 여성임을 보고 놀란 적이 있다. 특히 전시회에서의 제품 발표나 세일즈 마케팅의 경우 여성 비율이 높은 편이다. 그만큼 기술의 개념과 장점을 명확하게 부각하는 소통 기술은 여성이 비교적 우위에 있다고 할 수 있다. 반면 연구개발 분야에는 남성의 비율이 압도적이다.

미국과 유럽에서는 개인정보보호 분야에서 남성과 여성의 비율이 극명하게 드러난다. 개인정보보호라는 동일한 주제를 놓고 정책 담당은 여성이, 기술 담당은 남성의 비율이 압도적이다. 여성이 세밀하게 법적·사회적 소통을 담당하고 이를 해결하기 위한 기술적 구현은 남성이 담당한다는 얘기다.

그런데 여성과 남성의 영역 구분은 점점 옅어지는 것 같다. 사법연수원에 특강을 나간 적이 있다. 우리나라에 한 해 동안 법조인이 그렇게 많이 배출된다는 데 새삼 놀랐다. 우리 연배에서는 법조인이 매년 100명 안팎으로 선발되었다. 그런데 이날에는 1,2층 대강당이 그득하게 들어찰 정도로 연수생이 많았다. 더 놀랐던 것은 그중의 40% 정도가 여성이라는 사실이었다. 여성 법조인의 증가는 익히 들어서 알고 있었지만, 현장에서 보니 실감이 났다.

또 한번은 강릉에 있는 공군 비행장에 특강을 간 적이 있다. 강의장에 들어가기 위해 기다리고 있는데, 젊은 여군들이 교육장 안으로 들어가는 모습이 보였다. 그래서 누구냐고 물으니 전투기 조종사라는 것이다. 여군이 많아졌다는 것은 알았지만, 전투기 조종까지 할 줄은 미처 알지 못했다. 전투기 조종은 남자들 중에서도 체력적으로 뛰어나고 강인한 사람들이 하는 고된 업무 아니던가?

일본의 한 정치인은 "한국은 일본이 갖지 못한, 아시아에서 가장 현실적인 비전을 가진 나라"라고 평가한다. 그러면서 인구 감소와 고령화 문제를 가진 일본에 비해 여성의 일자리를 늘리고 다문화 국가로 바뀌고 있는 장점을 높이 평가한다. 이런 칭찬을 받을 만큼 우리가 잘하고 있는지는 의문이지만, 그 방향만큼은 맞다고 생각한다. 밖에서 힘든 일은 남성이, 육아와 가사는 여성이 한다는 공식은 깨지고 있다. 육아와 노동을 병행할 수 있고, 공평한 대우가 보장되는 노동 환경은 복지의 필수 요건이다. 엄마와 아빠의 사회적 역할 분담도 논의되어야 한다. 스마트워크와 같은 노동환경의 개선은 IT를 활용한 실험이다. 시간이 걸리더라도 스마트워크와 같은 업무 환경이 정착되도록 인내를 가지고 추진해야 한다.

지식기반 시대에는 지적 역량이 상대적으로 중요하다. 새로운 가치의 창출을 위해서도 가정과 직장, 기술과 인문학의 융합이 뒷받침되어야 한다.

또한 각자의 개성이 존중되고 개인의 역량이 극대화되는 사회를 만들어내기 위해서는 근태와 규율에 의존하는 관리 행태로부터 탈피해야 한다. 그래야 여성 인력도 소외되지 않고 자신의 전문성을 살려갈 수 있다.

무엇보다 일자리의 성격이 점차 바뀌고 있다는 점에 주목해야 한다. 산업은 서비스 중심으로 바뀌고 있고, 생활과 접목된 감성적 접근이 중요하다. 또한 글로벌한 커뮤니케이션 역량이 중요하다. 여성의 특성을 살릴 수 있는 기회다. 여성의 섬세함과 남성의 파고드는 몰입성이 균형감과 조화를 이룰 때 창의적인 결과를 만들어낸다.

세대, 성별, 국가적 배경이 다른 이들이 팀워크를 구성하는 다양성은 창의력을 꽃피우게 한다. 그런 측면에서 남성과 여성의 차이점을 살려서 일을 수행하면 효과는 배가된다. 남성 위주로 전개됐던 과거의 세계에서 다양성이 존중되고 발휘되는 미래의 세계로 바뀌는 전환점에 선 여성의 역할은 실로 중요하다. 기술의 장벽이 낮아지고 대중화된 IT 환경은 그러한 여성의 활동 범위를 더욱 확장할 것이다.

좋은 인재 확보로 연결되는 다문화 사회

'러브 인 아시아'라는 TV 프로에서는 정든 부모를 떠나 한국에서 결혼하고 정착한 이들의 삶이 소개된다. 대부분 그들의 고국은 경제적으로 후진국이라서 상황은 열악하다. 몇 년 만에 자신의 부모와 친척을 만나는 장면은 시청자의 눈시울을 뜨겁게 한다. 우리 사회는 이미 단일민족이라는 용어를 교과서에서 없앨 정도로 다문화 사회를 향해 가고 있다. 얼굴 생김새는 다르지만 한국어를 유창하게 구사하는 이들이 더 이상 낯설지 않다.

《제국의 미래》의 저자 에이미 추아(Amy Chua) 교수는 이민을 전략적인 관용이라고 설명한다. "부를 창조하는 가장 큰 동력이 약탈과 몰수가 아니라 교역과 혁신이라는 것은 이미 입증된 사실이다. 또한 한 사회가 세계적으로 우수하고 똑똑한 사람들을 끌어들이는 가장 효과적인 방법이 정복이 아니라 이민으로 대체되면서, 전략적인 관용의 양상 역시 달라지고 있다." 어떤 제국이든 관용을 보일 때 가장 융성했고, 관용이 사라질 때 몰락되었다는 주장이다. 저자는 이런 관용을 바탕으로 훌륭한 인재가 중요시되는 세상이 강대국이 되는 덕목이라고 설명한다. 이를 가장 잘 실현한 예가 '이민자의 국가'인 미국이다. 미국은 아인슈타인과 같은 망명한 물리학자, 나치를 피해 미국으로 건너와 실리콘밸리를 건설한 유진 클라이너(Eugene Kleiner), 헝가리 출신으로 인텔을 이끈 앤디 그로브, 러시아 출신으로 구글을 공동 창업한 세르게이 브린 같은 이민자들이 한 축을 형성하며 과학기술의 발전을 이끌었다.

아직도 일부에서는 이민자들이 우리의 생활 터전을 빼앗아간다고 한다. 그러나 관점을 바꿔 생각해보면 그것은 오히려 다른 세상과 문화를 접하고, 자신의 능력을 더 발휘할 수 있는 일을 도모할 수 있는 계기를 마련해준다. 다양한 접점을 통해 완전히 새로운 창의적인 생각이 나올 수도 있는 것이다.

클라이드 프레스토위츠(Clyde Prestowitz)는 《부와 권력의 대이동》에서 글로벌 사회의 경제적 함의를 다음과 같이 설명한다. "지구 반대쪽 사람들이 바로 같은 거리에 사는 사람들만큼 가까워졌다. 사람들의 존재는 두 가지 면에서 주목해야 한다. 첫째는 그 수가 엄청나다는 것, 둘째는 그들 모두가 허기진 상태라는 것이다. 글로벌 경제 시스템이 시대를 따라잡고 존중 받으려는 갈망에 수많은 이들이 허기져 있다." 아침 뉴스의 헤드라인은 밤새 미국과 유럽의 분위기가 어땠는지 실시간으로 보여준다. 밤과 낮을 번갈아가며 뉴욕, 런던, 동경, 서울의 증권 시장은 맞물려 돌아가고 있다. 이 지구상의 수많은 사람들이 삶의 공간을 확보하고 생존하기 위해서, 더 나아가 성공의 열망을 위해서 바쁘게 움직이고 있다. 더 이상 기업과 국가, 어떤 공동체도 자신들의 규범과 이데올로기를 강요할 수는 없다. 개인의 선택이 중요해지고 있으며, 그들은 인터넷이나 SNS로 거미줄처럼 문화적 공감대를 형성해간다. 글로벌 시대에는 기업의 모든 자원과 역량이 특정 국가에 제한되어 있지 않다. 이를테면 완성된 상품만이 국경을 오가는 것이 아니라 모든 재화와 용역이 글로벌하게 재배치된다.

좁은 땅덩어리에서 벗어나 세계로 눈을 돌려야 발전이 보인다. 어느 나라, 어느 민족이든 살아가는 것은 똑같다. 누가 옳고 누가 그르다고 하기도 어렵다. 나름대로 자신들의 문화와 역사, 생활 방식으로 살아가고 있는 것이다. 단순히 수출을 많이 해야 한다는 관점에서도 벗어나야 한다. 우리는 글로벌 문화를 이해하고, 존중하면서 교류하는 자세를 가져야 한다. 그 것이 다원화 시대를 사는 지혜다.

Ⅲ 무엇으로 세상을 채울 것인가?

07

소프트웨어가 모든 것을 바꾼다

소프트웨어는 수많은 기술 제품과 서비스를 엮는 핏줄이자 융합의 시대를 만들어내는 핵심이다. 소프트웨어는 노동집약적인 산업 구조를 지식 기반으로 끌어올리는 가치를 창출해낸다. 젊고 천재적인 사람만 할 수 있다는 것도 편견이다. 투입한 시간에 비례하는 것도 아니다. 지적 노동의 가치를 인정하는 문화가 뒷받침되어야 하고, 생태계와 플랫폼의 고유 특성을 이해할 수 있어야 한다.

어떤 형태로든
변화하는 소프트웨어

기계에 생명을 부여하는 소프트웨어

영화 '아이로봇'은 미래의 세계에서 로봇이 인간을 대신해 도우미 역할을 하는 모습을 그린다. 이 영화에는 아주 인상적인 장면이 등장하는데, 반란을 일으키려는 로봇들이 신호를 받고 일제히 활성화되는 모습이다. 고철덩어리가 깨어나면서 무서운 반란군으로 바뀌는 장면은 기계에 생명을 불어넣는 것을 상징적으로 보여준다. 이처럼 하드웨어에 생명을 불어넣어서 동작하도록 만드는 것을 우리는 소프트웨어라고 부른다.

컴퓨터는 크게 하드웨어와 소프트웨어로 나뉜다. 눈에 보이거나 손에 잡히는 실체가 하드웨어라면, 기계에 피가 흐르게 하고 신경을 움직이게 하는 것이 바로 소프트웨어의 몫이다. 인간과 소통하고 명령에 따르게 만드는 것, 즉 시스템이 실질적으로 돌아가게 만드는 것이 소프트웨어의 역할이다.

소프트웨어는 우리의 현재와 미래의 사회를 구성하는 핵심이자, 지식 기반 사회의 중심축이다. 한 시절을 풍미하고 그저 지나가는 기술이 아니다. 이미 수많은 제품과 산업 속에서 소프트웨어는 존재감이 점점 더 커지고 있다. 기존 산업도 소프트웨어를 중심으로 재구성되지 않으면 생존하기 힘들어질 것이다. 지능적 기법을 적용해서 끊임없이 가치를 극대화하는 기업과 기존 방식대로 유지하는 기업이 경쟁이 되겠는가?

특히 모바일 시대에는 소프트웨어의 역할이 역동적으로 확대되고 있다. 《모바일 웨이브》의 저자 마이클 세일러(Michael Saylor)는 심지어 소프트웨어가 기체로 바뀌고 있다고 주장한다.

"데스크톱 컴퓨터의 경우 소프트웨어는 책상 위에 있는 큰 바위처럼 고체 형태로 존재한다. 사람들이 소프트웨어를 이용하기 위해서는 책상으로 가야만 했다. 노트북은 소프트웨어가 '액체 형태'로 존재하는 경우다. 와이파이가 흘러나오는 작은 샘이 있는 커피 하우스에 앉아서, 와이파이로 만들어진 시냇가나 오아시스를 따라 노트북을 이용할 수 있다. 모바일 기술은 우리가 어디에 있든 소프트웨어를 가열하여 우리 주위를 감싸는 '기체 형태'로 변화시킨다."

컴퓨터가 나오면서 기계에 생명력을 불어넣는 소프트웨어는 어떤 형태로든 존재했다. 그러나 디지털 문명이 진화하고 IT 대중화와 모바일 시대가 열리면서 소프트웨어는 역동적인 요소로 승화했다. 소프트웨어는 새로운 문명의 견인차이자 인간 사회의 소통을 이끄는 프레임이다.

소프트웨어 조급증

2009년 12월, 뒤늦게 한국에 상륙한 아이폰은 적지 않은 충격을 주었다. 사회 분위기는 마치 역습을 받은 듯했다. 특히 문제의 근원이 소프트웨어라는 인식이 팽배해지면서 소프트웨어에 대한 관심이 고조되었고, 이에 대한 연구도 활발해졌다. 어느 IT 원로들의 모임에 강연을 부탁을 받은 적이 있다. 강연이 끝나고 자유롭게 토론하는 시간이 되자 사람들이 답답하다는 표정으로 질문을 던졌다.

"가까스로 우리 휴대폰이 세계적 제품이 되었는데 엉뚱하게 아이폰이 나타나서 뒤흔들어놓네요."

"애플이 하드웨어 기술은 우리하고 상대도 안 되는데, 소프트웨어 때문에 그렇다지요?"

"어떻게 해야 소프트웨어를 빨리 쫓아갈 수 있지요?"

그러한 질문의 일면에는 소프트웨어도 과거 산업 개발 시대처럼 몰아붙이면 된다는 다소 막연한 기대감마저 엿보였다. 돌이켜보면 건설, 철강, 중공업, 조선, 전자, 자동차 등 오늘날 우리가 자랑하는 모든 산업은 애당초 선진국과 비교해서 크게 낙후되어 있었다. 유럽과 미국이 1800년대부터 산업화에 앞장서면서 세계를 호령하던 시절에 한국은 가난한 농경 국가에 머물러 있었으니 당연하다. 하지만 우리는 선진국의 산업 노하우와 첨단 기술을 배우며 세계적 기업들을 일구어냈다.

소프트웨어도 그렇게 열심히 쫓아가기만 하면 될까? 불행히도 그리 단순한 문제가 아니다. 우선 소프트웨어는 물리적으로 보거나 만질 수 있는 것이 아니어서 쫓아갈 대상이 명확히 보이지 않는다. 소위 무형 자산이다. 설사 목표가 있더라도 고정되어 있지 않다. 자유로운 상상력을 고양하는 토양이 있어야 참신한 아이디어가 꽃을 피운다. 무엇보다 지적 노력을 인정하고 눈에 보이지 않는 것의 가치를 인정하는 풍토가 조성되어야 한다.

2000년대 초반 어느 외국인 투자가와 대화를 나눈 적이 있다. 당시는 닷컴 열풍으로 한국에서 IT 벤처 투자가 왕성하던 시기였고, 해외 투자가들도 한국의 벤처 산업에 관심이 많았다. 그런데 그 투자가는 한국의 소프트웨어 산업에 대해서만큼은 다소 비관적인 생각을 가지고 있었다.

"한국의 젊은 인력들의 열정은 인상적입니다. 벤처 산업이 잘 정착하면 한국은 한 단계 업그레이드할 수 있어요. 제조업은 경쟁력이 있고, 우수한 인력도 많습니다. 그러나 소프트웨어는 시간이 걸릴 거라고 생각합니다. 눈에 보이는 제조업과 눈에 보이지 않는 소프트웨어는 개념이 다릅니다. 소프트웨어는 사람들의 인식이 바뀌어야 하기 때문에 적어도 10년 이상은 걸릴 겁니다. 특히 소프트웨어는 서구적 문화에서 싹텄기 때문에 문화적 격차를 극복하는 것도 시간이 걸릴 겁니다."

소프트웨어는 단순히 기술의 문제가 아니라 비즈니스 환경, 사회적 인식, 인력 양성책이 함께 바뀌어야 한다는 것이다. 나에게 질문을 던진 교수에게도 비슷한 취지로 설명했지만, 그는 물러서지 않았다. 그러자 다른 교수가 답답하다는 듯이 나섰다.

"아니, 우리가 소프트웨어 못하는 건 당연한 것 아닙니까? 언제 우리가 소프트웨어에 관심이나 있었습니까? 그동안 무시했으니 당연한 결과 아니겠어요? 우리가 소프트웨어를 돈 주고 삽니까? 소프트웨어 중요하다고 말로만 했지 돈 주고 사지도 않으면서 어떻게 좋아지기를 기대합니까? 우리는 공장 세우고 물건 찍어내는 것처럼 눈에 보여야 투자를 해요. 그러니까 눈에 보이지 않는 소프트웨어는 무시한 겁니다. 우리나라 소프트웨어가 이

모양 이 꼴이 된 건 자업자득입니다."

그의 비판은 신랄했다. 나중에 알고 보니 그분은 미국에서 오랫동안 직장 생활을 했던 터라 미국의 소프트웨어 문화에 대해 잘 알고 있었고, 한국의 척박한 풍토를 개탄스럽게 생각하고 있었다. 본질적으로 소프트웨어의 가치를 인정하고 타당한 대가를 지불해야 한다는 인식이 자리 잡아야 한다. 보상과 인센티브는 산업이 형성되기 위한 기본이다.

우리가 산업화와 경제적 성장을 이루었던 공식은 선진국으로부터 기술을 배워와 땅을 마련해서 시설 투자를 하고 저렴한 인건비로 쫓아가는 것이었다. 자본과 노동력, 정책적 배려, 그리고 도전적인 기업가 정신이 잘 맞아떨어진 결과였다. 무엇을 만들어야 할지 목표 대상도 비교적 뚜렷했다. 선진국에 있고 우리에게는 없는 것이었다. 우리가 목표로 하는 모습이 선진국에 그대로 있었기에 열심히 배워서 따라가기만 하면 됐다.

그러나 소프트웨어는 다르다. 소프트웨어는 우리 삶 속에서 무엇을 만들어낼지를 찾는 것이다. 열린 마음과 자유로운 토론, 무엇보다 자유로운 창의력과 상상력이 인정받아야 한다. 소프트웨어는 우리의 생각과 업무 형태를 담아내는 것이다. 돈 몇 푼 쥐어주는 단기 육성책으로는 혼선만 일으킬 뿐이다. 설사 우리가 기술적으로 비슷한 것을 만들어낸다고 해도 소프트웨어는 나름대로 생태계를 가지고 있어 그 안에 들어가는 게 쉽지 않다.

소프트웨어는 도구가 아닌 사고의 문제

내가 미국 회사에 취업할 때 그 회사를 선택한 이유 중 하나는 연구소장이 유명한 소프트웨어 전문가였기 때문이다. 그는 당시 전문가들에게 인기가 높았던 유닉스(Unix) 커뮤니티에서 활동한 소위 구루(Guru) 중 한 명이었다. 게다가 20대 중반에 컴퓨터공학 박사를 받을 정도로 탄탄한 실력을 갖추고 있었다. 그래서 뛰어난 젊은 소프트웨어 개발자들이 그를 멘토로 삼기 위해 찾아오기도 했다.

어느 금요일 저녁 늦게 퇴근하려고 하는데 연구실에 불이 켜져 있었다. 그래서 누가 있나 보려고 가보았더니 그가 모니터 앞에 앉아서 무언가 열중하고 있었다. 미국에서 금요일 저녁이라면 TGIF라는 용어가 있을 정도로 저녁 파티가 많은 날이다. 금요일 저녁에 퇴근하지 않고 뭐 하느냐고 물으니, "스몰토크(Smalltalk)라는 프로그래밍 언어가 괜찮은 것 같아서 공부하고 있다. 그걸로 우리 프로젝트에서 필요한 몇 가지 소프트웨어를 짜보고 있다"고 답했다. 스몰토크는 실리콘밸리에서 수많은 발명품을 만들어낸 제록스 파크(Xerox Parc)의 또 다른 작품이다. 당시 부각하고 있던 객체지향 사상을 충실히 반영한 프로그래밍 언어라서 소프트웨어 엔지니어들에게 인기가 높았다.

"왜 평소 잘 사용하던 프로그래밍 언어를 사용하지 않는가?"

"흠, 물론 그건 언제라도 할 수 있지만, 이 프로젝트에는 스몰토크가 더 적합한 것 같다. 내가 직접 해봐야 금번 프로젝트에 사용할지 결정할 수가 있어서다."

"궁금한데 프로그래밍 언어를 몇 개나 사용할 수 있는가? 보통 하나 배우기도 힘들지 않는가?"

"프로그래밍 언어라면 대충 다 사용해봤다. 그런데 언어는 어디까지나 도구이고 사용 규격일 뿐이다. 소프트웨어는 사고(thinking)의 문제이지 도구의 문제는 아니다. 자신이 만들려는 소프트웨어에 대한 중심 골격이 중요하지, 프로그래밍 언어가 본질적 문제는 아니다. 이 언어 괜찮은 것 같다. 배우기도 쉽고, 상당히 생산성이 높다. 당신도 여유 시간이 있으면 주말에 한번 배워보지 그래?"

프로그래밍 언어 한 가지 배우기도 힘들어했던 나 자신을 생각하면 부끄러웠다. 지금도 우리나라에서는 소프트웨어에 대해 프로그래밍 언어를 배우는 것이 전부라고 생각하는 사람들이 있다. 사고와 논리를 어떻게 구성하느냐가 소프트웨어의 본질인데, 아직도 언어 습득 수준에 머물러 있다고나 할까?

어쨌든 쉰 살을 바라보는 나이에도 즐겁게 소프트웨어를 만드는 모습을 보니 부러웠다. 그에게 나이는 문제가 되지 않았다. 그는 10대 시절부터 60이 넘은 나이에도 소프트웨어를 만드는 기쁨을 마음껏 누리며 살고 있다. 소프트웨어에 빠져들어 있을 때 마치 어린 아이처럼 즐거워하던 그의 모습이 지금도 눈에 선하다. 그는 생각하는 즐거움, 자신의 생각을 소프트웨어로 구현하는 기쁨에 피곤한 줄도 몰랐다. 소프트웨어는 우리의 생각을 표현하고, 꿈을 그려내고, 잠재력을 끄집어내서 새로운 문화를 창출하는 디지털 시대의 언어다. 앞으로도 소프트웨어는 우리의 삶을 창의적으로 담아내는 방향으로 더욱 확대될 것이다.

비즈니스의 중심, 소프트웨어 플랫폼

태블릿 시대의 지평을 연 아이패드는 출시 전까지만 해도 평가가 좋지만은 않았다. 하지만 이런 걱정을 불식시키려는 듯 아이패드는 출시 직후 대성공을 거두었다. 보통 새로운 기기가 나오면 그 기기로 할 수 있는 일이 한정되어 있기 마련이다. 그런데 아이패드는 출시될 때 이미 문제가 해결된 상태였다. 아이폰에서 돌아가는 수많은 소프트웨어와 콘텐츠가 그대로 돌아갔기 때문이다. 동일한 운영체제를 사용하는 애플 제품은 호환성이 보장된다. 오히려 아이폰이 작아서 답답했던 사용자에게 큰 화면은 축복이었다. 책이나 잡지처럼 볼 수 있기 때문이다. 그러자 아이패드에 최적화된 소프트웨어와 콘텐츠가 쏟아져나오기 시작했다. 제품에 열광하는 것을 보고 소프트웨어를 개발하는 사람들은 어떤 생각을 했을까? '일단 소프트웨어를 아이패드에서 돌아가게 해야 하겠구나'라며 준비하지 않았을까? 소프트웨어를 개발하는 기업은 자신들의 소프트웨어를 어느 하드웨어에서 구동시킬지 선택해야 한다. 당연히 더 많은 고객이 사용하는 제품을 선호할 수밖에 없다. 요컨대 아이패드의 성공 배경에는 풍부한 소프트웨어와 콘텐츠가 있었던 셈이다.

1980년대 워크스테이션이라는 새로운 컴퓨터 분야를 만들어낸 선구자는 스탠포드 졸업생들이 창업한 썬 마이크로시스템즈(Sun Microsystems, 이하 썬마이크로)다. 당시 썬마이크로는 아폴로(Apollo)라는 경쟁사를 인수한 휴렛패커드(HP) 사와 힘겨운 경쟁을 벌이고 있었다. CPU부터 소프트웨어에 이르기까지 탄탄한 기술력을 가진 HP의 반격은 만만치 않았다. 그럼에도 썬마이크로가 선두를 유지한 비결은 무엇일까?

나는 미국 유학 시절 썬마이크로 제품을 연구실에서 처음 만났다. 커다란 화면에 그래픽과 네트워킹이 잘 구동되어 협력 연구를 하는 데 큰 도움이 되었다. 교수와 학생들로부터 호평을 받다 보니, 그 이후로도 컴퓨터 구매는 썬마이크로가 주를 이루었다. 유학 시절 썬마이크로 이외의 다른 워크스테이션 제품을 특별히 본 기억이 없다.

모두 이 제품을 사용하니 대부분의 연구개발 결과가 썬마이크로에서 돌아가게 된 것은 당연하다. 소프트웨어를 개발하는 젊은 학생들은 커뮤니티를 형성해서 노하우와 소스 코드까지도 공유했다. 썬마이크로 제품은 사실상 대학의 표준이었다. 그 여파는 대학 캠퍼스 안에서만 그치지 않았다. 대학을 졸업하고 사회로 진출해서 컴퓨터를 결정할 때 어떤 제품을 선정하겠는가? 학창 시절 익숙했던 제품을 고르는 것은 당연하다. 커뮤니티를 통해 노하우도 활용할 수 있다. 미국은 산학 협력이 활발하다. 학교에서 추천하는 제품이니 기업에서도 마다할 리가 없다.

대학 사회에서 널리 사용된 것은 썬마이크로의 큰 자산이었다. 그 배경에는 폭넓은 소프트웨어 개발자 커뮤니티가 있다. 썬마이크로는 하드웨어의 경쟁력 이전에 소프트웨어 개발자와 친해지려고 노력했다. 소프트웨어라는 공통분모를 통해 그들의 응원을 이끌어낸 점은 썬마이크로의 성공 비결이었다. 사용자와 개발자는 공통된 관심사를 가지고 썬마이크로를 중심으로 플랫폼을 형성했다. 소프트웨어를 중심으로 한 커뮤니티는 하드웨어를 판매하는 썬마이크로의 힘이었다.

오늘날 애플, 구글, 아마존과 같은 기업들의 힘의 원천은 플랫폼이다. 성격은 조금씩 다르다. 모바일 기기와 콘텐츠, 서비스를 묶는 애플의 플랫폼, 검색을 중심으로 한 구글의 플랫폼, 전자상거래와 클라우드를 중심으로 한 아마존의 플랫폼. 어쨌든 사업적 관계가 있는 주체들이 형성한 플랫폼을 중심으로 소프트웨어와 콘텐츠가 거래되고, 정보가 공유되고, 사업의 시너지를 낸다. 플랫폼이 사업의 중요한 전략이 되면서 그 중심에 소프트웨어가 자리 잡았다.

하드웨어 산업은 공급자로부터 구매자에 이르는 가치 사슬로 형성되어 있다. 그러다 보니 하드웨어를 제조하는 기업은 최종 제품에 맞추어 조직을 구성한다. TV 사업부, PC 사업부, 모바일 사업부 등. 물론 사업의 규모가 워낙 크기 때문에 별도의 사업부 체제 자체에 문제가 있는 것은 아니다. 그러나 융합의 시대에는 이 모든 기기들을 관통하는, 그리고 사용자와 서비스를 연결시켜주는 소프트웨어 플랫폼 중심으로 생각해야 한다. 예를 들어 스마트폰을 통해 사용자가 얻고자 하는 것은 스마트폰 자체만은 아니다. 스마트폰을 통한 각종 콘텐츠, 그리고 자신의 PC, TV, 라이프스타일과 어울릴 수 있는 무언가를 필요로 한다. 이 역할은 소프트웨어의 몫이다. 그래서 각종 IT 기기와 서비스, 사용자를 융합해내는 중심에 소프트웨어가 있는 것이다. 플랫폼 개념은 소프트웨어를 보는 눈이 먼저 정립되어야 바로 설 수 있다.

하드웨어는 사용자에게 공급되는 순간 일차적인 관계가 끝난다. 유지 보수를 위한 서비스를 받기는 하지만, 이는 어디까지나 불량품이나 수명이 다한 부품에 대한 교체 정도다. 그러나 소프트웨어는 다르다. 소프트웨어는 공급하는 순간부터 관계가 시작된다. 사용자가 원한다면 그 관계는 오랜 기간 지속된다. 결함이 있으면 고쳐주고, 향상된 기능이 있으면 업그레이드해준다. 다른 소프트웨어나 콘텐츠가 연관되어 있을 경우 관계의 폭은 더커진다. PC나 스마트폰은 몇 년에 한 번씩 바뀌어도 그 속에서 돌아가는 소프트웨어, 그로 인해 생성된 데이터와 콘텐츠는 계속 사용하지 않는가? 하드웨어 개발자는 제품이 완성되면 다음 제품 개발로 넘어가지만, 소프트웨어 개발자는 공급되는 순간부터 이 제품에 대한 책임이 시작된다. 소프트웨어는 사용자와의 약속이다. 이와 같은 지속적인 관계는 플랫폼을 통해 이루어진다. 그리고 이 플랫폼이 오늘날 비즈니스의 중심이 되어가고 있다.

소프트웨어는
미래다

소프트웨어는 더 이상 조연이 아니다

2000년도 가트너(Gartner) 컨퍼런스에서 썬마이크로의 창업자인 스콧 맥닐리(Scott McNealy) 회장이 "소프트웨어는 기능이지 산업이 아니다."(Software is a feature, not an industry)라는 말을 해서 크게 화제가 되었다. 평소 맥닐리 회장을 존경했던 나는 현장에서 그 말을 듣고서 깜짝 놀랐다.

'아니, 자바(JAVA)라는 혁신적인 프로그래밍 언어를 제창하고 성공적으로 사업하는 회사의 CEO가 저런 말을 하다니?' 도대체 믿어지지가 않았다. 아니나 다를까 다음 날 마이크로소프트의 스티브 발머 회장이 "내 생애에 그런 바보 같은 말을 들어본 적이 없다(the most absurd thing I've heard in my life). 비즈니스의 모든 업무는 소프트웨어다. 기업자원관리(ERP), 데이터베이스, 워드프로세서 등 모두가 소프트웨어 아닌가? 소프트웨어는 미래다(Software is the future)!"라며 큰 소리로 반박하던 광경이 아직도 눈에 선하다.

결국 썬마이크로는 소프트웨어 기업인 오라클에 인수되는 운명을 맞이했다. 참으로 아이러니다. 사실 맥닐리 회장이 이 말을 했을 때, 그럴 만한 상황이 있었다. 당시 마이크로소프트는 PC 산업에서 독점적 지위를 누리고 있었다. 반대 세력들에게 인터넷은 마이크로소프트 의존도에서 탈피할 수 있는 절호의 기회였다. 그래서 마이크로소프트가 브라우저를 끼워 팔기로 독점적 행위를 하고 있다고 비난하면서 힘을 합해 법정 싸움을 벌이고 있었던 것이다. 썬마이크로는 그 반대 세력의 선봉이었다. 바로 그런 시점이었기에 다소 감정적인 어조로 튀어나온 발언이었던 것 같다. 그럼에도 불구하고 그의 발언은 지나침이 없지 않았다.

대학 시절에 컴퓨터를 만드는 실험을 한 적이 있다. 80년대 초반이니 지금 돌이켜보면 영락없는 구석기 시대다. 여러 명이 씨름해서 마이크로프로세서, 메모리, I/O를 여러 개의 보드로 구성해봐야 겨우 마이크로컴퓨터 정도를 만들 수 있었다. 컴퓨터가 어떻게 동작하는지 몸소 체험해야 하는 게 그 프로젝트의 목표였다. 그런데 과제로 주어진 어떤 기능을 구현하려고 하자 도저히 하드웨어 구성만으로는 힘들었다. 그래서 조교에게 묻자 "그 부분은 소프트웨어로 처리해도 통과시켜주겠다"며 인정해준 적이 있다.

소프트웨어라 봤자 기계어 몇 줄로 하드웨어를 구동하는 수준에 불과했다. 그만큼 하드웨어를 만드는 사람의 눈에는 소프트웨어가 보조적 요소 정도에 불과했다. 지금과 비교하면 하드웨어의 함량 미달로 소프트웨어를 제대로 돌리는 것조차 역부족이었다. 게다가 CPU, 메모리와 같은 부품 가격도 부담스러운 수준이었다. 일단 푼돈을 모아 제대로 된 컴퓨터 한 세트만이라도 만드는 게 꿈인 시절이었으니, 당연히 하드웨어가 주연이고 소프트웨어는 조연이 될 수밖에 없었다. 하지만 PC가 보급되면서 상황은 달라졌다. 어느 정도 소프트웨어를 돌릴 만한 하드웨어가 나오게 된 것이다. 단순 게임이나 기본 프로그램에 불과해도 무언가 가지고 놀 만한 컴퓨터가 있다는 것 자체가 큰 발전이었다.

PC는 90년대 들어 폭발적으로 확산되었다. '반도체 칩의 용량이 18개월마다 2배로 증가한다'는 무어의 법칙에 따라 하드웨어의 성능, 용량은 지속적으로 향상되었다. 하드 디스크와 USB와 같은 저장용 기기, 프린터나 모니터와 같은 주변 기기의 발전 속도도 뒤지지 않았다. 하드웨어가 발목을 잡던 시대는 지나가고 있었다. 게다가 가격마저 큰 폭으로 떨어졌다. 하드웨어를 구현하는 것이 비용도 많이 들고 어렵던 시절에서, 쉽고 값싸게 구현할 수 있는 시대로 발전했다. 이처럼 하드웨어의 한계로부터 벗어나자, "어떤 소프트웨어가 좋을까"로 관심의 초점이 이동하기 시작했다. 이제 하드웨어는 소프트웨어를 위한 지원자로 역할이 바뀌었다. 소프트웨어와 하드웨어의 위상이 바뀐 것이다. 하드웨어를 장만하고 나서 소프트웨어를 사용하던 시대는 종언을 고했다. 소프트웨어가 주연으로 올라선 것이다.

전산학자인 앨런 케이(Alan Kay)는 "소프트웨어에 정말로 진지한 사람들은 그들 자신의 하드웨어를 만들어야 한다"는 유명한 말을 했다. 소프트웨어가 주연이 되어서 하드웨어의 방향을 잡아주어야 한다는 얘기다. 오해는 말았으면 한다. 하드웨어는 아주 중요하다. 하드웨어가 있어야 소프트웨어도 빛을 발한다. 우리는 하드웨어 경쟁력을 놓치지 말아야 한다. 단지 이제 하드웨어의 방향을 결정하는 것이 소프트웨어라는 의미다.

실리콘밸리에 있는 어느 반도체 회사 임원에 따르면 그 회사 인력의 70%가 소프트웨어 개발자라고 한다. 예전에는 반도체 칩을 만들면 그에 따라 하드웨어 시스템, 그리고 각종 소프트웨어가 뒤를 이어 개발되었다. 그러나 최근에는 그 반도체의 성능을 보여주기 위해서 운영 체제는 물론 최종 애플리케이션까지 다 구현해주어야 비로소 그 칩을 판매할 수 있다.

이를테면 스마트폰에 들어가는 반도체 부품이라고 하면 그 부품을 통해 스마트폰에서 동영상을 네트워크로 어떻게 받을 수 있고, 성능은 얼마나 유지되는지, 전력은 어느 정도 소비하는지 실제로 구현해봐야 한다. 거의 제품 하나를 다 만들 정도로 개발해야 프로젝트가 끝나는 것이다. 다시 말해서 소프트웨어가 제대로 동작하는가를 보여주어야 하드웨어의 역할이 입증되는 셈이다. 그러니 이제는 소프트웨어가 주연 아닌가?

소프트웨어 중심의 사고

국내 대기업에서 근무할 때다. 비록 하드웨어 사업이었지만, 연구개발 부서에는 소프트웨어 개발자가 하드웨어 인력보다 더 많았다. 개발자들과 커피를 마시다가 이런 얘기를 나누곤 했다.

"메인(main) 프로그램 한번 만들어보고, 직접 설계해봤으면 한이 없겠어요."

메인 프로그램은 전체 소프트웨어의 근간이다. 건물에 비유하면 기초 공사를 하는 것과 같다. 왜 메인 프로그램을 만들 기회가 없는 것일까? 그렇다면 그들이 개발한다는 소프트웨어는 도대체 무엇인가?

하드웨어 사업의 초점은 하드웨어 그 자체다. 하드웨어 신제품을 기획한다는 것은 사양, 즉 스펙(specification)을 정하는 데서 시작한다. 어느 정도의 성능과 가격대에 맞출지, 메모리 용량은 얼마로 할지, 인터페이스는 어떻게 할지, 주변 기기는 무엇을 지원할지, 전력 소모는 어느 수준으로 할지 등등.

일단 하드웨어 사양이 정의되고 나면 소프트웨어 개발자는 개발된 하드웨어를 구동할 소프트웨어, 즉 시스템 소프트웨어를 만든다. 이런 제품을 만들 때 소프트웨어 개발이라고 하면 새로 만드는 게 아니고, 하드웨어에 맞게 최적화해서 올리는 것이다. 그런 행위를 포팅(porting)이라고 부른다. 이런 경우 소프트웨어 개발은 이미 존재하는 프로그램을 하드웨어에 맞게 올리는 것이기에 굳이 메인 프로그램을 만들 이유가 없다.

물론 새로운 하드웨어를 만든다는 것은 힘든 일이다. 하드웨어가 제대로 동작하지 않으면 얼마나 난감한가? 게다가 그 속에 들어가는 부품의 수급도 많은 노하우가 필요하다. 갑자기 특정 부품이 단종되어버리거나 공급 업체가 도산하기도 한다. 수많은 부품의 조합으로 천신만고 끝에 하드웨어 하나가 만들어진다. 그렇지만 사용자가 궁극적으로 원하는 것이 이 하드웨어일까?

성능과 기능 위주로 동작하는 제품의 경우에는 제품 규격이 구매를 선정하는 요인이다. TV를 살 때 화질과 가격을 보고 선정하지 않는가? 자동차를 살 때 디자인과 가격대, 색상, 엔진 파워, 연비가 구매 기준 아닌가? 휴대폰을 살 때 얼마나 작고 가벼운지, 디자인은 마음에 드는지, 가격은 저렴한지가 중요하지 않은가?

그러나 융합된 제품이 늘어나면서 관점이 바뀐다. 게임기를 사는 이유는 내가 원하는 게임을 즐기기 위해서다. 전화 통화나 문자 메시지만 사용하는데 굳이 스마트폰으로 바꿀 필요는 없다. 디지털 카메라는 단순히 사진을 찍고 저장하는 용도에서 친구들에게 빠르게 전송하고, 인터넷에 올리는 커뮤니케이션 도구로 바뀌었다. 이 모든 것이 소프트웨어에 따라 좌우된다.

게다가 IT 제품은 표준화·컨슈머화되고 있다. 이는 하드웨어의 기능이 엇비슷해지고 있음을 말해준다. 그렇다면, 우리의 선택은 총체적으로 얼마만큼 편리함과 즐거움을 가져다주는가에 달려 있다. 경영적으로 말하면 융합 제품에 내재된 총체적인 가치가 중요하다. 그것은 소프트웨어와 콘텐츠의 양과 질에 의해 좌우된다. IT 세계의 주연으로서 소프트웨어 위상이 견고해질 수밖에 없다.

이렇게 주연과 조연이 바뀐 상황인데도 아직 우리 사회 일부에서는 소프트웨어가 조연, 아니 그것도 아닌 단역의 역할에 머무르고 있다. 소프트웨어를 지불하기 아까운 비용 정도로 생각하고 있는 것이다. 기업에 새로 입사하면 PC도 받고 각종 업무 매뉴얼을 받는다. 업무를 시작하기 위해서는 메일 시스템, 내부 결제 시스템에 접근하는 것이 중요한가, 아니면 PC의 스펙이 중요한가? 우리가 접하는 것은 소프트웨어다. 소프트웨어 중심으로 관점을 바꾸어야 한다.

소프트웨어는 젊은 시절에나 하는 것?

어느 소프트웨어 행사장에 IT와 관련이 없는 고위 인사들이 나타난 적이 있다. 그분들은 IT와 관련이 있는 분들도 아니고, 거의 컴맹 수준이라고 알려진 분들이었다. 그런데 그들은 젊은이들이 자신이 만든 소프트웨어를 설명하자 무슨 내용인지도 모르면서 무척 기특해하는 표정을 지었다.

"소프트웨어는 이런 젊은이들의 어깨에 달려 있어요. 우리의 미래를 짊어질 꿈나무들을 위해 지원을 아끼지 않겠습니다" 같은 격려의 메시지도

잊지 않았다. 그런데 그가 이어서 내뱉은 말에 다소 어리둥절했다. "소프트웨어 쪽은 30대만 되어도 퇴물이라지요? 우리 같은 사람은 물러나야 돼. 허허."

어디서 그런 해괴한 얘기를 들었는지 모르지만, 소프트웨어는 10대 천재들이나 하는 것이라는 편견에 사로잡힌 경우를 종종 본다. 물론 소프트웨어로 성공한 기업가들의 면면을 보면 그런 생각을 할 수 있다. 젊은 나이에 소프트웨어를 잘한다는 말이 틀린 것은 아니다. 마이크로소프트의 빌 게이츠나 폴 앨런, 페이스북의 마크 주커버그, 구글의 창업자들 모두 10~20대의 나이에 소프트웨어 개발에 열정을 바쳐서 뛰어난 기업을 일구어냈다. 젊을수록 자신의 창의력을 최대로 발휘할 수 있는 체력과 열정을 가지고 있다.

그러나 과연 젊은 천재들만으로 가능한가? 그렇다면 60이 넘도록 직접 소프트웨어 개발을 하던 연구소장은 어떻게 설명해야 하는가? 그리고 그런 천재들도 나이 들면 모두 사라져야 하는가? 이 시간에도 우리나라의 IT 시스템이 제대로 돌아가게 하기 위해서 사무실과 현장에서 소프트웨어를 개발하고 테스트하는 수많은 IT 종사자들의 모습이 그들에게는 전혀 보이지 않는 것인가?

실제로 우리 사회에는 비범한 천재만 필요한 게 아니다. 오히려 평범하면서도 기초가 탄탄한 수많은 소프트웨어 개발자가 사회 구석구석에 필요하다. 정작 아주 중요한 프로젝트의 열쇠는 농익은 경험과 기술에 대한 통찰력을 지닌 전문가에 의해서 주도되기 마련이다. 그 일자리는 젊을 때만 할 수 있는 직업이 아니다. 시간이 갈수록 경륜이 쌓이고 통찰력을 가질 수 있기도 하다. 그리고 실제로 IT 인력의 대부분은 소프트웨어 개발자다. 이미 우리나라에서 일자리의 상당수를 차지하고 있고, 앞으로도 많은 인력을 필요로 한다. '소프트웨어는 젊은 시절에 선택된 천재들이나 하는 것'이라는 일부 잘못된 편견으로 IT 산업이 왜곡되어서는 안 될 것이다.

백발의 엔지니어를 꿈꾸며

안랩에 꽤 오랜 경력을 가진 개발자가 문을 두드리는 것을 많이 보게 된다. 그 이유를 물어보면, "백발이 성성해도 엔지니어로서 일하고 싶다. 관리로 빠지고 싶지 않다. 왠지 안랩에서는 그것이 가능할 것 같아 지원하게 되었다. 그렇지 않나?"라며 오히려 역질문을 해오기도 한다. 그러면 나의 대답은 즉각적이고 명확하다. "물론입니다. 원한다면, 그리고 실력을 보여준다면 나이와 상관없습니다."

이공계를 기피하는 이유 중의 하나가 젊었을 때만 할 수 있다는 인식이다. 그런데 과연 그런가? 물론 기술이 급변하니 계속 쫓아가는 게 쉽지는 않다. 그러나 정확한 개념과 풍부한 경험을 가진 사람이 기술 변화에 당황하지 않고 오히려 즐기면서 주도해가는 모습을 많이 본다. 한때 습득한 기술에 의존해서 평생 살겠다는 것은 너무 안이한 생각 아닌가? 그만큼 끊임없는 노력이 전제되어야 한다.

더 중요한 것은 자신의 직업에 대한 확신을 갖는 것이다. 자신의 기술적 호기심을 풀어가는 자세로 즐길 줄 안다면, 소프트웨어 엔지니어도 결코 조기에 관두어야 하는 직업이 아니다.

소프트웨어를 오래 할 수 없다는 편견을 가지게 된 가장 큰 이유는 기술이 급변한다고 생각하는 것이다. 그래서 몇 년만 뒤처져도 금방 도태된다고 생각한다. 과연 그런가? 오히려 그 반대다. 미국의 어느 소프트웨어 기업에 방문한 적이 있다. 그 회사는 직원들의 평균 연령이 족히 50세는 넘는 것으로 보였다. 그 회사는 독보적인 기술을 보유하고 있었다. 80년대 미니컴퓨터 분야에서 선두를 달렸던 디지털이큅먼트(DEC) 사의 제품과 네트워킹을 하는 기술이었다. 이미 갖추고 있는 IT 시스템을 레거시(Legacy)라고 한다. 비록 활발하게 사용하고 있지는 않지만, 그 시스템을 통해 데이터나 프로세스가 연결되어 있기 때문에 쉽게 대체하거나 제거할 수가 없다. 디지털이큅먼트의 제품은 세월이 오래 지난 제품이었지만, 많은 기업에서 무시할 수 없는 레거시였던 것이다. 아무리 신제품이 나오더라도 이 제품과 연결하는 기능은 항상 요구되었다. 문제는 이 기술이 유행에 뒤떨어진 것이라서 아무도 하지 않으려는 것이었다. 이 회사는 바로 이 분야의 전문가 집단이었다. 이 기술을 필요로 하면 이 회사를 찾지 않을 수 없었고, 라이선스 가격도 부르는 게 값이었다. 한평생 소프트웨어 기술자로 살아온 그곳 임원들의 여유롭고 행복한 모습이 눈에 선하다.

세리CEO에서는 소프트웨어를 대표적인 '느린 기술'(Slow Technology)로 분류하고 있다. 하드웨어는 무어의 법칙에 따라 급속도로 바뀌고 있지만, 소프트웨어는 오랜 세월이 흘러도 크게 변함이 없다는 얘기다. 실제 제조·금융·공공 등 각 분야에서 사용되는 IT 시스템 중에서 소프트웨어 기술은 10~20년이 되도록 구조가 크게 변하지 않고 사용되는 경우가 흔하다. 우리가 즐겨 사용하는 스마트폰의 운영체제는 1980년대에 그 기원이 있다. 스마트폰 같은 경우 하드웨어 측면에선 신기술이 접목되었지만 소프트웨어는 이미 대부분 오래전부터 구현 가능한 기술이었다. 새로운 기술이 발명된 것이 아니라, 시대와 시장 상황에 맞게 패키지화됐을 뿐이다. 소프트웨어는 급변하지 않는다. 다양한 형태로 변화하면서 우리의 두뇌를 대신

하고, 하드웨어가 움직이게 하고, 프로세스를 자동화한다. 소프트웨어에 대한 애정이 깊을수록, 시간이 흐를수록, 더욱 성숙하고 스마트한 창작품을 다양하게 만들어갈 수 있다.

특히 소프트웨어는 자기 자신과의 약속이 있어야 한다. 남을 위해서, 단지 돈을 벌기 위해서, 조직에서 살아남기 위해서 하는 것이 아니다. 그래서 다른 산업처럼 지시하고 따르는 조직 문화가 맞지 않는다. 나보다 나이가 많건 적건, 각 전문가로부터 자신이 배울 것을 찾는 구조다. 그래야 자신에게 잠재된 역량을 끄집어내 창의력으로 발산할 수 있다. 조직에 대해서도 나이에 대해서도 직급이나 근태 관리에 있어서도 유연성이 중요한 이유다. 통찰력 있는 백발의 엔지니어부터 번뜩이는 아이디어로 순발력 있게 움직이는 젊은 엔지니어까지 모두가 어울릴 수 있는 문화와 커뮤니티야말로 진정한 소프트웨어 발전에 필요한 요소다.

창의적인 노동을
대하는 자세

투입된 시간이 결과를 보장하지 않는다

미국의 한 과학 고등학교에서 있었던 일이다. 이 학교 교과목에는 소프트웨어 실습이 있다. 소프트웨어 개발 프로젝트를 주고, 학기말이 되면 그 결과물로 최종 점수가 정해지는 것이다. 러시아에서 이민을 온 어떤 학생이 있었다. 그런데 그는 웬일인지 수업 시간을 몹시 따분해했다. 학기말 프로젝트는 몇 주 전부터 미리 준비해야 하는데, 이 학생은 시작할 생각조차 안 하고 있었다.

평소 그 학생이 학교 수업보다 컴퓨터에 빠져 사는 것을 본 선생님이나 친구들은 의아했다. 이유를 다그쳐 물어도 그는 별 반응을 보이지 않았다. 그러다 학기말 1주일을 앞두고 숙제를 시작했는데 프로그램을 순식간에 해치우는 게 아닌가? 게다가 선생님이 준비한 모범 답안보다 훨씬 성능이 좋고 간명하게 구성된 결과물이어서 모두가 혀를 내둘렀다. 이 학생은 머릿

속으로 가장 효과적인 알고리즘을 창의적으로 만들어낸 것이다. 바로 이것이 소프트웨어 개발 현장에서 빈번히 벌어지는 현상이다. 투입된 시간의 양과 결과물은 상관관계가 적다.

만일 이 러시아 학생의 프로젝트를 한국에서 소프트웨어 개발 단가로 산정한다면 어떨까? 한국에서 단가 산정은 투입된 인력과 시간에 비례한다. 한 달 기준으로 계산하는 MM(Man/Month)이 소프트웨어 비용을 가늠하는 단위다. 만일 이 학생의 비용을 한국 기준으로 친다면, 다른 학생들의 비용에 비해 몇 분의 일 정도밖에 인정받지 못한다. 짧은 시간에 뛰어난 결과를 창출했는데, 기존의 노동 방식으로는 제대로 보상하지 못한다니 이얼마나 불합리한가?

오래전에 우리가 만든 소프트웨어가 심사를 받은 적이 있다. 심사관으로 내방한 어느 대학 컴퓨터공학 교수가 "코드가 몇 줄입니까?"라고 태연하게 물었다. 소프트웨어 전문가라는 사람이 코드 수를 평가에 반영하는 것을 보고 기가 찼다. 오히려 코드 수가 많은 것보다 알고리즘으로 최적화하는 게 더 좋은 소프트웨어다. 컴퓨터 전공 교수가 소프트웨어 개발이 노동집약적 업무라는 인식을 가지고 있다는 게 충격이었다.

양이 아닌 질로 승부하는 세계

그런데 아직도 우리 사회에서 대부분의 소프트웨어 개발 프로젝트는 이런 식으로 단가를 산정한다. 공공 기관, 대기업을 막론하고 소프트웨어 단가는 모두 예전에 만들어놓은 정부 기준 단가에 따라 비용을 산정한다. 이런 구조를 개선해야 한다고 주장하면 '뚜렷한 대안이 없다'는 대답이 돌아온다.

회사에서도 새로운 프로젝트를 기획하면 대략 어느 정도 기간이 걸릴지 MM으로 산정해서 가져온다. 그럴 때마다 내가 반드시 묻는 질문이 있다.

"누가 할 건데요?"

누가 하느냐에 따라 MM은 큰 차이가 나기 때문이다. MM은 소프트웨어 개발을 평준화해서 노동의 양으로만 산정하는 산업화 시대의 방식이다. 적어도 소프트웨어는 누가 어떤 단계에서 수행하느냐가 중요한 변수로 작용한다. 대략적인 비용 규모를 예상하는 데 도움은 되지만, 실질적인 원가 산정에는 개인의 실력 정도에 따라 큰 편차가 있다.

일단 설계 단계에서 큰 차이가 난다. 제대로만 설계하면 전체 작업 시간을 몇 분의 일로 줄일 수 있다. 또한 5~10% 정도 남긴 마무리 시점도 중요하다. 이때 최종 안정화가 좌우되는데, 수십 명의 사람보다 1~2명의 전문가가 전체 소프트웨어를 꿰뚫고 있어야 한다. 소프트웨어를 만들어보지 않은 기업의 소프트웨어 품질에 문제가 있는 것은 이러한 노하우의 차이다. 이러한 소프트웨어의 특성을 이해하지 못한다면 소프트웨어 산업을 노동의 양으로 평가하는 우를 범하게 된다.

소프트웨어는 육체적 노동이 아니라 창의적이고 지적인 노동이다. 시간에 쫓기며 밤새워 일을 할 수는 있다. 그러나 그 일이 일방적으로 주어진 명령을 투입한 시간에 비례해서 평가받는다면 육체적 노동과 다를 바가 없다. 이런 근본적 인식이 바뀌지 않으면 소프트웨어 산업의 미래는 없다. IT에 대한 기술적 기반과 지속적으로 공급되는 전문 인력, 소프트웨어 중심의 사고, 국민적 공감대가 없다면 미래 사회는 쳐다만 봐야 하는 별이 될수 있다.

탄탄한 기초는 업무 능력과 직결된다

미국에서 박사과정을 밟고 있을 때 학부의 프로그래밍 강의에 들어가본 적이 있다. 당시만 해도 우리나라의 컴퓨터 환경은 아주 열악했고, PC가 막 사용되기 시작하던 초창기 시절이었다. 프로그램을 마음껏 돌릴 환경 자체가 부족했다. 그러다 보니 프로그래밍 기초가 부실하기도 했거니와, 우리나라 교육과 어떻게 다른지 궁금하기도 했다.

일단 교수가 아닌 대학에서 시스템 관리를 부업으로 하는 대학원생이 강사를 한다는 점이 인상적이었다. 첫 수업 시간, 강사가 강단에 서자마자 여기저기서 수많은 질문이 쏟아졌다. 어리둥절하던 차에 알게 된 것은 이미 첫 숙제가 이메일로 학생들에게 전달되었고, 쏟아진 질문은 숙제를 하기 위해, 소프트웨어 설계를 위해 필요한 내용이었다. 체계적으로 노트 필기를 할 수 있게 차분히 정리해주는 것은 기대조차 하기 어려웠다.

그 과목은 졸업을 위해 필수로 이수해야 했는데, 시험 대신 7개의 프로젝트를 제출해야 했다. 학기말이 다가올수록 프로젝트는 어려워졌고, 마지막 과제는 여러 명이 팀을 이루어 직접 시연해야 함은 물론 방대한 상세 설계서도 제출해야 했다. 그래서 매 학기말만 되면 과제를 끝내기 위해 밤새 전산실이 북적거리는 과목으로도 유명했다. 무엇보다 가장 인상적인 풍경은 학생들이 강사와 적극적으로 토론을 벌이는 모습이었다. 설계부터 기술문서, 품질 보증 단계까지 한 개의 전반적 프로젝트를 체험하는 교육이었다.

IT 종사자들에게 프로그래밍은 군인으로 치면 사격과도 같다. 그만큼 IT의 기초이기 때문에 필수 과목인 것이고, 실전에 가까운 무자비한 '훈련'이 이루어지는 것이다. 이런 까닭에 졸업생들이 회사에 가서도 바로 업무에 투입될 수 있다. 이처럼 소프트웨어는 끊임없는 훈련을 기반으로 탄탄한 기초가 마련되어 있어야 한다. 나는 항상 대학에 부탁하는 게 하나 있다. 제발 학생들이 리눅스(Linux)를 철저하게 터득하고 나오라는 것이다. 리눅스는 소프트웨어에서도 기초 중의 기초다. IT 대중화는 리눅스의 역사라고 해도 과언이 아니다. 또한 오픈 소스라서 누구든지 접근할 수 있고, 전 세계의 소프트웨어 개발자 커뮤니티와 교류할 수 있다.

사실상 대기업이나 중소기업에서 애타게 찾고 있는 인력은 리눅스를 풍부하게 경험한 사람이다. 클라우드, 빅데이터, 보안 시스템과 같은 대형 소프트웨어는 물론 스마트폰, TV, 일반 기기에 들어가는 소프트웨어도 모두 리눅스에 기초를 두고 있다. 리눅스를 직접 사용하지 않더라도 최소한 리눅스의 동작 원리를 충분히 알고 있다면 다른 시스템에 적응하는 것도 어렵지 않다. 하지만 컴퓨터공학을 전공하고 졸업했으면서도 리눅스의 소스 코드 한번 제대로 보지 못한 졸업생이 부지기수다. 그 속에 우리 사회를 움직이는 핏줄과 같은 소프트웨어의 원리가 숨어 있는데도 말이다.

일자리 창출은 경제만 살아나서 달성될 문제가 아니다. 기업이 잘된다고 해서 바로 일자리로 연결된다고 단정하기 어렵다. 기업들은 양질의 인력을 찾아 글로벌하게 선택할 수 있는 옵션이 있기 때문이다. 기업에 공헌할 수 있는 실력과 소양을 갖추도록 실용적인 교육 시스템에 투자와 관심을 아끼지 말아야 할 때다.

08

국가의 미래, 과학기술의 미래

IT를 기반으로 과학기술은 엄청나게 도약할 것이다. 30년 후의 세상은 건강·환경·경제·문화

전 분야에서 전혀 다른 모습으로 바뀌어 있을 것이다. 과학기술의 경쟁력은 미래의 삶을 결정

하는 핵심이다. 모든 기업과 국가들이 미래를 위해 R&D에 경쟁적으로 투자하고 있다. 과학

기술은 우리의 미래일 뿐만 아니라 국가의 운명을 좌우하는 핵심이다.

우리의 생존 코드,
과학과 기술

과학기술을 경시하는 사회

1532년 11월 16일. 스페인의 정복자 프란시스코 피사로(Francisco Pizarro)는 168명의 적은 군사로 수백만 백성을 대표하는 잉카의 황제 아타우알파(Atahuallpa)를 마주했다. 이 정도로 규모의 차이가 난다면, 상식적으로 황제를 알현하고 목숨을 구걸하는 상황이 되어야 마땅하다. 그러나 예상을 뒤엎고 피사로는 아타우알파를 사로잡았다. 또한 그를 인질 삼아 수많은 황금을 탈취하고, 결국에는 그를 처형하는 모욕을 안겨주었다.

제레드 다이아몬드(Jared Diamond)의 《총, 균, 쇠》에서는 이 사건을 비교적 소상하게 소개하고 있다. 그는 "아타우알파가 생포된 사건은 근대사의 가장 큰 충돌이자 결정적인 순간이었다"면서 "이 사건은 세계사를 들여다볼 수 있는 넓은 창문"이라며 상징적 의미를 부여한다. 왜냐하면 근대에 이주민과 원주민 사이에 벌어졌던 유사한 수많은 충돌 사건이 본질적으로 같다고 그는 보고 있기 때문이다.

그 요인은 바로 군사적 이점이었다. 책에 따르면, 피사로는 쇠칼을 비롯한 무기들, 갑옷, 총, 말을 가지고 있었던 반면 아타우알파의 군대는 겨우돌, 청동, 나무 곤봉, 갈고리 막대, 손도끼, 그리고 물매와 헝겊 갑옷 정도였다. 이와 같은 장비의 불균형은 결정적이었다. 결국 무기 기술에 밀려서화려했던 잉카 제국은 멸망의 길을 걷기 시작했고 궁극적으로 유럽에서 옮겨온 병원균에 의해 몰락했다. 역사적으로 전쟁을 거치면서 기술은 몇 단계씩 도약했다. 무기의 경쟁력에 의해 전쟁의 성패가 갈리기 때문에 사력을 다해 기술 개발에 매진한다. 아메리카인디언도 백인 이주자들의 총에밀렸고, 조선도 임진왜란때 일본의 조총에 밀렸다. 반면 조선 초기에 개발된 화차(火車)는 임진왜란 3대 대첩 중 하나인 행주산성 전투에서 큰 활약을 하기도 했다. 세계의 역사는 과학기술의 경쟁우위에 의해 국가의 운명이 좌우된 사건들을 보여준다. 그래서 현명한 군주는 백성의 안위를 위해신무기를 개발했고, 백성의 더 나은 삶을 위해 과학기술 증진에 많은 노력을 기울였다.

BT(Biotechnology), NT(Nanotechnology), IT(Information Technology)가미래의 성장 엔진이라고 한다. 여기에서 다양한 사업 모델과 일자리가 창출될 것이라는 데 특별한 이견은 없다. IT를 기반으로 과학기술이 크게 발전할 것도 명약관화하다. 그런데 정작 융합을 만드는 근본 요소에 대한 진지한 성찰은 부족한 듯하다. 이 세 단어에 공통적으로 들어간 알파벳은 'T'다. T, 즉 테크놀로지(Technology)는 과학기술을 의미한다. 이 3가지를담는 그릇은 다양한 사업 모델이지만, 이들의 결합을 가능하게 하고 부가가치를 창출해내는 핵심 요소는 결국 과학기술이라는 말이다.

그런데 오늘날 공교육, 사교육을 막론하고 과학기술은 소외되고 있다. 숫자 측면에서도 과학기술을 전공하겠다는 인력이 법대, 경영대, 인문계열을 전공하겠다는 인력보다 훨씬 적다. 근본적으로 과학기술에 대한 경시는 우리 사회 전반에 걸쳐 있는 병적인 현상이다.

몇 십 년 전만 해도 '기술입국'(技術立國)이라는 표어에 국가의 방향성이 담겨 있었다. 수많은 이공계 지원자가 이 메시지에 가슴 뿌듯했고 자부심과 사명감에 불탔다. 그런데 언제부턴가 이 표어는 슬그머니 사라졌다. 글로벌 비즈니스 사회에서 기술과 실력을 갖추지 못하면 제대로 대접받지 못한다. 아예 대화에 끼지도 못하는 수모를 당하기도 한다. 그런데도 우리는 시대를 역행하고 있다. '기술입국'의 자부심으로 젊음을 불살랐던 기술자들이 오늘날의 한국을 만들었지만 과학기술을 무시하는 현재의 상황이 미래를 어둡게 하고 있다.

답을 도출하는 과정이 더 중요하다

인도는 수학 강국으로 유명하다. 인도 사람은 왜 수학을 잘할까? 인도에 방문했을 때 만난 어느 대기업의 임원은 이렇게 답했다. "인도인들이 수학에 대한 소질이 특출하거나 교육 방식이 유별난 것은 아니다. 다만 그들은 학교 교육뿐만 아니라 일상생활 속에서도 습관처럼 늘 수학을 적용하고 살아간다. 수학적 사고가 일상화돼 있는 것이다."

그렇다면 도대체 어떻게 일상화되어 있다는 것인가? 궁금해서 다시 질문을 하자 친절히 설명해준다.

"아이들하고 있을 때 숫자 퀴즈를 많이 한다. 예를 들어 차를 같이 타고 있는데, 앞 차의 번호판을 보고도 아이들과 게임을 한다. 번호판의 숫자를 조합해서 어떤 숫자를 만들어내는 게임 같은 것이다. 인도인들은 이렇게 숫자를 가지고 노는 것을 좋아한다."

그는 글로벌 사업의 경험이 풍부해 나름대로 객관적으로 인도의 경쟁력을 판단하는 통찰력을 가지고 있었다. 인도가 소프트웨어 강국으로 도약하고 있는 배경에는 이러한 일상화된 수학적 사고방식이 있었다. 우리나라의 수학 교육도 강도 면에서는 남부럽지 않은 수준이다. 그러나 삶의 현장에서는 별 필요 없는, 대학 진학을 위한 관문 정도로 인식되고 있다. 대입을 위한 수학은 아주 기본적인 내용이다. 그것도 단순히 답을 산출해내는 데 초점을 두고 있다. 수학은 '답을 맞히는 것'보다 '답을 도출하는 과정'이 더 중요하다. 정답 맞히는 데 급급한 수학 교육으로는 훗날 어려운 문제를 해결할 전문가를 키우는 데 한계가 있을 수밖에 없다. 풀리지 않는 수학 문제 하나를 가지고 밤새 씨름도 해보고 다양한 극복 과정을 거쳐야 깨달음을 얻을 수 있는데 그런 중요한 과정이 빠져 있는 것이다.

우리가 사회에서 맞닥뜨려야 할 문제에는 해답이 없다. 어차피 사회인이 되면 매뉴얼이 없이 해결해야 한다. 새로운 문제에 도전할 때마다 창의력을 발휘해야 한다. 그런데 우리의 교육 시스템은 답을 맞히기 위한 문제만 푸는 데 여념이 없다.

최근 이공계 기피 현상과 함께 교육의 질적 저하도 문제로 지적되고 있다. 공대 교수들은 "요즘 학생들은 수학의 기초가 부족하다. 조금만 응용을 해도 전혀 문제를 풀지 못한다"고 하소연한다. 전자공학, 기계공학, 재료공학과 같은 공학에서 고급 수학은 전공을 이수하기 위한 기초 중의 기초다. 평소에 수학과 과학 문제를 푸는 것을 즐기고 탐구하는 지적 호기심이 바탕이 되어야 과학기술을 궤도에 올릴 수 있다. 또한 과학적인 탐구 자세와 지적 호기심 없이 고등 수학을 활용한 공학으로 발전한다는 것은 요원한 일이다. 어려움이 있어도 밤새 공부하고 연구를 할 수 있는 이유는 그 자체가 즐겁고 성취감을 이룰 수 있기 때문이다. 어려운 문제를 풀어냈을 때의 희열, 새로운 것을 발견하고 만들어내는 창의력의 발휘는 누가 알아주지 않더라도 본인만은 만족할 수 있는 내재적 기쁨이다. 문제가 나오면 조건반사적으로 풀어내는 반복 훈련이 아니라, 자신과의 싸움을 통해 문제를 풀어내는 기쁨을 경험하게 하는 것이 수학과 과학 교육의 본질이다.

오늘날 기업이나 조직의 핵심 역량은 기술이고, 기술은 수학과 과학에 기반을 둔다. 대형 검색 서비스가 많이 있었음에도 구글이 군계일학의 독보적 위상을 구축한 것 역시 수학과 알고리즘 덕택이었다. 구글의 검색엔진은 성능과 정확성 면에서 타 서비스와는 차원이 달랐다. 이제 기업들은 더 스마트하고 더욱 지능화한 기술을 개발하기 위해 우수한 수학자와 과학자를 영입하고 있다. 최근 급격하게 발전한 IT 덕택에 과거에는 상상할 수 없었던 연구에 박차를 가하고 있다. 수학과 과학은 논리적이고 합리적인 사고와 R&D의 토대가 될 뿐 아니라, 업무의 생산성과 투명성을 측정하는 잣대가 된다. 즉, 기업의 능력을 가늠하는 척도라 할 수 있다. 뿌리 깊은 나무는 바람에 흔들리지 않고, 샘이 깊은 물은 가뭄에도 끊이지 않는다. 튼실한 뿌리가 있어야 든든한 줄기와 알찬 열매를 기대할 수 있다.

본질에 충실할 때
미래는 가까이 온다

엔지니어가 기쁨을 느낄 때

실리콘밸리에서 대박을 거머쥔 벤처기업을 들먹이지 않더라도, 선진국의 경우 IT 전문가로서 인정을 받으면 젊은 나이에도 남부럽지 않은 연봉을 받는다. 또한 지금 이 순간에도 소프트웨어 강국 인도에서는 수많은 컴퓨터공학 졸업자가 대학 문을 나서고 있고, 중국에서는 많은 인력이 기술직을 선택하고 있다. 이 사회가 기술을 필요로 하고, 성공의 옵션이 많기 때문이다. 그러나 엔지니어에게는 통속적인 성공의 개념, 이를테면 돈을 많이 벌거나 명예를 얻는다는 성취와는 차원이 다른 특별한 보상이 있다. 바로 '자신이 만든 제품이나 기술을 다른 사람이 사용하는 것을 보았을 때'의 기쁨이다. 이것은 동서고금을 막론하고 다른 어떤 직업도 만족시켜주지 못하는 엔지니어만의 특권이요 보람이다. 엔지니어로서 이런 기쁨을 느끼지 못했다면 불행한 일이다.

나는 네트워크 보안 사업이 안랩에 인수되면서 같이 몸담았던 직원들과 함께 합류했다. 그 후 나는 조직에 관여하지는 않고 회사 전반적인 자문을 맡게 되었다. 한 3개월쯤 지나서 연구소를 지나가다가 어떤 개발자에게 "재미있어?" 하고 물어본 적이 있다. 그러자 단박에 하는 얘기가 "별로"라는 답변이었다. 원인은 간단했다. 어느 회사나 초창기에는 R&D, 기술지원, 영업이 분야 구분 없이 끈끈한 정으로 뭉쳐 목적 달성을 위해 전념한다. 그러나 회사가 성장하고 조직이 커지면서 연구소와 사업부가 분리되는 과정을 거친다. 그러면서 엔지니어가 고객이 제품을 사용하는 모습을 보는 기회도 적어지게 된다. 여기에 경험이 많은 임원들이 영입되면서 조직의 논리가 더해진다. 물론 체계적·효율적 관리 측면에서는 장점이 분명히 있다. 반면 재미와 보람은 반감되게 마련이다. 이 과정을 얼마나 슬기롭게 극복하느냐, 양쪽 장점을 어떻게 살리느냐가 벤처기업의 성장통이다.

내가 운영하던 조직도 인수 이후 조직의 틀에서 운영됐던 것이다. 그러니 R&D와 영업이 밀착되어 움직이던 조직에 익숙해져 있던 엔지니어들은 흥미를 잃을 수밖에 없었다. 특히 나는 R&D가 고객의 현장을 잘 알아야 한다는 철학을 지니고 있었기에 직원들도 그런 방식에 따랐다. 그 후 안랩의 CEO가 되면서 일부 사업을 사업부 체제로 바꾸었다. 밖에서 보기에는 그냥 그러려니 하고 받아들일지 모르지만, 회사로서는 커다란 변화였다. 게다가 몇 년간 만들어온 프로세스와 문화가 있었기에 직원들의 공감대와 참여가 반드시 필요했다. 내가 그렇게 한 원인은 단 하나, '고객과 멀어진 것'을 우리 회사가 고쳐야 할 최우선 과제라고 판단했기 때문이다.

여기에 더해 나는 R&D 기술자들이 고객과 파트너를 직접 만나도록 했다. 간부급 이상은 영업 대표가 언제든지 데리고 나가도록 했다. 의외로 직원들이 큰 불만 없이 응해주었고, 오히려 고객을 만나고 돌아왔을 때 더욱 생기 넘치는 것을 느낄 수 있었다. 물론 체력적으로나 시간적으로는 힘들지만, '엔지니어가 자신의 제품을 사용하는 고객을 보고 보람을 느낀다'는 평범한 명제를 다시 한 번 되새기는 계기가 되지 않았을까?

R&D는 비용이 아닌 자산이다

스티브 잡스의 프레젠테이션은 정평이 나 있다. 그 기법을 잘 분석해서 기술해놓은 책도 다수 나와 있다. 그런데 그런 테크닉이나 표현이 과연 스피치만의 강점일까? 그의 프레젠테이션의 힘은 어디에서 올까? 나는 그 파워가 '이것은 내 제품'이라는 강한 자신감에서 온다고 생각한다. '내 것'이기 때문에 훨씬 당당한 것이다. '내 것'이기 때문에 만들어낸 과정이 자랑스럽고, 멋진 스토리로 만들 수가 있다. 나만이 만들 수 있다는 자신감, 내 아이디어라는 자존감이 있기에 그의 프레젠테이션은 강한 메시지로 와 닿는 것이다.

나는 R&D의 힘을 믿는다. 남의 기술, 남의 제품을 가져다 파는 것과 나의 기술을 파는 것은 차원이 다르다. 자기 기술을 가진 기업은 사업의 주도권을 쥐게 된다. 자기 기술이 없다면 사업 협력 자체를 할 수 없다. 또한 기술이 없다면 문제를 해결할 능력도 없고, 아예 대화에 끼어들 수도 없다. 물론 그 기술은 경쟁력 있는 기술을 의미한다. 그 힘이 바로 R&D로부터 나온다. 벤처 기업의 본질은 자기 기술로 승부하는 것이다. 내 것이기 때문에 내가 원하는 값에 팔 수 있고 다양한 사업 모델을 실험해볼 수도 있다. 그런 자신감은 차원이 다른 사업의 열정을 이끌어낸다.

　　　　　　　　　　　　　　III 무엇으로 세상을 채울 것인가?

산업화 시대에는 제조업과 인프라가 필요했다. 우리나라의 대기업들은 이런 기반에서 성장했다. 땀과 노동력의 대가 대신 상대방의 기술 이전을 통해 새로운 사업을 벌였다. 그래서 노동과 자본, 기술을 적절히 결합하는 합작회사 형태가 많이 눈에 띄었다. 그러나 이제는 시대가 바뀌었다. 기술은 생산을 도와주는 기능에 머무는 것이 아니라 사업의 핵심에 해당하기 때문이다. 기술은 무기이자 거래의 수단이 되었다. 기술이 없으면 아예 사업의 상대로 인정하지도 않는다. 돈이 있다고 기술을 살 수 있을까? 구글이나 애플은 웬만한 기업보다 돈이 많다. 그들이 만나주기나 하겠는가? 그러나 만일 좋은 아이디어나 기술이 있다면, 몇 명의 작은 회사라도 구글이나 애플이 먼저 문을 두드릴 것이다.

사업을 처음 시작했을 때 한 연세 드신 교수님이 이런 조언을 한 적이 있다. "한국에서 사업하려면 실력보다 인간관계가 중요해요. 기술적인 얘기를 너무 하면 사람들이 따분해해요. 사업 잘하는 사람들 보면, 술 잘하고, 골프 잘 치고, 열심히 얼굴 비치는 걸 잘하더군요." 그의 말은 틀렸다. 과거에는 맞았을지 모르지만, 적어도 현재와 미래의 시대는 다르다. 실리콘밸리에서는 기술을 모르면 CEO가 될 수 없다. 전공과 관계없이 자기 회사의 기술을 설명할 수 있어야 한다. 심지어는 재무 출신 CEO도 기술에 관해 혜안이 뛰어난 것을 보고 놀란 적이 있다. 이공계 출신인 나와의 대화에서 결코 밀리지 않았다. 실제 사업에서 교류되는 것은 실력, 즉 기술과 아이디어이기 때문이다.

강해지고자 하는 것은 모든 이들의 바람이다. 과학기술이야말로 국가와 기업을 강하게 만든다는 것은 역사가 가르쳐주는 교훈이다. 과거로부터 오늘에 이르기까지 국가의 운명을 좌우한 것은 과학기술의 차이였다. 오늘날

IT와 과학기술이 경쟁력을 갖추어야 부가 창출되고, 이를 바탕으로 경제가 돌아간다는 것 또한 자명하다. 우리의 성장 엔진은 추상적 구호나 정책에서 나오는 것이 아니라 진정한 과학기술력에서 나온다. 과학기술을 모르는 사람들이 이래라저래라 해서는 탁상공론에서 벗어날 수가 없다. R&D는 비용이 아니고 투자이고 자산이라는 평범한 진리를 되새겨볼 시점이다.

올리버 스톤 감독의 영화 '월스트리트'(Wall Street)에서 주인공 고든 게코는 피도 눈물도 없는 기업 사냥꾼이다. 그는 "탐욕이 옳다(Greed is right). 탐욕만이 이 세상의 시스템이 제대로 돌아가게 하고, 결국 현재 제대로 작동하지 않고 있는 미국이라는 주식회사를 살릴 수 있다"며 탐욕론을 주장한다. 이 영화가 나온 후 이런 부류의 인간들을 '게코'(Gekko)라는 신조어로 명명할 정도가 되었다.

게코는 뉴욕 증권가에서 성공하겠다는 야망으로 가득 찬 버드 폭스에게 내부 거래와 불법적 행위로 돈을 버는 방법을 가르쳐준다. 게코는 "이것은 제로섬 게임이다. 누가 얻으면 누구는 잃게 된다. 돈은 만들어지는 것이 아니고 이쪽에서 저쪽으로 옮겨갈(transfer) 뿐"이라는 궤변으로 남의 돈을 자기 것으로 만드는 책략에만 열중한다. 반면 이제 거의 퇴물이 되어 가는 주인공 버드의 증권회사 선배는 버드가 일확천금을 좇는 것에 못마땅해하면서 기업의 기본(fundamental)을 강조한다. "돈을 통해 연구개발을 할 수 있고, 그것이 새로운 부를 만들어낸다. 우리는 그들을 돕는 역할을 해야 한다." 같은 증권업계에 종사하고 있다 해도 돈에 대한 가치관이 얼마나 다를 수 있는가를 극명하게 보여준 것이다.

대한민국이 세계에서 주목받는 국가로 성장한 데는 각 분야 기술자들과 산업 인력들의 노력이 절대적인 역할을 했다. 그런데 정작 단물은 엉뚱한 이들이 차지한 경향이 있다. 불로소득과 돈놀이로 부를 얻은 이들이 우리 나라의 발전을 위해서는 얼마나 도움이 되었는지 따져볼 필요도 있다. 국가 경제가 성장하기까지 과학기술 발전을 위해 밤을 지새우거나 산업 현장에서 구슬땀을 흘린 많은 이들이 있었음을 부인할 사람은 없을 것이다. 그런데 이들이 상실감에 젖어 있다면 무언가 공평성이 깨진 것이다. 사회의 발전과 성장에 기여한 만큼 수고를 인정받아야 공정하고 건전한 사회다.

보통의 기업가 정신에서 얻는 행복

빌 게이츠와 함께 마이크로소프트를 창업했던 폴 앨런은 자신이 체험한 보람에 대해 다음과 같이 얘기했다. "어떤 사람들은 다른 사람에게 인정을 받고자, 어떤 사람들은 돈을 벌기 위해서, 혹은 원대한 사회적 목표를 위해서 동기 부여가 된다. 그렇지만 나는 다른 곳에서 출발했다. 나는 아이디어를 좋아하고, 그것이 실현되어 동작하고, 그것이 뭔가를 이끌어가는 모습을 보는 게 보람 있었다."

그는 기업가 정신(entrepreneurship)을 이처럼 한마디로 풀어서 설명한 것이다. 기업가는 어떤 아이디어나 기술을 현장으로 끄집어내서 실현하는 일을 하는 사람이다. 기업가는 단순히 돈을 버는 이상의 역할을 한다. 기업가에 의해 만들어진 가치가 결국 돈으로 실체화된다. 무형의 아이디어를 실체화시키는 창의적 기업가 정신이야말로 우리가 이 시대에 지녀야 할 소중한 자세다. 기업가들에 의해 기술자의 순수한 열정이 더 큰 가치를 만들어낼 수 있다.

오직 부만을 추구해서 성공한 엔지니어는 거의 없다. 자기가 좋아하는 일에 몰입하다가, 고객이 자기가 만든 것을 인정하고 사용하는 것을 보는 보람에 심취하다 보면 자연스레 보상이 따르게 되는 것이다. 애플을 만든 스티브 잡스, 구글을 만든 래리 페이지와 세르게이 브린, HP를 만든 빌 휴렛(Bill Hewlett)과 데이브 패커드(David Packard). 모두가 이 간단한 원리에 충실했던 사람들이다. 기계와 씨름하면서 행복을 느낀 사람들이다.

스티브 잡스의 전기를 집필한 월터 아이작슨은 스티브 잡스에 대해 과다한 소비 욕구도, 빌 게이츠 같은 박애주의적 충동도, 〈포브스〉 부자 리스트에서 순위 경쟁을 벌이려는 욕심도 없었다고 적고 있다. 그는 단지 두 가지 유산을 남기고 싶어 했는데, 하나가 혁신과 변혁을 선도하는 위대한 제품을 만드는 것이고 또 다른 하나는 영구히 지속될 수 있는 회사를 구축하는 것이었다. 아마도 모든 CEO의 꿈이라고 할 수 있을 것이다. 한마디로 그는 보통의 기업가 정신 그 자체에 충실했던 것이다.

우리는 항상 이런 본질에 충실해야 한다. 기술자의 정체성과 참뜻을 모르면 그 사회는 미래가 없다. 기술자를 소모품처럼 이용하려는 유혹에 빠져서도 안 된다. 그들의 작은 아이디어를 끄집어내서 시장에 진출시키기 위해서는, 필요한 자원을 적기에 공급하고 동기를 부여해야 한다. 기술자로서의 삶은 결코 편한 길이 아니고, 사회적으로 명성을 얻는 자리도 아니다. 그러나 자신이 만든 창조물을 누군가가 사용한다는 기쁨이 있기에 결코 고달프지 않다. 그 기쁨을 보람으로, 현실로 만들어주는 것이 기업가의 사명이다. 우리나라를 가난에서 탈출시킨 것도, 꿈과 희망을 가지고 진취적으로 도전하는 대한민국을 만들어가는 주춧돌도 기업가 정신이다.

조직을 떠받치는
숨은 능력자

누구의 존재 가치가 더 큰가?

1980년대 중반 미국 유학 시절, 컴퓨터 작업으로 거의 밤을 새우고 이른 새벽쯤 학생 라운지에 들어섰는데, 중년의 건장한 남자가 혼자 콜라를 마시며 쉬고 있었다. 당시에는 흔치 않았던 무선 호출기를 차고 있었다. 학생은 아닌 것 같았고, 교수도 아닌 것 같았다. 누구일까? 답을 찾는 데는 오래 걸리지 않았다. 그 대학이 자랑하던 전산시스템을 총괄 관리하는 책임자였다. 컴퓨터를 네트워크로 연결해서 최적의 환경을 제공하는 그의 역량이 워낙 뛰어나서 학교는 물론 컴퓨터 업계에서도 유명한 인물이었다.

그의 명성을 말해주는 일화가 있다. 당시 미니컴퓨터 업계의 선두였던 디지털이큅먼트는 출시 직전의 제품을 그 대학에 기부했다. 그러면 그는 뛰어난 성능과 넉넉한 저장 공간을 가진 새 컴퓨터를 학생과 교수들에게 무료로 제공했다. 학생들은 과제나 기타 용도로 컴퓨터를 자유롭게 이용할 수 있었다. 많은 학생들이 다양한 형태로 컴퓨터를 돌리는 과정에서 기술적 결함, 소위 버그(bug)를 만나는 경우가 많았다. 그런 발견 덕분에 수정을 거듭할 수 있었고 한 학기가 지나면 제품은 훌륭한 완성품으로 탈바꿈했다. 이는 제작사가 컴퓨터를 무료로 제공한 목적이기도 했다. 학생들을 상대로 베타 테스트를 한 것이다.

당시만 해도 고성능 컴퓨터는 귀했다. 개인적으로 구입한다는 것은 거의 불가능했다. 이런 상황에서 무료 제공된 컴퓨터는 연구와 교육을 위한 풍요로운 환경을 제공했다. 그가 구축한 우수한 환경 덕분에 컴퓨터를 주제로 자유로운 토론과 학습의 문화가 형성됐고, 그러한 커뮤니티를 중심으로 소프트웨어 프로그래밍을 실전처럼 훈련할 수 있는 교육 환경이 마련됐다. 이는 강의실에서 이루어지는 이론 교육과는 또 다른 형태의 커다란 교육의 축이 됐다. 제작사와 대학의 이 같은 '윈윈' 전략의 중심에 그의 관리 능력과 뛰어난 실력이 있었다.

그로부터 약 20년이 지나 이 대학을 다시 방문할 기회가 있었다. 장비는 바뀌었지만 당시의 실용적 교육 프로그램의 정신은 여전히 진화하고 있었다. 그는 박사들로 가득 찬 대학에서 여전히 교수와 학생들이 의지하는 인물로 굳게 서 있었다. 학생들 사이에 "교수는 없어도 되지만 그가 없으면 학교가 돌아가지 않는다"고 회자될 정도로 그의 존재 가치는 컸다. 그에 대한 기억은 조직을 떠받치는 진정한 실력자가 누구인지 곰곰이 생각하게 만든다.

정작 필요한 것은 밖으로 드러나지 않는다

한국은 자타가 공인하는 온라인게임의 강자다. 뒤늦게 시작한 중국 기업이 이 분야에서 양적으로 큰 성장을 이루었지만, 여전히 창의성 측면에서 한국의 게임은 인정을 받는다. 특히 일본에서 한국 기업의 인지도는 상당히 높다. 한번은 일본에서 온라인게임 사업을 하는 어느 한국인 기업가와 대화를 나누다 한국의 온라인게임 기업이 앞서는 요인을 들어볼 수 있었다. 이전까지만 해도 게임 사업을 잘 모르는 입장에서는 시나리오나 게임의 창의력, 제작 기술 등이 경쟁력일 것이라고 막연히 기대했으나 그의 답변은 예상 밖이었다. 서비스를 안정적으로 운영하는 기술이라는 것이다. 게임 서비스는 특성상 사용자가 갑작스레 급속도로 접속해오거나, 다양한 행동을 구사하는 경우가 비일비재하다. 그런 예측할 수 없는 상황에서 얼마나 안정되게 서비스를 유지하는가가 고객으로부터 신뢰를 얻을 수 있는 기본적인 요소라는 것이다.

온라인 게임을 선도한 덕택에 한국 기업은 그러한 노하우를 일찌감치 습득할 수 있었다. 특히 한국 사용자는 까다롭고 변칙적인, 때로는 폭발적으로 집중하는 특성을 가지고 있다. 그런 상황에서도 견딜 수 있는 시스템은 사업의 생존을 좌우하기도 한다. 바로 그런 실질적 경험이 굳건한 바탕이 되었기에 까다로운 일본에서도 통할 수 있었던 것이다. 비록 그의 견해가 게임 산업을 대표한다고는 할 수는 없지만, 상당히 일리 있는 지적이라고 생각했다. 인터넷 강국이라고 자화자찬하면서도 우리의 진정한 강점이 무엇일까 자문하곤 한다. 사실 수많은 트래픽의 홍수 속에서 시스템을 안정적으로 운용하는 기술은 우리의 엄청난 강점이다.

페이스북이 초창기에 고민한 것은 수익 모델도, 투자를 받는 것도 아니었다. 사용자가 늘어나면서 트래픽이 급증해도 성능을 유지하는 것이었다. SNS의 특성은 사람과 사람이 서비스 플랫폼을 통해 커뮤니케이션하는 것이다. 따라서 사람들의 실시간 반응은 서비스의 성패를 가늠하는 요소다. SNS는 사람들이 흥미를 느껴서 자발적으로 들어오는 무료 서비스다. 사용해보고 마음에 들지 않으면 바로 떠난다. 만약 서비스에 접속했는데 한참 있다가 화면이 뜬다거나, 친구와 한창 채팅하고 있는데 서비스가 끊어진다면 얼마나 화가 나겠는가? 고객이 인내심을 가지고 이 서비스에 묶여 있을 이유가 없다. 회원이 늘고 트래픽이 증가하는 것도 순식간이지만, 회원이 빠져나가는 것도 순식간이다.

마크 주커버그는 SNS의 그런 특성을 잘 알고 있었다. 그래서 시스템을 견고하게 만드는 데 주력했다. 페이스북이 반면교사로 삼았던 서비스는 프렌드스터(Friendster)였다. 프렌드스터의 창업자 조나단 아브람스(Jonathan Abrams)는 SNS의 전도사였다. 그러나 그 잘나가던 프렌드스터는 사용자가 늘어나면서 성능이 떨어지고, 서비스를 신속하게 안정화하지 못했다. 시스템이 불안정하니 사용자들은 다른 서비스로 떠나갔다. 반면 마크 주커버그는 확산을 서두르지 않았다. 먼저 자신이 다니는 하버드 대학에서 널리 사용하게 했다. 충분히 기술적 검증이 된 상태에서 하버드 대학 밖으로 눈을 돌렸다. 각 대학에서 페이스북을 유치하려고 아우성이었지만 결코 서두르지 않았다. 대학 커뮤니티에서 충성도 높은 고객을 마련한 페이스북은 검증된 시스템을 바탕으로 일반 사회로 서비스를 확대해갔다.

페이스북 내부에서나 투자가들에게서 왜 압력이 없었겠는가? 그러나 그는 인내심을 가지고 준비했다. 무리한 사업 전개보다 고객이 진정으로 매력을 느낄 수 있고, 충성할 수 있는 서비스를 개발하는 게 우선이었기 때문이다. 구글이나 애플, 아마존과 같은 세계적 기업을 보면서 그곳에는 특정 분야에 뛰어난 천재들만 모여 있을 것이라고 막연히 짐작한다. 그러나 실상은 그들의 서비스를 안정적이고 신뢰감 있게 유지하는 시스템, 네트워크, 보안 전문가가 상당수를 차지한다. 서비스의 기초가 부실하면 어떠한 아이디어도 꽃을 피울 수 없기 때문이다. 그래서 경험이 풍부한 시스템 기술자가 사업의 성패를 좌우하는 것이다.

우리나라에서 시스템을 설치하고 관리하는 업무는 젊을 때나 한때 경험 삼아 하는 궂은 일로 치부되기도 하지만, 미국에서는 40~50대의 엔지니어가 직접 시스템을 설치하고 시연하면서 설명하는 장면을 많이 목격할 수 있다. 우리나라에서는 이러한 서비스의 가치를 인정하지 않기 때문에 고급 전문가가 양성되기 힘들다.

한번은 멕시코의 은행 고객이 안랩에 현장 서비스를 요청했다. 그런데 놀랍게도 엔지니어를 위해 비행기 티켓을 보내온 것이다. 그것도 비즈니스 클래스로. 고객의 전화 한 통에 밤낮을 가리지 않고 무보수로 곧장 달려가야 했던 우리나라 문화에 익숙했던 엔지니어는 어리둥절했다. 단, 기술자에 대해서만 그랬다. 영업 대표는 알아서 오든 말든 상관하지 않았다. 이것이 기술 전문가를 대하는 수준의 차이다. 궁극적으로 우리의 시스템을 받쳐주는 기둥 역할은 풍부한 경험을 가진 시스템 엔지니어의 몫이다.

튼튼한 서비스가 아이디어를 꽃피운다

교세라를 창업해서 세계적 기업으로 일군 이나모리 가즈오 회장은 많은 경영인들의 멘토로 불린다. 그는 《왜 일하는가》에서 교세라의 사업부장이 된 한 인물에 대해서 회상하고 있다. 그는 중학교밖에 졸업하지 못했지만 "배운 게 없으니 이거라도 열심히 해야죠"라며 자기가 맡은 일을 묵묵히

완수해나갔다. 그의 표정에는 자기 일에 대한 애정이 물씬 풍겼고, 직원들 모두가 그를 존경했다고 한다.

이나모리 회장은 이렇게 말한다. "만일 지금 성실하게 일하는 것밖에 내세울 것이 없다고 한탄하고 있다면 그 우직함이야말로 가장 감사해야 할 능력이라고 말하고 싶다. 천재나 위인이라고 불리는 사람들은 지속의 힘을 깨닫고 그것을 자기화한 사람들이다. 신념을 기반으로 남들이 뭐라고 해도 자기 일에 매진하는 사람은 아무도 예상하지 못한 놀라운 기술과 높은 인격을 갖추게 된다. 하늘은 스스로 돕는 자를 돕는 법이다. 지속의 힘, 그것은 평범한 사람을 비범한 사람으로 바꿀 정도로 무한한 파워를 가지고 있다."

이동통신망이 전국에 구축되던 시절, 가장 구하기 힘든 인력이 기지국을 운영하는 전문가였다고 한다. 사람이 많이 오가지 않는 산 속이나, 비바람이 몰아치는 열악한 환경에서도 통신이 되어야 한다. 이런 통신망을 받쳐주는 기초가 기지국이다. 디지털 시대가 되었지만, 정작 우리에게 아쉬운 기술은 아날로그적 경험이었던 셈이다. 사실 우리의 자연과 삶은 아날로그다. 단지 편의를 위해 디지털 데이터로 변환해서 컴퓨터로 처리할 뿐이다. 아날로그 기술은 항상 우리 주위에 있고, 영원히 우리를 도와주어야 하는 영속적인 분야다. 화려하게 보이는 직업보다도, 눈에 보이지 않는 곳에서 빛이 나는 기술이 있는 것이다.

안정적인 인프라는 산업 발전에 아주 중요한 요소다. 우리나라가 세계 최대의 조선 강국이 된 이유에 대해서도 여러 가지가 제기되지만, 안정적인 전기 에너지 공급은 필수적인 요건으로 꼽힌다. 아무리 뛰어난 기술과 고급 노동력이 뒷받침된다 해도 기본 인프라가 받쳐주어야 한다. IT 산업도 컴퓨터에 의해 움직이기 때문에 안정적인 환경이 중요하다. 아무리 뛰어난 아이디어가 있더라도 그런 아이디어가 꽃을 피울 수 있는 환경이 받쳐주지 않으면 실현될 수 없다. 과학기술을 선도하는 사회의 진정한 경쟁력이 어디에 있는지 간과해서는 안 된다.

우리는 보이지 않는 곳에서 묵묵히 일하는 기술자들을 존경하는 방법부터 배워야 한다. 하루 24시간 이 사회의 동맥인 전기를 공급하기 위해 곳곳을 지원하는 전기 기술자, 밤을 새워 소프트웨어를 개발하는 엔지니어, 서비스가 혹여 끊기지는 않을까 노심초사하면서 모니터링하는 시스템 기술자, 긴박한 사이버 공격에 대응하느라 식사도 제때 못하는 보안 관제 요원 등. 사회 구석구석에서 너무나도 많은 기술자들이 자신의 경험과 기술, 지속적인 땀과 열정으로 이 사회를 떠받치고 있다.

안정적인 IT 인프라를 뒷받침하는 것은 실질적인 경험을 갖춘 기술자들이다. 국가나 기업의 인력 포트폴리오 측면에서 시스템 인력의 저변을 확대하고, 질적으로 양성하는 것은 시급하다. 전면에 나서지는 않지만, 보이지 않는 곳에서 우리에게 꼭 필요한 일을 해주는 엔지니어들이다. 고급 일자리가 많이 창출될 수 있고, 경험이 축적될수록 더욱 가치가 빛을 발하는 분야다. 그들의 실질적인 경험이 얼마나 중요한지 인정하는 것이야말로 국가 경쟁력의 초석이다.

09

IT 인프라로 꽃피우는 콘텐츠

우리 삶의 모습은 콘텐츠로 실체화되어 나타난다. 한류가 전 세계를 휩쓸고 있는 것은 단지 우리의 엔터테인먼트 경쟁력 때문은 아니다. 우리의 전통, 문화, 잠재력이 그만큼 독창적이고 강하기 때문이다. IT 인프라는 우리의 콘텐츠를 만천하로 공급하고 전 세계인과 소통하는 플랫폼이 되고 있다. 그럴수록 오늘의 우리를 형성하는 역사와 문화에 관심을 가지고, 융합의 시너지를 일으켜야 한다.

우리만의 개성 있는
콘텐츠로 승부하라

하나의 문화로 자리 잡은 한류

일본에서 한류의 원조격인 '욘사마 열풍'이 터지기 전이다. 도쿄 역에서 나리타공항으로 가기 위한 특급 열차인 나리타 익스프레스에 앉아 있었다. 마침 내 앞에 한국 청년이 앉아서 이런저런 얘기를 나눌 기회가 있었다. 그는 일본 NHK 계열 방송사에서 일한다고 했다. 방송사에서 일한다고 해서 자연스럽게 한국 드라마와 일본 드라마의 차이에 대해 대화가 오고갔다. 일본 드라마 마니아들에게는 미안하지만, 나는 평소 접했던 일본 드라마에서 별다른 재미를 느끼지 못했다. 지나치게 심각한 분위기, 혹은 지나치게 오버하는 코미디, 아니면 사무라이 시대 얘기가 주류를 이루고 있었다. 아무리 드라마라 하더라도 무언가 현실감이 떨어진다. 일본 기업의 어느 임원도 일본 드라마는 3각, 4각으로 쥐어짜는 스토리밖에 없다고 푸념하는 것을 들은 적이 있다.

그런데 그 청년이 아주 흥미로운 얘기를 했다. 한 번은 '가을동화' 비디오를 가져와 방송국 매니저에게 보여주었다. 그랬더니 매니저가 첫 회부터 깊이 빠져들기 시작하면서 눈물을 흘리더라는 것이다. 번역도 안 된 상태였고 한국말도 거의 못하는데도 말이다. 그가 보았다는 '가을동화' 앞부분은 아이가 바뀐 게 알려지고, 주인공이 가족들과 헤어지는 장면이다. 어린 시절 주인공 역으로 나온 국민배우 '문근영'의 명연기가 화제가 되었다. 그녀의 뛰어난 연기 탓도 있겠지만, 스토리 전개와 영상에 그 매니저는 감명을 받았다고 한다.

그러면서 그는 한국 드라마가 일본에 들어오면 성공할 수 있을 것 같다고 예측했다. 당시만 해도 한국은 일본 문화에 대해 콤플렉스가 있던 시절이었다. 일본 문화를 개방하면 금방 우리 문화가 왜색 문화에 물들 것이라는 걱정이 앞섰으니, 지금과 같은 한류 시대가 오리라고 누가 예측이나 했겠는가? 얼마 안 있어 '가을동화' 다음 시리즈인 '겨울연가'가 폭발적으로 일본 열도를 뒤흔들었고, '겨울연가'의 성공은 소위 배우 배용준에 열광하는 '욘사마' 열풍을 불러 일으켰다. 세상이 이렇게 바뀔 것을 내다봤던 그 청년이 가끔 생각난다.

일본에서 한류의 시작은 '욘사마' 캐릭터에 반한 중장년 여성들이었다. '멋진 왕자'를 꿈꾸는 중장년 여성의 로망 때문이라는 해석이 많다. 하지만 이제는 이들의 남편이자 기업의 임원들인 중장년 남성들, 그리고 젊은이들로 확대되고 있다. 한류는 드라마, 영화, 노래를 가리지 않고 세계로 뻗어가고 있다. 조선시대 궁중 음식을 소재로 한 '대장금'은 세계 87개국에서 방영되었을 정도다. 내가 아는 어느 중국계 미국인은 온 식구가 '대장금' 마니아다. 자신도 DVD 세트를 구입해서 2번이나 보았다고 했다. 이처럼 국내에서 인기를 끈 드라마는 대부분 수십 개국에 수출된다. 요즘엔 아예 기획단계에서부터 수출을 염두에 두고 드라마를 만든다고 한다. 싱가포르에서 방문한 고객이 '고스트'(Ghost)라는 드라마가 재미있다고 해서 무슨 말인가 했다. 한때 인기가 높았던 '유령'이라는 드라마였다. 그런데 그 사람이 온 시점은 '유령'이 종영한 바로 다음 주였다. 한국에서 방영하는 같은 주에 싱가포르에서도 자막을 붙여 방영했다고 한다. 이제는 드라마가 시간차도 없이 방영되는가 보다.

구태여 국가 브랜드라는 거창한 구호를 쓰지 않더라도, 그 국가에 대한 좋은 인식은 경제적으로나 산업적으로 긍정적인 효과를 자아낸다. 한류를 일부 연예기획사의 상품이라거나, 일시적인 현상이라고 평가절하하기보다는 국가 자산으로서의 가치를 극대화해야 한다. 한류 콘텐츠의 제작과 배포 또한 IT의 도움을 많이 받고 있다. IT를 중심으로 한 마인드를 정착시키고, 이를 바탕으로 우리의 창의적인 역량을 마음껏 발휘했으면 좋겠다.

IT와 콘텐츠의 시너지

세계의 다양한 커뮤니티와 개인들의 문화 콘텐츠 교류는 인터넷을 매개로 이루어진다. 지구 반대편 라틴 아메리카에서 한국 가수의 노래가 사랑받는 것도 인터넷 덕분이다. 인터넷 혁명은 기술·국가·지리의 한계를 뛰어넘어 소통을 가능케 해주고 있다. 일방적으로 밀어내는 매스미디어 방식보다 훨씬 자유로운 소통 속에 다양한 문화가 받아들여지고 융합된다.

인터넷은 문화적인 측면에서 다양한 커뮤니티를 만들어내고 있다. 언제든지 사진, 영상을 찍어서 올릴 수 있는 스마트폰, 자유롭게 잡담을 즐길 수 있는 SNS는 소통의 플랫폼을 다각화시키고 있다. 인터넷, SNS는 기존의 미디어 유통 체계를 허물어뜨리고 있다. 미국에서 공연 한 번 하지 않았던 2NE1의 노래가 유튜브를 통해 전 세계에서 사랑을 받기도 했다.

융합의 시대에는 문화 콘텐츠의 교류가 활발하다. 문제는 우리가 이를 극대화하기 위해 얼마나 창의력을 발휘할 수 있느냐에 달려 있다. 아울러 다른 문화에 대해서도 열린 마음을 가져야 한다. 이를 위해선 우리 사회에 내재한 경직되고 편협한 구조부터 바뀌어야 한다. 자유로운 사고 속에서 창의력은 꽃을 피우며, 투명하고 공정한 시스템 속에서 동기 부여가 이루어진다. 아울러 우리의 문화적 상품이 비즈니스에 큰 도움이 된다는 인식을 공유하고, 좋은 이미지와 평판을 이어갈 수 있는 콘텐츠를 생산하기 위한 끊임없는 노력이 필요하다.

미디어 플랫폼은 단순한 유통의 혁신만 이루는 것이 아니다. 콘텐츠를 만들고, 편집하고, 배급하고, 즐기는 다양한 계층을 하나의 플랫폼으로 만들 수 있다. 양질의 콘텐츠와 스토리를 갖추고, 그런 플랫폼을 잘 활용하는 것이 경쟁력 있는 미래의 문화산업을 이끌어가는 방식이 아닐까?

창의적인 콘텐츠는 어디서 나오는가?

미국의 영화 제작사인 드림웍스(DreamWorks)의 어느 작가가 TV에서 인터뷰하는 것을 본 적이 있다. "특수효과, 애니메이션, 음향, 그래픽, 이런 것은 누구라도 할 수 있습니다. 그러나 우리가 가장 애타게 찾는 것은 스토리입니다. 창의적인 스토리가 영화의 모든 것을 결정하기 때문이지요. 그래서 우리는 전 세계를 누비면서 좋은 스토리를 찾는 데 혈안이 되어 있습니다."

문화상품의 영향력을 좌우하는 것은 콘텐츠의 경쟁력이다. 과연 콘텐츠의 힘은 어디에서 나오는가? 그것은 창의력을 바탕으로 한 탄탄한 스토리텔링(storytelling)에서 나온다. '반지의 제왕'은 오랜 기간 세계의 수많은 독자들에게 사랑받아온 판타지 소설이다. 작가인 J. R. R. 톨킨(Tolkien)은 이 소설을 통해 자신이 상상하는 세계를 방대하게 설계했다. 이 소설을 위해 인공 언어를 만들 정도로 심혈을 기울였고, 심리적 갈등과 반전의 묘미가 심오한 작품이다. 워낙 스토리의 상상력이 방대한 작품이라, 미국에서는 중고등학교 필독서로 추천될 정도다. 그의 시대에는 상상의 한계를 뛰어넘는 묘사를 할 수 있는 미디어가 책밖에 없었다. 그런데 기술이 발전하면서 소설 속의 내용을 영상으로 표현하는 게 가능해졌다. 이 스토리에 매료됐던 어린 소년이 훗날 이 영화를 만든 피터 잭슨(Peter Jackson) 감독이다. 그는 치밀한 구성과 열정적 노력으로 수십 년 전 출간되어 읽혀온 책의 스토리를 '반지의 제왕' 3부작 영화로 만들었고, 흥행에서도 성공을 거뒀다. 좋은 이야기 소재는 고유의 역사와 문화에서 나온다.

영화 '300'은 스파르타를 중심으로 그리스의 작은 도시국가들이 대제국 페르시아를 상대로 싸운 테르모필레(Thermopylae) 전투를 소재로 했다. 비록 모두가 장렬히 전사했지만, 작은 그리스 도시국가들이 힘을 합해 페르시아에 맞서 싸웠던, 역사적으로 의미가 큰 사건이었다. 한국 영화 '공동경비구역 JSA'나 '웰컴 투 동막골'의 성공 배경에도 분단 현실과 한민족의 끈끈한 동질감이 자리 잡고 있었다. 이 영화들은 이데올로기를 뛰어넘어 논리적으로 설명할 수 없는 인간관계의 깊이를 훈훈한 이야기로 풀어냈다는 공통점을 가지고 있다. 이처럼 고유의 문화와 역사 속에서 차별화되고 재미있는 이야기가 만들어지는 것이다.

역사의 현장에서 탄생하는 창의력

미국에서 청소년 수학여행지는 워싱턴 D. C.다. 자랑스러운 독립의 과정과 헌법의 초석을 만들어낸 과정, 독립선언서에 서명한 인물들, 내전을 극복하고 통합된 연방정부를 지켜낸 에이브러햄 링컨을 만나기 위해서다. 또한 독립전쟁과 남북전쟁의 숨결이 배어 있는 전쟁터와 유적지를 둘러본다. 이것이 자유를 위해 건너온 이민자들이 민주 국가를 구성하게 된 미국의 역사요 정체성이기에, 자라나는 청소년들에게 거의 의무적으로 보여주는 것이다.

폴란드 바르샤바에 가면 러시아가 폴란드를 점령했을 때 스탈린이 지었다는 문화과학 궁전이 시내 어느 곳에서도 보인다. 우리나라로 치면 조선총독부에 해당하는 것인데, 폴란드 사람들은 그 건물을 항시 보면서 과거가 되풀이되어서는 안 된다는 역사의식을 일깨운다. 독일의 다하우(Dachau) 강제수용소는 나치 독일이 얼마나 잔인하고 극악무도했는지를 생생하게 느끼도록 해준다. 이곳에 다녀온 여행객에 의하면 '절대로 다시는 안 한다'(Never Again)는 커다란 문구가 와 닿는다고 한다. 마치 "독일은 다시는 이런 역사를 밟지 않겠다"고 다짐하는 것이 진정으로 느껴진다고 한다. 독일의 청소년들은 이곳과 유태인을 강제 학살했던 아우슈비츠로 수학여행을 가서 자기 조상들의 부끄러운 역사를 체험한다.

영국 케임브리지 대학에 가면 아이작 뉴턴이 연구했던 강의실이 그대로 보존되어 있다고 한다. 그 앞에 펼쳐진 잔디밭에서 아이작 뉴턴이 고민하는 모습을 상상하면 고된 연구에도 의욕이 생기지 않겠는가? 이와 같이 역사의 현장은 바삐 돌아가는 삶 속에서 나를 돌아보는 계기를 마련해준다. 그것을 얼마나 생생하게 보여 주느냐에 따라 자라나는 청소년들에게 역사의 숨결은 단지 과거의 단편이 아닌, 살아 움직이면서 창의력을 끄집어낼 수 있는 역동적인 엔진이 될 수 있다.

우리는 역사를 알아야 한다. 그 속에서 우리의 정신과 정체성을 발견할 수 있다. 창의력은 외딴 산 속에서 홀로 명상하다가 나오는 것이 아니라 우리의 생활 현장과 역사 속에서 탄생한다. 자신의 역사와 문화를 아는 교육이 경쟁력 있는 콘텐츠를 만드는 기본이다.

세계적 석학 니얼 퍼거슨(Niall Ferguson)은 《시빌라이제이션》의 서문에서 "나는 세 아이가 자라는 모습을 지켜보면서 그들이 배우는 역사가 내가 그 나이에 배웠던 것에 비해 훨씬 부족하다는 불편한 감정을 느꼈다"며 자기 자녀들의 역사 교육에 대해 우려를 표명했다. 더 나아가 "요즘 아이들은 특별한 체계도 없이 '빌어먹을 사건' 몇 개를 눈곱만큼 배운다"며 신랄하게 비판했다. 물론 역사에 대한 관점은 사람마다 다르고 시대에 따라 변한다. 그러나 전반적인 틀을 갖추고 있어야 사회인으로 성장해서도 올바른 역사의식을 갖출 수 있다. 그래야 다양한 사회적 경험과 문화적 충격을 거치면서 역사를 바라보는 전체적 틀을 형성해갈 수 있다.

기술과 인간의 상상력을
연결하다

콘텐츠의 재구성

시공테크는 박물관이나 전시관을 전국 곳곳에 많이 설계한 대표적인 기업이다. 이 회사 창업주 박기석 회장은 인문학도 출신으로 역사와 예술, 과학 콘텐츠를 우리가 감각을 통해 느낄 수 있도록 멀티미디어 공간을 창출해내는 노력을 경주해왔다. 또한 그렇게 확보된 콘텐츠를 초등학교를 비롯한 교육 현장에서 활발하게 활용하고 있다. IT를 통한 콘텐츠 구현에 평생을 바친 박 회장의 생각은 확고하다.

"콘텐츠가 있는 그대로의 데이터, 즉 미가공 데이터(raw data)로는 의미가 없다. 콘텐츠는 잘게 쪼개지고, 재조합되고, 재구성될 수 있어야 실제로 그 가치를 인정받을 수 있다." 그러면서 실제로 콘텐츠가 사용자에게 맞게 공급되는 제작과 편집 과정을 상세히 설명해주었다. PC, 태블릿, TV 등 콘텐츠를 받을 수 있는 다양한 미디어가 있는데, 다양한 계층, 다양한 디바이스에 쌍방향으로 전달되도록 만들기 위해서는, 콘텐츠가 그에 맞게 준비되어 있어야 한다는 것이다. 이를테면 방송국에 수십 년 전의 콘텐츠가 테이프로 창고에 저장되어 있다고 한들 이를 활용할 수 없다면 무슨 소용이 있겠는가? 그것을 쉽게 검색할 수 있고, 다른 정보와 연결할 수 있고, 재해석될 수 있어야 활용 가치가 있다.

콘텐츠가 작은 단위로 쪼개져서 거래되고 유통되는 것을 마이크로 콘텐츠라고 한다. 그 대표적인 예가 음원 서비스다. 이제 사람들은 앨범 전체를 사는 것이 아니라 곡 단위로 산다. 앨범 전체에서 듣고 싶은 곡이 1~2개일 경우 비용도 크게 줄일 수 있을 뿐더러 원할 때 바로 들을 수 있어서 좋다. 《전자책의 충격》에서는 이런 현상을 감상자 중심의 문화로 바뀌었다고 설명한다. "'앨범에 들어 있는 곡을 순서대로 들어주길 바란다'는 아티스트나 음반회사 측의 의도는 의미를 잃었다. 이제는 감상자의 마음대로 앨범의 내용이나 순서를 만들 수 있게 된 것이다."

몇 개의 CD를 거추장스럽게 가지고 다닐 이유도 없다. 디지털 시대의 바뀐 풍속도다. 마이크로 콘텐츠는 음악만의 현상이 아니다.

《전자책의 충격》에서는 "신문기사나 동영상, 음악 등의 콘텐츠가 잘게 나뉘어 유통된다. 마이크로 콘텐츠의 세계에서 패키지는 점점 의미를 잃어가고 있다"라며 정보 제작과 유통의 변화를 설명한다. 이미 신문기사나 동영상은 클립 단위로 인터넷과 SNS를 통해 유통되고 있다. 전자책도 책 전체가 아닌 일정 부분만이 유통되는 형태가 가능하다. 그러다 보니 패키지는 구매하지 않더라도 콘텐츠를 보는 경우가 많다. 이를테면 신문의 특정 칼럼이나 관련 기사는 신문을 사서 보지 않더라도 인터넷을 통해, 트위터를 통해 받아볼 수 있다.

저작 과정에서도 마이크로 콘텐츠는 새로운 트렌드다. 옴니버스 방식으로, 여러 명의 작가가 다른 각도에서 자신의 관점을 기술해서 하나의 책으로 탄생할 수 있다. 강의나 음악도 마찬가지다. 한 사람에 의해서 고뇌 속에 이루어졌던 창작 과정이 협업과 토론에 의해서 이루어진다. 물론 이런 변화가 반드시 바람직하다고 할 수는 없지만, 새로운 방식이고 IT를 통해서 그런 환경이 조성되었다는 점을 우리는 눈여겨 볼 필요가 있다.

우리는 정보와 콘텐츠가 중요하다고 한다. 그러나 그 자체는 의미가 없다. 그 정보와 콘텐츠가 가치로 바뀔 때, 우리 각자와 삶에 진정한 혜택으로 돌아올 때 감동을 준다. 콘텐츠를 더욱 효과적으로 만들어서 공급하는 것은 그런 노력의 일환이다. 오늘날 콘텐츠는 대부분 디지털로 제작되고 있다. 영화, 음악, 드라마, 책 등. 그렇다면 얼마든지 잘게 쪼개지고 유통될 수 있는 기본 특성은 갖추고 있다는 얘기다. 그렇다면 이런 콘텐츠가 재탄생할 수 있도록 초기부터 잘 구상해야 한다. 그것이 디지털 미디어 시대에 적응하는 방법이다.

아울러 콘텐츠의 자생력을 갖추어야 한다. 콘텐츠는 창의력의 발판이다. 내 것이 있어야 남의 것과 동등한 자격을 받을 수 있다. 나의 콘텐츠를 통해 나의 스토리를 만들어낼 수 있어야 다른 것과 시너지를 내고 더 큰 효과를 창출해낸다. 콘텐츠 시대의 도래는 디지털 시스템이 우리에게 선사한 또 하나의 선물이다.

기술에도 타이밍이 중요하다

자타가 공인하듯이 영화 '아바타'는 3D 영화의 모멘텀이 되었다. '아바타'를 필두로 수많은 애니메이션과 판타지 영화들이 3D 버전으로 봇물 이루듯 나왔고, 액션 영화들도 뒤를 이었다. 올림픽과 같은 스포츠 중계도 3D로 촬영하기 시작했고, TV도 3D로 진화하는 계기가 되었다. 사실 3D 기술은 50년대에 나온 것으로 이미 3D 영화는 70년대부터 종종 나오곤 했다. 주로 3D 효과가 있는 영화를 중심으로 제작되었지만 실험이나 별개의 재미에 그치곤 했다. 그렇다면 왜 뒤늦게 몇 십 년이 지나서 3D가 꽃을 피우게 됐을까?

어느 영화감독의 TV 인터뷰를 본 적이 있다. 그에 따르면 감독으로서 영화에 담고 싶은 장면을 상상 속에서 그려보지만 제작하기에는 현실적으로 기술의 한계가 있어 아쉬운 점이 많다고 한다. 자연히 영화 제작 시점에 사용 가능한(available) 기술을 활용할 수밖에 없다. 그런데 좋은 기술이 많이 나오게 되면서 상상의 나래를 실현하는데 장벽이 없어지고 있다고 한다. 오늘날 영화나 드라마에서는 그래픽 기술을 통해서 상상 속의 장면을 연출해 내고 있다. 이를테면 '터미네이터 2'의 경우 당시 3D 그래픽 전용 워크스테이션이 있었기에 자유자재로 형태를 바꾸는 액체금속을 표현할 수 있었다. '아바타'도 오래전부터 상상한 '판도라'를 애니메이션과 3D 기술로 마음껏 실현할 수 있었다. 특히 '아바타'는 '반지의 제왕', '해리 포터'와 같은 판타지 영화의 애니메이션 기술을 뛰어 넘어 극중 인물의 눈망울까지 표현했다. 그만큼 인간다움에 더 접근했다.

스마트폰도 환경적 타이밍이 절묘했다. 스마트폰에 들어가는 많은 기능들은 이미 PDA나 다른 기기에서 구현되고 있었지만 환경적으로 제약 조건이 많아서 불편함이 많았다. 그런데 아이폰이 나온 2007년에는 2000년 초반부터 불어 닥친 닷컴 열풍, 그 뒤를 이은 웹 2.0 시대의 참여와 공유의 패러다임, SNS의 폭발적 대중화 등과 같은 현상이 인터넷에서 이미 분위기를 돋우고 있었다. 이 시점에 언제 어디서든 인터넷 접속이 가능한 인간적인 디바이스 스마트폰이 출시되었다. 이미 사람들이 인터넷에 익숙해 있고, 수많은 서비스가 있었기에, 여기에 이동성(mobility)의 자유로움을 부여한 스마트폰은 시대정신을 관통했다. 그 많은 인터넷 서비스가 바로 스마트폰으로 이동했고 이는 차원이 다른 기쁨을 만끽하게 했다. PC에 앉아서 해야만 했던 SNS를 수시로 할 수 있게 되었다. 자기 앞에 놓인 멋진 음식을 사진으로 찍어서 바로 트위터로 올릴 수가 있다. 언제 어디서든 최신 블로그를 보면서 댓글을 단다. 이미 즐기고 있는 인터넷 서비스에 이동성을 더하니 차원이 다른 즐거움을 안겨 준 것이다.

이와 같이 기술은 어느 시대, 어떤 환경에 접목되느냐에 따라 전혀 다른 결과를 가져다준다. 기술을 그 자체로 보지 않고 응용 관점에서 보면 무지개처럼 다양한 스펙트럼의 색깔로 나타나는 것이다. 이것이 기술과 우리의 문화와 콘텐츠를 엮어내는 매력이다.

제품이 아닌 스토리를 전달하라

마음을 사로잡는 것은 스토리에 있다

2011년 6월의 마지막 토요일 올림픽공원 체조경기장.

폭우가 쏟아지는 가운데 1만여 명의 관객이 한 가수의 노래를 듣기 위해 콘서트장을 찾았다. 이 콘서트의 주인공은 유명 아이돌 그룹도, 한류 스타도 아닌, 쉰 살을 앞둔 록 가수 임재범이었다. 개인적인 고뇌와 방황으로 대중에게서 잊혔던 임재범은 '나는 가수다'라는 TV 프로그램을 통해 단번에 재기했다. 오랜 침묵을 깨고 다시 등장한 것은 그가 노래하는 모습을 보고 싶어한 가족 때문이었다. 이러한 스토리는 혼신을 다한 그의 열정과 음악의 진정성이 상승효과를 일으켜 우리에게 큰 감동을 주었다. 콘서트 현장은 대학생부터 중년의 부부까지 다양한 연령대의 남녀노소로 가득 찼다. 그의 삶에서 나온 이야기가 노래라는 매개체를 통해 대중과 교감을 이루어낸 결과였다.

비슷한 사례는 또 있다. 뛰어난 가창력을 가졌음에도 얼굴 없는 가수로 오랫동안 자신을 드러내지 않다가 감춰둔 실력과 끼로 소위 '비주얼' 가수로 거듭난 김범수. 한국에 외로이 건너와서 불굴의 노력과 음악가 김태원의 멘토링에 힘입어 서바이벌 프로그램에서 우승을 거머쥔 옌볜 청년 백청강. 그들은 노래 실력뿐만 아니라 특별한 스토리까지 전해주기에 더 큰 감동을 준다.

오늘날 우리는 치열한 경쟁 속에 살고 있다. 생존을 생각해야 하고, 뒤처지면 안 된다는 강박관념에 짓눌려 여유로움을 즐기기 어렵다. 특히 과학기술의 발전 속도는 자칫 우리 삶을 기계적이고 기능적인 사고에 머무르게 한다. 그럴수록 우리의 눈길을 끌고 감동을 주는 것은 훈훈한 스토리다. 스토리는 그들이 전달하는 것이 예술적 콘텐츠건 왕성하게 활동하는 모습이건 간에 우리에게 기쁨을 주고 공감을 이끌어내는 데 매우 중요한 요소다. 스토리가 진솔하면 진솔할수록 우리에게 다가오는 감동도 배가된다. 이러한 스토리는 단지 유명 스타에 머무르지 않는다. 평범한 이들의 아름다운 이야기들은 책이나 미디어를 통해 우리 삶을 윤택하게 한다.

제품이나 서비스 또한 마찬가지다. 기능 혹은 성능의 기술적 지표보다 무엇을 어떻게 전달할지에 따라 성패가 좌우된다. 기술자는 자신이 만든 것을 누군가가 사용할 때 가장 큰 보람을 느낀다. 따라서 어떤 생각으로 이 제품을 만들었는지 스토리를 전달하는 것이 필요하다. 혼과 열정을 바친 제품의 스토리는 자신이 제일 잘 알기 때문이다.

레티나 디스플레이의 인간 중심 스토리텔링

스티브 잡스는 애플의 최고경영책임자 시절 건강이 좋지 않음에도 중요한 신제품 발표에는 꼭 등장했다. 자신의 회사가 만들어낸 제품의 사상과 스토리를 전달하기 위함이다. 그가 그리는 세계를 뛰어난 스토리텔링으로 직접 전달할 때면 전 세계 이목이 집중되곤 했다. 그의 스토리텔링 능력을 단적으로 보여주는 예가 '레티나 디스플레이'(Retina Display)라는 용어다. 아이폰4 신제품 발표장에 올라선 스티브 잡스는 다음과 같이 설명했다.

"사람은 약 10~12인치 정도 떨어진 사물을 볼 때는 1인치에 300픽셀(pixel)이 넘어갈 경우 잘 구분을 못하는 매직 넘버(magic number)가 있습니다. 아이폰4는 그 한계를 극복하는 인치당 326픽셀을 제공합니다."

디스플레이의 품질을 좌우하는 지표로 픽셀이라는 단위를 사용한다. 사람에 따라 보는 능력에 차이가 있어서 객관적으로 품질을 표시하기 위함이다. 따라서 픽셀 수치만으로도 서로 다른 제품을 비교할 수 있는 근거가 된다. 문제는 이 숫자가 우리 피부에 잘 와닿지 않는다는 점이다. 예를 들어 100픽셀이라고 하면 어느 정도인지 감이 잘 오지 않는다. 이를 간파한 스티브 잡스는 레티나(retina)라는 생물학적 용어를 끄집어냈다. 망막을 의미하는 레티나라는 용어는 과학 시간에나 접했을 단어다. 그는 레티나를 인간의 눈으로 볼 수 있는 한계를 표시하는 지표로 사용했다.

성능과 기능을 표시하는 숫자 경쟁은 컴퓨팅 세계에서는 아주 흔하다. 기업은 이 수치에서 앞서는 것을 기술 개발의 지표로 삼는다. 때로는 경쟁자와 비교 우위를 객관적으로 설명하기 위해서 활용한다. 그런데 레티나라는 개념의 도입으로 디스플레이에 관한 논의에 아예 종지부를 찍어버렸다. 마치 이렇게 설명하는 느낌이다.

"앞으로 더 좋은 디스플레이가 나온다고 해도 인간에게는 별 의미가 없다. 우리는 인간의 눈으로 볼 수 있는 한계를 이미 극복해냈으니까."

물론 진정으로 인간의 한계를 극복했느냐에 대해서는 이견이 있다. 〈와이어드〉(Wired)에서는 스티브 잡스의 선언이 섣부르다는 의견을 제시하고 있다. 그러나 그런 논란에도 불구하고 지극히 기계적인 용어를 인간적인 표현으로 탈바꿈시킨 마케팅 메시지에 이미 많은 이들은 시선을 고정했고, '레티나'와 고품질 디스플레이의 연관성은 뇌리에 굳게 자리 잡았다. 이러한 스토리를 보면, 얼마나 그가 인간 중심적 관점에서 고민을 많이 해왔는가를 짐작하게 한다.

우리는 수많은 기술이 생활 속 깊숙이 스며든 사회에 살고 있다. 문제는 기술을 활용하는 통찰력이다. 이런 통찰력은 기술 본래의 기능에만 국한해서 보는 것이 아니라 창의적인 사고를 바탕으로 기술의 무한한 응용과 확장을 가능케 한다. 어떻게 하면 다른 기술과 융합시켜 전혀 다른 용도로 사용할 수 있을지 고민하는 자세, 바로 이것이 융합의 시대를 살아가는 지혜다. 우리는 기술에 대한 정보가 더 이상 특정 개인이나 집단에 한정되지 않는 '평평함'(flatness)의 시대에 살고 있다. 노하우(know-how)보다 정보를 찾는 노웨어(know-where) 기술의 가치가 더 인정을 받는다고 하지 않는가? 요컨대 어떻게 창의력과 혁신 정신으로 가치(value)를 창출할 수 있느냐가 관건이다.

《이야기가 세상을 바꾼다》의 저자인 미래상상연구소 홍사종 대표는 " '잘 만든 제품'에 '잘 만든 이야기'가 입혀져야 생명력을 얻을 수 있다"고 주장한다. 한마디로 산업화 패러다임의 덕목인 기능과 품질이라는 기본 위에 멋과 이야기라는 궁극의 덕목을 의식적으로 추가해야 한다는 것이다. 홍사종 대표는 디지털 경제로의 패러다임 변화로 인한 인간 소외감을 두 가지 측면에서 지적한다. 하나는 급진적·단절적 시대 변화에 따른 불안감 속에서 자연과의 분리, 디지털 혁명으로 인한 피로감을 느끼며 살아가는 것이다. 그다음은 정보화에 능동적으로 대처해나가지 못하는 이들의 소외감과 이로 인한 양극화 현상이다. 그런 점에서 지금이 IT와 문화의 결합이 중요한 시점임을 강조한다. "디지털 경제 환경을 거꾸로 읽으면 지금이야말로 정보산업 경쟁력과 더불어 사회적 일탈욕구와 소외문제를 풀어줄 건강한 이야기 산업의 육성을 위한 중요한 시점임을 알 수 있다."

사람들은 IT의 발달로 인간미가 사라진다고 한다. 그러나 오늘날은 기술이 인간에게 다가오는 스마트와 융합의 시대다. 친화력이 높아진 스마트 기기, 소통의 공간과 시간을 무한 확대하는 모바일과 SNS가 대표적인 예다. 기술적 요소를 얼마나 인간적 속성에 맞도록 변환시킬 수 있느냐가 이 시대를 살아가는 우리의 숙제. 더 나아가 우리가 만들어내는 제품이나 서비스를 어떠한 스토리로 풀어내느냐는 매우 중요하다. 이를 위해서는 제품의 기획부터 개발, 마케팅에 이르기까지 스토리가 진정성과 일관성을 가지고 스며들어야 한다. 스토리텔링은 좀 더 인간적인 사회를 만드는 작은 노력이자, 장차 기업의 경쟁력을 좌우하는 핵심이 될 것이다.

IV 기술과 인간의 조화를 위하여

10

스마트 시대를 살아가는 자세

디지털 문명은 우리 주위에서 발생하는 모든 문제를 디지털 데이터로 변환해서 처리한다. 디지털 정보는 영구적으로 저장될 뿐만 아니라 손쉽게 검색된다. 역동적으로 발생하고 있는 정보의 양은 거의 무한대를 향해 급증하고 있다. 한편 커뮤니케이션은 거의 무한 접속 상태로 확대되고 있으며 더욱 스마트해지고 있다. 이런 환경 변화로 규정되는 스마트 시대에는 정보를 다루는 방법도 바뀌어야 한다.

망각이
사라지는 시대

기억하기 위한 인류의 노력

로맨틱 코미디 영화 '노팅힐'(Notting Hill)에 나온 장면이다. 유명한 영화배우인 애나 스콧의 젊은 시절 누드 사진이 언론에 공개되자 무명의 연인인 윌리엄 대커의 집으로 몰래 피신한다. 그런데 기자들에게 장소가 발각되어 둘의 사이마저 공개되는 상황으로 일은 커지게 된다. 그때 두 사람은 당혹감 속에 이런 대화를 나눈다. 윌리엄이 "단지 하루야. 오늘 신문은 내일 쓰레기통에 들어갈 뿐이야"라고 위로하자 애나는 어이없다는 표정으로 "뭘 모르는군요. 이 스토리는 파일로 저장될 거예요. 나에 대한 기사를 쓸 때마다 내 사진을 끄집어내겠죠. 신문은 영원한 거예요"라고 말한 뒤 화를 내며 떠나간다.

애나는 정보가 지워지지 않는 것이 얼마나 무서운지를 알고 있었던 것이다. 국내에서도 유명 스타의 과거 사생활 정보가 유출되어 문제가 되곤 한다. 사생활 정보는 그 사람의 인격에 치명적인 타격을 줄 수 있다. 이 영화 속 장면은 스캔들의 안 좋은 기억이 잊히는 속도와 현실에 대한 두 사람의 시각 차이를 드러내고 있다.

인간은 망각의 동물이다. 시간이 흐름에 따라 기억이 잊혀가는 것은 인간의 생물학적 속성이다. 고대 사회에서 기억을 이어가는 수단은 구전이었다. 그러나 구전으로 전달되는 기록에는 한계가 있기 마련이다. 기억을 더 듬어가며 소통하는 과정에서 정확성이 떨어지게 되고, 자의적인 해석이 가미되기 때문이다. 그래서 인간은 기억을 유지하고 정확한 기록을 남기기 위한 노력을 거듭했다. 인간의 기억을 도와주는 수많은 발명품들은 문명의 발전과 맥을 같이 한다. 마이크로소프트의 두 수석 과학자 고든 벨(Gordon Bell)과 짐 겜멜(Jim Gemmell)이 쓴 《디지털 혁명의 미래》에서는 기억을 살리기 위한 인류의 여정을 다음과 같이 설명하고 있다.

"석기 시대에서 지금까지, 인간의 발전은 완전한 기억을 위한 기나긴 여행처럼 보인다. 지구상에서 우리가 우수한 인종으로 발전할 수 있었던 것은 기억을 더 나은 시스템으로 발전시킬 수 있었던 능력 덕분이었다. 인간의 가장 큰 혁신은 언어였다. 다음으로 중요한 터닝 포인트는 '문자 개발'이었다."

언어로 인해 인간은 소통하는 방법을 배웠고, 문자의 개발로 기록을 통한 소통의 문화가 싹텄다. 인쇄 기술은 기록의 대중화를 이끌었다. 뿐만 아니라 사진, 영상, 녹음기와 같은 발명품은 우리 삶의 모습을 담기 시작했다. 이러한 도구 덕택에 인간은 기억을 더 오래 지속시키는 데 큰 도움을 받았다. 이를테면 빛바랜 사진을 보며 옛 이야기를 나눈다든지, 녹화된 비디오를 보며 아이들이 한껏 재롱 피우던 옛날을 회상한다.

종이, 필름, 음반, 테이프 등과 같은 보존 매체의 등장은 문명의 발전과 궤를 같이한다. 문제는 이런 매체에 저장되는 내용들은 세월이 흐르면서 소멸될 수밖에 없다는 점이다. 그런데 정보를 보존하고 관리하는 데 있어서 획기적인 전환점이 발생했다. 컴퓨터를 통한 디지털화다. 디지털 세계에서는 정보가 소멸되거나 변질되지 않는다. 원본과 동일하게 복사할 수 있으며, 주고받는 과정에서 품질이 저하될 위험도 없다. 그뿐인가? 아무리 오래된 정보라 하더라도 쉽게 찾을 수 있으며, 편리하게 다룰 수 있다.

기억하지 않아도 기억된다

디지털 기술은 궁극적으로 망각이 사라지는 시대를 만들었다. 그런 점에서 디지털 컴퓨터는 문명사적으로 커다란 획을 그었다. 더 나아가 인터넷은 전 세계의 정보가 검색되는 세상을 만들었다. 인터넷 시대 정보의 역할에 대한 연구로 저명한 빅토어 마이어 쇤베르거는 《잊혀질 권리》에서 이런 변화를 설명하고 있다.

"인류가 등장한 이래로, 우리는 기억하기 위해서 지식을 보존하기 위해서 또 기억을 유지하기 위해서 노력해왔으며, 이를 돕는 다양한 기기와 메커니즘을 고안해왔다. 그렇지만 수천 년을 거치면서도 망각은 기억보다 훨씬 쉽고 값이 싼 채로 유지되어왔다. 우리가 얼마나 많이 기억하고 얼마나 많이 망각하는가는 시대에 따라서 기억을 돕는 도구와 기기가 나타나면서 변화했다. 최근까지 기억은 적어도 망각보다 훨씬 어려운 과정이었다. 하지만 이제는 더 이상 그렇지 않다."

우리나라 고위 공직자의 청문회 현장을 보면 당사자들이 곤혹스러워하는 광경을 많이 보게 된다. 과거에 관행이라고 여겨졌던 행위들이 이제는 모두 기록을 통해 확인되기 때문이다. 이름과 주민등록번호만 있으면 청문회 단골 메뉴인 학력, 병역, 전입 기록, 부동산, 논문 표절 등 신상에 관한 모든 정보를 찾아볼 수 있다. 만일 20년 전이었다면, 설사 지금과 같은 조사를 하려고 해도 자료를 찾는 데 아주 많은 시간이 걸렸을 것이다. 설령 찾더라도 확인하고 입증하기가 쉽지 않았다. 입증할 만한 결정적 증거가 없으면 문서 자체도 용도 폐기되면서 미완의 과제로 남는 게 예사였다. 그러나 디지털 시대에는 의지만 있으면 더 많은 증거를 확보할 수 있게 되었다.

망각이 사라진 시대는 하루아침에 시작된 것이 아니다. 인간의 소통과 기록 문화를 발전시키기 위해 다양한 기술과 아이디어가 탄생했다. 새로운 산업이 생겨났고, 삶은 풍성해졌다. 이와 반대로 전에 없던 문제와 갈등도 일어났다. 근대와 현대에 발명된 각종 혁신 기술은 그 이전 인류 역사의 모든 발명품을 합친 것보다도 영향력이 크다. 그런데 디지털 기술은 이러한 기술들과는 차원이 다른, 기존의 관념을 뒤집는 불연속적인 변화를 일으켰다. 디지털 시대는 문명사적으로 볼 때 하나의 변곡점이라고 할 수 있다. 디지털 기술의 출현으로 사람의 인식과 생활 방식에 큰 변화가 나타났고, 앞으로도 그 발전 속도와 변화의 폭이 워낙 커서 미래를 예측하기가 쉽지 않다.

《디지털 혁명의 미래》는 완전한 기억이 현실이 되는 사회에 대한 예측을 털어놓는다. "현 세대에게 디지털 시대가 드라마틱한 변화였던 것처럼, 다가오는 완전한 기억의 시대 또한 다음 세대에게는 큰 변화로 인식될 것이다. 우리가 일하고 배우던 방식은 모두 큰 폭으로 변할 것이다. 창의성은 더 자유롭게 발휘되고 건강은 더 크게 향상될 것이다. 나는 이러한 것들이 인간이라는 존재를 변화시킬 것이라고 믿는다."

디지털 시대의 본질적인 특성도 파악하지 못한 채 끊임없이 터져나오는 신기술이나 사회적 이슈에만 일희일비하면 근본적인 대책도 없이 혼선만 거듭될 수 있다. 그 개념과 속성에 대한 정확한 공감대야 말로 오늘과 내일의 우리 사회를 예측하는 시작점이다.

모두가 나를 알아본다

80세에 가까운 원로 인문학자가 어떤 강연 중에 이런 얘기를 한 적이 있다. "자료를 어떻게 찾아야 하나 고민하던 차에, 어느 젊은 학생의 권고로 구글의 이미지 검색을 통해 큰 도움을 받은 적이 있다. 오늘 이 강의 자료에 있는 이미지가 다 그렇게 얻은 것이다. 참 좋은 세상이다. 그런데 그 후에 호기심이 생겨서 내 이름을 검색해보았다. 그랬더니 수십 페이지의 자료가 나오는데 나도 보지 못했던 내용이 있지 않은가?"

그는 자신의 체험을 얘기하고 나서, "참으로 신기하다는 생각이 들었다. 이렇게 생생한 정보를 즉각적으로 나에게 찾아주다니… 도대체 내가 살아온 방식으로는 해석이 되지 않는다. 이것이 바로 디지털 세계와 소프트웨어가 나에게 주는 혜택이 아닌가?"라며 개인적인 느낌을 피력했다.

이처럼 디지털 정보는 검색과 분석이 용이하다. 인터넷의 시작은 검색이라고 해도 과언이 아니다. 한국에서 인터넷 기업하면 네이버, 다음과 같은 검색 포털이 연상된다. 미국에서도 인터넷 버블의 수혜주는 야후였다. 이들은 트래픽 증가를 광고 매출과 연결하는 인터넷 광고 시장을 창출했다. 한편 스탠포드 대학에서 공부하던 두 명의 학생은 자신들의 연구를 위해 검색엔진을 만들었다. 구글이다. 구글은 수학과 알고리즘을 결합한 검색엔진의 발명으로 일약 스타가 되었다. 구글은 아무런 사업 모델도 없이 기술만 가지고 회사를 차렸다. 워낙 그 기술이 뛰어났기 때문에 구글은 극찬을 받으며 급속도로 퍼져나갔다.

결국 구글이 돈을 버는 방법도 다른 검색 포털처럼 광고였다. 단지 그 사업 모델이 달랐을 뿐이다. 인터넷 포털이 트래픽에 따라 돈을 벌 수 있었다면 구글은 다른 방향으로 접근했다. 검색 결과를 찾아갈 때마다 돈을 받는 방식이다. 클릭 당 돈을 받는(pay-per-click) 사업이다. 기존 포털에서는 그 사이트에 머무르는 시간이 길거나 방문 횟수가 잦을수록 더 많은 매출을 올릴 수 있었지만, 구글은 그곳에서 빨리 빠져나와야 돈을 버는 모델이었던 셈이다. 어쨌든 디지털 정보가 검색이 쉽다는 특성 덕택에, 검색 사업은 인터넷 산업의 주역이 되었다.

오늘날 대부분의 기록은 디지털화되어 저장된다. 오래된 문서도 광 파일의 형태로 스캔해서 볼 수 있다. 데이터베이스의 보편화, 강력한 검색엔진, 문외한도 쉽게 사용할 수 있는 유저 인터페이스는 디지털 기록 문화의 패러다임을 바꾸었다. 활자와 문자의 발명으로 시작된 기록 문화는 디지털화된 정보를 통해 패러다임 변화를 맞았다. 그동안 잊혔고 찾기 힘들었던 정보가 저장되고 검색되면서, 모든 정보를 쉽게 찾을 수 있고 공개되는 시대가 되었다. 어떻게 보면 더욱 투명한 세상이 된 것이다.

하지만 다른 한편으론 디지털 시대에는 자신이 언제든 검색될 수 있다는 가능성을 가지고 살아야 한다. 검색은 우리에게 상상을 초월할 정도의 자유로움과 편안함을 주는 한편 더 이상 숨을 곳이 없는 세상을 만들었다. 페이스북에 남긴 젊은 시절의 글 한 편이 자신의 경력에 큰 오점이 되기도 한다. 자신의 발언, 메시지, 편지 등 기록이 남아 있고 검색된다는 것은 그만큼 무서운 세상이 되었음을 의미한다.

　반면에 투명함이 중요한 가치가 된다는 긍정적인 측면도 크다. 범죄자의 정보, 우범 지역에 대한 경고를 인터넷을 통해 실시간으로 공유함으로써 범죄 예방에 효과를 볼 수도 있다. 투명성이라는 시대적 변화를 읽지 못한다면, 그래서 컴퓨터와 인터넷을 사용하면서도 과거처럼 융통성 없이 폐쇄적인 태도를 취한다면, 스스로의 기회를 차단하는 것이다.

　희망이 넘치면서도 두려움이 엄습하는 세상이다. 이러한 시대의 특성을 직시하는 자세가 필요하다.

광대한 정보의 바다를
여행하는 법

문서가 많을수록 마음이 놓인다고?

1980년대 일본의 어느 대기업에서 있었던 일화다. 그 회사는 문서가 폭
증해서 애를 먹고 있었다. 문서를 저장할 공간도 부족한데, 직원들은 연일
문서를 보관할 가구와 장소를 요구했다. 컴퓨터가 아직 전 직원에게 보급
되기 전이라, 문서의 전자화도 아직 안 되어 있던 시절이다. 하루는 경영
진이 큰 결정을 하고, 그 계획을 발표했다.

1. 직원들이 원하는 수량을 요청받아 서랍장을 모두에게 제공한다.
2. 책상 위에는 어떠한 문서도 남기지 말고 일단 모든 서류를 서랍장에
   집어넣는다.
3. 서랍장을 모두 봉하고 각자에게 자물쇠를 지급한다.

여기까지는 직원들을 충분히 배려한 조치처럼 보였다. 그런데 회사는 다음과 같은 규칙을 만들어 발표했다.

"오늘 이 순간부터 업무상 필요한 문서가 있으면 서랍장에서 꺼내올 수 있다. 단, 한번 꺼내온 문서는 다시 서랍장에 넣을 수 없다. 필요한 문서라면 불편하더라도 책상에 놓은 채 업무를 봐야 한다."

일단 문서를 보관할 서랍장이 생겼기에 직원들은 환영했다. 책상은 한결 깨끗해졌다. 그러나 서랍장 정리를 마치고 본격적으로 업무를 시작하자 사정이 달라졌다. 문서를 서랍장으로 다시 집어넣지 못하니 여간 불편한 게 아니다. 시일이 흐르면서 책상은 수북이 쌓인 문서로 엉망이 되었고, 공간이 비좁아서 아우성이었다. 도대체 왜 서랍장으로 다시 넣지 말라는 것일까? 시일이 흐를수록 직원들의 불평불만이 쌓여갔다.

6개월째 되던 날, 돌연 회사 관리부서에서 나오더니 서랍장을 모두 다 들고 나가 폐기처분해버렸다. 당연히 직원들은 어리둥절했다. 꼭 봐야 할 서류가 서랍장 안에 있다면서 하소연했다. 그러나 예외는 없었다. 사장의 명령을 받은 관리부서의 방침은 단호했다.

"6개월 이상 안 보는 문서라면, 업무상 반드시 필요한 것은 아니다. 폐기한다고 해서 업무에 지장이 있지는 않을 것이다."

이 사건이 있은 후 그 기업의 문서 관리 문화는 한결 좋아졌다.

질보다 양, 지식보다 노동이 인정받던 시절엔 이와 비슷한 일들이 많았다. 대학 시절 유명한 교양학부 과목이 있었다. 그 과목은 숙제도 없고 시험도 없이 오직 연말 리포트 하나로 성적이 결정됐다. 이 하나에 모든 것이 집중되다 보니 양의 경쟁이 이루어진다. 내용은 차치하고라도 일단 많아야 있어 보인다는 심리였다. 점점 경쟁이 치열해지면서 어떤 학생은 거의 책 1권 수준의 리포트를 제출하기도 했다. 그런데 과연 그 많은 학생이 제출한 방대한 리포트를 다 읽어볼까? 제출하고 나서 성적이 나오기까지 기간은 오직 1주일. 계산이 나오지 않는다. 리포트 중간에 소설책 일부를 베껴 써도 모르지 않겠느냐며, 그 과목을 수강했던 선배들과 농담하며 웃었던 기억이 난다.

컴퓨터를 사용하면서도 이런 습관은 좀처럼 사라지지 않는다. 종이 문서처럼 자리를 차지하지 않으니 부담감은 덜해졌지만 일이 줄어들었다는 생각은 그다지 들지 않는 것이다. 국정 감사장에서 과도한 자료를 요구해 서류가 산더미처럼 쌓여 있는 풍경 역시 이미 언론 지상에 많이 보도된 바 있다. 대기업에 다닐 때 차기 년도 예산 작업을 하려면 기획 부서를 거쳐야 했다. 그러면 기획 부서에서는 타당성을 검토하는 데 필요하다며 보조 자료를 요구하곤 했다. 칼자루를 쥐고 있는 부서였기에 정성스레 문서를 만들었다. 그런데 정작 문서를 제출하기 위해 부서장에게 가보면 책상 주변에는 이미 온갖 서류로 가득했다. 모두 우리와 같은 보조 자료였다. 밤새 보더라도 전부 다 검토할 시간이 없을 텐데, 과연 이 서류를 진짜 들여다볼까? 제대로 읽지도 않으면서 수북이 쌓인 정보와 자료가 있어야 마음이 놓이는 심리는 아니었을까?

많은 정보가 풍부한 지식을 의미하지는 않는다

대학 병원에서 교수로 근무하는 친구와 대화할 기회가 있었다. 정보화가 잘 이루어진 의료계 현장에 대해 IT인으로서 평소 뿌듯하게 느끼던 터라 "정보화가 되니까 편하지? 데이터를 보면 진단하는 데도 도움이 되고. 인터넷 덕분에 환자들이 병에 대한 상식도 많고…” 하면서 가볍게 질문을 던졌다. 그러나 의외로 그는 불만을 털어놓았다.

정보가 너무 많아 오히려 정확한 판단에 지장을 초래한다는 것이다. 각종 검사를 통해 올라온 모든 정보는 데이터베이스에 저장된다. 그는 수많은 정보를 한눈에 본다는 장점은 있으나, 오히려 쓸데없는 정보가 너무 많아서 그것을 걸러내는 데 꽤 많은 시간을 허비해야 한다고 말했다. 의사가 컴퓨터를 보는 목적은 환자의 특정 질환에 관련된 정확한 요소를 짚어내는 것인데, 정보를 필터링하는 과정이 너무 소모적이라는 것이다.

과다한 정보는 이미 다른 분야에서도 문제점으로 제기되고 있다. 영국의 경제 주간지 〈이코노미스트〉에서도 ‘데이터 홍수’(Data Deluge)라는 주제를 다루면서 정보가 지나치게 방대해지다 보니 쓰레기에서 다이아몬드를 찾는 격이라고 묘사하고 있다. 정보는 양이 중요한 것이 아니다. 우리에게 필요한 것은 판단의 근거를 위한 지식이다. 지금까지의 정보화는 디지털화된 수많은 정보를 데이터베이스에 집어넣는 게 주를 이루었다. 하지만 이제부터 해결해야 할 숙제는 그 정보 속에서 지식을 이끌어내는 것이다.

가령 환자 입장에서는 의사를 대면하는 시간이 절대적으로 부족하니 인터넷을 통해 의사와 직접적인 소통이 이루어진다면 홈페이지에 축적된 양질의 지식이 훗날 다른 환자들에게도 큰 도움이 될 수 있을 것이다. 이처럼 인터넷도 긍정적인 방향으로 활용된다면 큰 도움이 될 수 있다.

더욱 선진적인 환경으로 도약해서 세계적인 시스템을 갖추려면 방대한 지식을 지능적으로 끄집어내는 입체화된 구조를 갖추어야 한다. 그리고 이를 활용하는 개인의 자세가 요구된다. 정보화 1막이 하드웨어와 디지털 데이터에 의해 이루어졌다면 2막은 소프트웨어와 정보의 올바른 사용에 의해 좌우된다. 바로 이것이 진정한 지식 기반 사회로 가는 길목이다.

정보 활용에 대한 고민이 먼저다

하드 디스크와 같은 저장 기기가 비싸고 용량이 크지 않던 시절에는 필요 없는 파일을 정리해서 공간을 마련하는 게 중요했다. 그러나 시간이 갈수록 저장 용량은 커졌고 가격은 하락했다. 오늘날 저장 공간 때문에 망설이는 사람이 얼마나 될까? 아예 공짜 공간이 넘쳐나지 않는가?

저장 공간의 한계가 사라지면서 정보량은 많아졌다. 네트워킹의 생활화로 정보의 유통 속도도 빨라졌다. 보관할 파일을 선정하고, 저장된 파일을 잘 간직하면서 나중에 활용하는 패턴이 아니다. 끊임없이 쏟아지는 정보 속에서 키워드를 찾아 그 흐름을 파악하는 속도의 시대다. 정보량이 폭증하는 속도는 가히 놀랍다. 정보는 계속 흘러간다. 그 속에서 트렌드를 잡아내고, 필요한 정보를 찾아내서 활용해야 한다. 타임라인(timeline)을 따라 물 흐르듯 흘러가는 정보와 콘텐츠, 이를 효율적으로 검색해서 정보를 활용하는 형태로 우리의 정보 관리 문화도 바뀌고 있는 것이다.

앞으로 저장 비용은 제로로 수렴하고, 저장 용량은 무한대로 커질 것이다. 또한 내 컴퓨터에만 저장된 자료를 애지중지하며 관리하던 문화에서 어디에 있든지 정보를 마음대로 가져다 쓰는 형태로 바뀌고 있다. 소유라는 개념에서 필요할 때마다 찾아 쓰는 개념으로 바뀌고 있는 것이다.

우리는 새로운 기기나 IT 환경을 접하기 위해 많은 노력을 쏟고 있다. 그러나 그런 기술적 노력 이전에 우리가 문서와 정보를 다루는 인식이 이 시대에 맞는지 자문해보아야 한다. 속도와 공유의 시대에 정보 그 자체는 목표가 아니다. 이를 어떻게 활용할 수 있는가에 초점을 맞추어야 한다.

한편 수많은 정보와 데이터는 더욱 지능적인 결과를 만들어내는 기반이 된다. 한국어 음성 인식 시스템을 한평생 연구한 대학 교수가 있다. 하루는 그분이 풀이 죽어 있기에 그 이유를 물으니 구글에서 발표한 한국어 인식 기능 때문이었다.

"제대로 될까요? 영어는 모르겠지만, 한국어 구조를 잘 모르면서 만드는 데는 한계가 있지 않을까요?"

"저도 처음에는 그렇게 생각했어요. 적어도 그것만큼은 한국인이 해야 한다는 사명감이 있었는데, 실제로 구글의 기술은 충격적일 정도로 정확하답니다."

어떻게 한국어 구조를 모르고서 한국어를 인식할 수 있을까? 그 궁금증은 구글에서 어떻게 지능적인 인식을 구현하고 있는지를 엿보면 알 수 있다. 구글의 기계번역 책임자 아쉬시 베누고팔(Ashish Venugopal) 수석 과학자는 2012년 〈조선일보〉와의 인터뷰에서 다음과 같이 설명했다.

"기계 번역은 일종의 빅데이터 처리 시스템이다. 우리는 많은 데이터를 처리해 스스로 언어를 배우는 시스템을 만든다. 각 언어 학습은 시스템이 자동으로 한다. 우리 팀 대부분은 데이터 처리 기술 전문가이며, 언어학자는 1명도 없다. 언어보다 데이터를 잘 이해하는 사람이 필요하다."

사실 어린 시절부터 언어를 습득하는 과정을 보면 그의 말을 이해할 수 있다. 우리가 특정 언어의 구조나 문법에 따라 모국어를 깨우치는 것은 아니다. 주변에서 듣고 습득하는 표현들이 학습되어 자연스럽게 언어를 배우게 된다. 우리가 외국어를 후천적으로 배우는 방식과 모국어를 태생적으로 깨우치는 과정은 전혀 다른 것이다. 인간의 두뇌는 그런 학습을 처리할 수 있을 정도의 능력과 구조를 가지고 있다.

영화 '트랜스포머'에서는 주인공이 "도대체 어떻게 우리 언어를 배웠느냐?"고 묻는 장면이 나온다. 옵티머스 프라임은 "우리는 월드와이드웹을 통해 지구의 언어를 배웠다"고 대답한다. 만화 같은 영화이지만 인터넷을 통해 언어를 배웠다는 것은 시사하는 바가 크다. 인터넷은 커다란 컴퓨터이고, 그 속에 빅데이터가 형성되고 있으며 이를 통해 지능적인 판단을 할 수 있는 것이다.

빅데이터는 먼 훗날 남의 나라에서 일어나는 이야기가 아니다. 우리 주위에서 이미 일어나고 있는 진행형이다. 많은 양의 데이터를 의미하는 이 단어는 다량의 데이터를 동원해서 좀 더 지능적인 역할을 해낼 수 있다. 방대한 데이터의 연관 관계를 분석함으로써 기존의 한정된 데이터로는 상상도 할 수 없었던 일을 수행할 수 있다. 컴퓨터의 성능이 좋아졌고, 저장 용량이 방대해졌고, 데이터를 모으는 네트워크 접속 역량이 커졌기 때문이다.

IT 제품의 대중화는 한 사람이 최소 2~3개의 기기를 소유하는 모습으로 나타났다. 곳곳에 연결된 센서는 데이터를 중앙 시스템으로 공급한다. 교통카드, 신용카드, CCTV 이미지 등 데이터를 감지해서 전송하는 센서도 나날이 늘어나고 있다. 이 데이터를 통해 스마트한 시스템을 만드는 것이 우리의 과제. 빅데이터라는 거창한 용어를 쓰지 않더라도, 방대한 데이터가 발생할 것은 자명하다. 수많은 센서, 대용량 데이터, 무한 접속. 이것이 이 시대를 설명하는 현상이다. 이처럼 지능이 더 높은 사회를 만들어 가는 것은 우리의 의지에 달려 있다.

비즈니스에서 SNS의 파워

1990년대 후반에 있었던 얘기다. 사업상 어느 고객의 사무실을 방문하게 되었다. 실무 담당자를 거쳐 의사 결정권을 가지고 있는 분과 만나 이런저런 환담을 나누고 있는데 갑자기 전화벨이 울렸다. 그런데 전화를 받은 그의 얼굴에 긴장한 표정이 역력히 드러났다. 아마도 상관인 것 같았다. 저쪽에서 무슨 말을 하고 있는지 자세히 들리지는 않았지만 눈치를 보아하니 누군가의 연락처를 알아내라는 것 같았다. 알아보겠다고 대답한 뒤 전화를 끊은 그는 곧바로 아는 사람을 총동원해 전화를 돌리기 시작했다. 그는 상대에게 통상적인 안부 메시지를 던진 후 본론으로 들어갔다. 그렇게 몇 사람을 거친 후에야 목적을 달성한 듯 보였다. 모두 10분 안에 일어난 그 광경을 나 또한 옆에 앉아 그저 지켜보고만 있어야 했다.

2000년대 중반 어느 일본 대기업에 방문한 적이 있다. 워낙 큰 회사였기에 다소 긴장한 상태였다. 그런데 우리 앞에 앉은 임원이 우리 회사에 대해서 잘 알고 있다고 하지 않는가? 그러면서 자신의 직원들이 우리 회사를 방문한 적이 있다고 했다. 적잖이 당황스러웠다. 기억을 되살리려고 노력했지만, 잘 떠오르지 않았다. 그러자 그는 우리 회사에 방문했을 때 받았던 명함을 복사한 종이를 보여주었다. 그 속에는 내 명함도 있었다. 순간 얼굴이 화끈거렸다. 2000년대 초부터 일본에서는 한국의 벤처 기업을 배우자는 유행이 퍼져 있었다. 많은 기업들이 한국 기업들을 방문했는데 이 대기업도 그중 하나였던 것이다. 나는 방문 자체도 기억하지 못하고 있었는데, 이 회사는 모든 방문 기록을 데이터베이스화해서 관리하고 있었던 것이다. 사업적으로 내가 일단 한 수 뒤지고 가는 느낌에 창피스러웠다.

어느 사회나 관계는 아주 중요하다. 그러나 단순히 '아는' 차원의 관계는 그다지 중요하지 않다. 의미 있는 관계는 얼마나 서로를 신뢰할 수 있느냐에 달려 있다. 만일 그 연결 고리를 신뢰할 수 있는 사람이 있다면, 그 관계는 더욱 공고해진다. 문제는 오프라인에서 이런 식으로 관계를 확장하려면 너무 많은 시간이 걸린다는 데 있다.

인터넷과 SNS는 관계를 혁신적으로 이어주는 플랫폼으로 대두되고 있다. 연결뿐만 아니라 검색과 확인을 통해 효율적으로 관리할 수 있게 해준다. 우리나라에서는 사용자가 적은 편이지만, 미국이나 유럽에서는 링크드인이라는 SNS가 비즈니스 관계를 관리하는 용도로 많이 사용된다. 링크드인을 통해 자신이 관심을 가진 상대방에게 자연스럽게 접근한다. 나 역시 링크드인을 통해 지구 반대편에 사는 사람들로부터 사업적 제안을 받아서 내부 프로젝트와 연결해준 적이 적지 않다. 그들은 나의 프로필을 보고 접근한 것이다. 물론 사람 찾는 데 유용하기 때문에 구직, 구인 시장에도 큰 영향을 준다.

미국이나 유럽에서 전시회는 고객이나 파트너를 만나는 중요한 장이다. 그 자리에서 구체적인 사업 거래가 이루어지기 때문이다. 최근 미국에서 전시회에 참여하는 전후 과정에서 링크드인이 얼마나 막강한지 깨닫게 되었다. 만나기 전에 그 사람의 배경과 프로필을 검토할 수 있고, 만나고 나서는 공통적으로 아는 사람을 통해 서로를 검증한다. 더 나아가 스마트폰을 통해 지리적 제약이 없이, 초스피드로 비즈니스 관계를 개척하고 이어간다. 사람과 사람의 연결 고리는 한결 튼튼해진다. 단순한 인간적 끈이 아닌, 스킬셋(skill-set)과 전문성에 기반을 둔 프로페셔널한 관계다.

디지털 세상에서
삶의 균형 찾기

제이슨 본이 스마트폰을 가졌더라면

미국 출장 중에 겪은 일이다. 공항에서 비행기를 기다리는데, 기상 악화로 인해 전반적인 비행 일정이 지연되고 있었다. 급기야 다음 도시에서 연결되는 비행기를 탈 수 있을지 심히 걱정될 지경이 되었다. 카운터에 가서 물어보려고 했으나 줄이 워낙 길어서 차례가 오기까지 오래 기다려야 했다. 천신만고 끝에 물어보았지만 담당자에게서는 시원스러운 답변을 듣지 못했다. 마침 어느 미국인이 아이패드로 비행 스케줄을 보고 있어 도움을 요청했다. 그러자 그는 항공사 앱(App)을 통해 도착 예정 시간, 다음 연결편의 바뀐 시각과 탑승 게이트 등을 즉석에서 보여주었다. 그 앱에는 항공사에서 업데이트하는 정보가 실시간으로 올라오고 있었다. 카운터의 담당자보다도 훨씬 빠르고 스마트한 답변이었다.

우리 생활에서 태블릿과 스마트폰은 생각 이상으로 많은 도움을 준다.

인터넷은 편리한 반면 공간적 제약이 있었다. 그러나 모바일 기술은 인터넷이 되는 장소를 찾아다니는 수고를 덜어준다. 첩보 영화 '본 시리즈'를 보면 주인공 제이슨 본이 쫓겨 다니면서도 인터넷 카페를 찾아가 정보를 검색해서 자신의 목표를 추적해가는 장면이 나온다. 만일 그 영화를 지금 만들었다면, 인터넷에 접속할 장소를 찾는 대신 바로 스마트폰을 집어 들지 않았을까?

미국 월가에서 유명한 IT 애널리스트인 메리 미커(Mary Meeker)는 인터넷 시대의 기술 변화를 정확하게 짚어내 '인터넷의 여왕'으로 불렸다. 그녀는 실리콘 밸리로 옮기기 직전인 2010년도 보고서에서, 불과 5년 이내에 모바일 인터넷 사용자 수가 유선 인터넷 사용자를 넘어설 것으로 예측했다. 스마트폰 보급률과 인터넷 통계를 과학적으로 분석한 결과다. 사생결단하듯 치열한 전쟁을 하는 스마트폰 시장을 보면, 그 시기가 앞당겨질 수도 있겠다는 생각이 든다.

바야흐로 모바일 인터넷, 포스트 PC 시대가 왔다. 앞으로 수많은 기기들이 공간의 제약 없이 인터넷에 접속될 것이다. 그런 기기로부터 생성되는 엄청난 정보는 클라우드를 중심으로 처리되고, 그로 인한 트래픽으로 네트워크 수요는 급증할 것이다. 이로 인해 업무와 일상생활에 커다란 변화가 일어나고 있다.

모바일 영역은 어디까지 확장될 수 있을까?

어느 기업의 CEO가 스마트폰을 업무에 과감하게 확대 활용하겠다는 얘기를 꺼낸 적이 있다. 그러면서 그는 보안 문제가 가장 걱정된다고 덧붙였다.

보안 전문 기업에 몸담고 있다 보니, 새로운 보안 문제에 부딪혔을 때 상담을 요청하는 기업이 적지 않다. 그런데 가끔 꼭 그렇게 업무를 해야 하는지 의문이 드는 경우가 있다. 내가 본 바로는 그 기업은 스마트폰 결재가 반드시 필요하지는 않았다. 회사에 들어와서 결재해도 되고, 급한 경우 구두 결재로도 충분하다. 그러나 스마트폰도 PC처럼 사용해야 한다는 다분히 관성적인 생각으로 추진하려고 했던 것 같다.

아무리 컴퓨터 기능이 강화되었다고 해도 스마트폰을 PC처럼 관리하려고 하면 무리수가 따를 수 있다. PC는 회사의 자산이다. 그러나 스마트폰은 직원이 개인적으로 구매한 경우가 많다. 그런데 기업이 그것을 제어할 권한이 있는가? 회사의 자산인 PC처럼 통제하려 한다면 개인들의 극심한 반발에 부딪히지 않을 수 없게 될 것이다. 게다가 스마트폰은 개방형 플랫폼이다. 폐쇄적인 기업의 IT 정책을 적용하기에는 제품의 사상이 다르다. 이메일이나 중요 문서를 활용하는 경우에 한해서, 기업의 중요 정보에 대한 보호 차원에서 적절한 통제를 하면 된다. 구태여 개인의 영역까지 건드릴 필요는 없다.

직원들이 자신들의 모바일 기기를 가져와서 업무를 처리하는 것을 BYOD(Bring Your Own Device)라고 한다. 최근 기업들은 이 문제를 어떻게 다룰지 고민하기 시작했다. 업무 특성이나 보안의 요구 수준에 따라 기업별로 상황은 다르지만, 무조건 금지하기에는 효율성과 실용성의 장점을 무시할 수 없기 때문이다. 더욱이 고객에게 다가가기 위해 SNS까지 도입하는 상황이니, 사업 인프라에 대한 경영진의 고민은 깊어질 수밖에 없다. 그러나 이 문제에 기술적으로 접근해서는 본질을 벗어날 수 있다. 모바일 업무의 강점을 잃어버릴 정도로 정책이 강하게 적용된다면 직원들은 불편해할 수밖에 없다. 정책을 따르는 데서 불편함이 생기면 그 정책은 이미 실효성을 상실한 것이다. 기술보다 업무의 효율성과 생산성 측면에서 적절한 대책을 세우는 게 바람직하다.

스마트워크, 기술보다 삶이 먼저다

사회적으로는 생각할 문제가 더 많다. 스마트워크는 참으로 멋진 개념이자 우리가 꿈꾸는 미래의 모습이다. 특정 사무 공간에 얽매여 일할 필요가 없어진 것이다. 직장과 가정이 융합된 형태는 산업화 사회에서 진정한 정보화 사회로 간다는 것을 의미한다. 그런데 스마트워크의 성공은 기술적 문제에 달려 있는 게 아니다. 스마트워크에 맞게 사회적 제도나 통념을 바꾸는 게 핵심이다. 전통적인 업무 방식과의 차이를 직시하지 않고 기술적으로만 접근하면 낭패하기 쉽다.

물론 글로벌 시대에 업무 중심의 경영으로 가야 하는 방향성은 맞다. 실리콘 밸리의 어느 기업은 80명 정도의 인력이 전 세계 10개가 넘는 사무실에서 근무하고 있다. 홈 오피스에서 홀로 근무하는 직원도 많다. 그 회사는 최고의 전문가라면 그를 위해 지사를 내서라도 채용한다는 전략이다. 이런 가상 사무실의 형태는 소프트웨어 기업을 중심으로 일반화되어 있다.

그러나 과연 우리나라 기업에서 그렇게 관리할 수 있는 기업이 얼마나 될까? 그 과정은 결코 순탄치 않다. 스마트워크를 위한 기술적 인프라 구축과 동시에 기업의 경영 혁신이 이루어져야 한다. 그리고 시간이 걸린다는 사실을 직시해야 한다. 지금 시작하더라도 적어도 10년 정도는 걸려야 정착될 것이다. 스마트워크는 기술의 문제가 아니라 인식의 문제다.

1980년대 미국 유학 시절에 집에서도 연구를 하는 문화가 싹트기 시작했다. 비록 지금처럼 대중화되지는 못했지만, 어느 정도 학교 시스템과 네트워크로 연결도 가능했고, 컴퓨터를 집에 가지고 갈 수 있었기 때문이다. 젊은 교수들과 대학원생을 중심으로 그런 풍토가 확산되고 있었다. 그런 모습을 보고 연세가 많으셨던 한 노 교수님은 사석에서 이런 말을 한 적이 있다.

"나는 집에서 일한다는 것을 이해할 수가 없다. 애들이 놀아달라고 하고, 아내는 집안일을 도와달라고 하는데, 어떻게 무시할 수 있나? 집중할 수 없는데 어떻게 연구가 되겠나?"

미국에서도 당시로서는 이해할 수가 없었던 문화였다. 그런데 지금은 홈 오피스를 흔하게 찾아볼 수 있다. 물론 오늘날 인터넷과 PC가 대중화된 환경 탓도 있지만 그만큼 인식의 변화가 오랜 기간 이루어진 탓이다.

하지만 아직 우리나라에서는 흔치 않은 풍경이다. 인식이 변하는 데 시간이 필요하다는 것을 과소평가하면 안 된다. 모바일 시대는 새로운 사업 기회와 더불어 그만큼 많은 숙제도 우리에게 던져주었다. 기업에는 새로운 정책과 실행 방안, 사회적으로는 새로운 라이프스타일과 업무 방식에 대한 준비가 필요하다. 단순히 기술적으로 접근하면 좌절하거나 혼란에 빠질수 있다.

긍정적으로 보면 새로운 정보화 모델로 모바일과 융합의 시대를 선도할 수 있는 기회다. 그런데 기술보다 중요한 것은 기존의 업무 체계와 기업 문화에 대수술을 실행하는 개혁 의지다. 특히 일과 육아를 병행하는 여성들이 자신의 커리어를 유지할 수 있도록 도와주는 유연 근무제는 많은 사회 문제를 해결할 수 있다. 확고한 방향 의식을 가지고 이를 추진해야 한다.

11

인간에게 다가온 기계

인간과 기계 사이에 중대한 패러다임의 변화가 일어나고 있다. 인간이 기계를 향해 다가가지 않아도 이제는 기계가 먼저 인간에게 다가온다. 인간은 자기가 있는 곳에서 기계를 통해 정보를 끌어당기고, 적극적으로 활용한다. 인간 중심적 가치가 실현되고 있는 것이다. IT를 접목해서 디지털 문명의 번영을 이끌어야 하지만, 그렇다고 IT에 매몰되어서도 안 된다. 때로는 과감히 IT를 접는 용기도 필요하다.

인간중심적 가치를
실현하다

"요즘은 이것 없으면 못 살아"

아이폰이 한국에 도입되고 나서 두 달쯤 지난 후의 일이다. 친척 중에 자녀들을 미국에 유학 보내고 비교적 여유 있게 지내는 50대 중반의 여성이 있다. 어느 날 모임에서 우연히 만나게 되었는데 그분은 자신의 휴대폰에 대해 불만이 컸다. "이제 눈이 침침해져서 화면이 잘 안 보여" 하시면서 화면이 넓은 것으로 바꾸었으면 좋겠다고 하셨다. 마침 내가 들고 있던 아이폰을 보시더니 "이거 새로 나왔다고 들었는데 화면이 넓고 좋네. 사용하기 어때요?" 하고 물어보신다.

"아, 사용하기는 좋은데 조금 비싸기는 해요."

"이참에 한번 바꿔볼까? 어디에 가서 살 수 있어요?"

그로부터 한 달 후 그분을 다시 만나게 되었다. 손에는 아이폰을 들고 계셨다. 나는 그분이 설마 큰 화면 때문에 아이폰을 사리라고는 전혀 생각하지 않았었기에 '좀 더 잘 설명해드릴걸' 하는 약간의 미안함도 들었다.

"아이폰 사셨네요. 불편하지 않으세요?"

"응. 잘 쓰고 있어요. 나 요즘 이것 없으면 못 살아."

"예? 어렵지 않으세요?"

"생각보다 하기 쉽던데요? 나는 이 그림만 보면 되니까."

사정은 이랬다. 그분은 자식들을 유학 보내고 나서 평소에 하고 싶었던 미술에 빠져 지내셨다. 때로는 전시회에 출품할 정도이니 단순한 취미 차원은 아니다. 그런데 그림을 그리기 위해서는 미술 작품을 많이 보면서 연구해야 한다고 한다. 과거 유명한 작품일 수도 있고 현대 작품일 수도 있다. 다양한 그림을 참조하면서 기법과 스타일을 연구하고, 때로는 흉내도 내보고, 아이디어를 얻어 새로운 시도를 하기도 한다.

그런데 그림이 한두 개도 아니고 매번 두꺼운 책을 들고 다닐 수도 없는 노릇이다. 그런 상황에서 언제 어디서든 인터넷 접속이 가능한 스마트폰은 제격이다. 시간과 장소에 구애받지 않고 그림을 찾아볼 수 있을 뿐더러, 손가락만 사용해서 특정 부분만 확대해서 자세히 볼 수도 있다. 밖에서 누구를 기다리다가도 틈틈이 자신의 손가락만으로 보고 싶은 그림을 찾아서 분석해볼 수 있으니 이분에게 스마트폰이 중요한 생활의 일부가 된 것은 어찌 보면 지극히 자연스러웠다.

"화면이 작아서 불편하지 않으세요?"

"안 그래도 미국에 있는 우리 아들이 아이패드라는 게 나왔는데 훨씬 커서 보기 좋다고 하데요. 아직 우리나라에는 안 들어와서 기다리고 있어요." 대화는 이렇게 마무리되었다. 몇 달 뒤 그분 손에는 아이패드가 들려 있었다.

인간을 향하는 기계의 진화

기술 발전의 역사를 돌이켜보면 인간스러움을 실현하기 위해 끊임없는 연구개발이 이어졌다. 상상 속의 장면을 생생하게 보여주는 그래픽 기술, 입체적인 효과로 실감나게 만드는 3D 기술, 음악회 현장에 앉아 있다는 착각을 일으킬 정도로 풍부한 음향을 재현한 오디오 시스템이 그런 예다.

애당초 컴퓨터는 전문가 제품이었다. 기업의 업무를 돕기 위해 발명되어 사무실과 업무 현장에서 주로 사용했다. 80년대 미니컴퓨터의 선두주자 디지털이큅먼트사의 CEO 켄 올슨(Ken Olsen)은 "집에서 컴퓨터를 사용할 일은 없을 것"이라며 개인이 컴퓨터를 사용하는 시대는 오지 않을 것이라고 단언했다. 가정에서 사용하는 TV나 가전제품처럼 보통 사람들이 일상생활에서 사용해야 한다는 필요성은 그만큼 적었다.

그럼에도 PC를 좀 더 인간적인 도구로 만들기 위한 노력은 줄기차게 이어져왔다. 가족들이 같이 있는 공간은 거실이다. PC를 TV나 게임기처럼 거실로 끌어내기 위한 노력은 다각도로 시도되었고, 결국에는 성공했다. 그것은 PC 스스로의 진화에 의한 것이 아니었다. 휴대폰에서 진화한 스마트폰, 그리고 스마트폰과 PC에서 진화한 태블릿에 의해서였다.

스마트폰은 정보 접근의 방향을 바꾸어놓았다. 스마트폰은 인간이 기계에 다가가는 게 아니라 기계가 인간에게 다가오게 만들었다. PC처럼 키보드나 마우스와 같은 도구에 매달릴 필요가 없다. 내 손가락의 터치에 반응하고, 스스로 듣고 보는 것을 인식한다. 냄새 나는 것만 제외하고는 오감(五感)에 버금갈 정도로 거의 모든 것을 감지하고 행동한다. 바로 이러한 '인간중심 철학'에 충실하기에 스마트폰은 단순한 기계가 아닌 인간적인 친밀함으로 와 닿는다. 이처럼 인간적인 특성 덕택에 기계로부터 소외되고 힘들어하던 보통 사람들도 적극적으로 스마트폰을 받아들이고 있다. 컴퓨터를 접한 적이 전혀 없는 사람들마저도 직관적으로 잘 사용하는 것을 보게 된다. 앞서 예술에 조예가 깊은 컴퓨터 비전문가가 스마트폰에 두려움을 느끼지 않는 것은 인간에게 다가온 기계의 친화력 덕분이다. 중심축이 인간 쪽으로 이동한 것이다.

기계가 되기를 거부한 컴퓨터

일반적으로 신개념의 첨단 제품이 널리 보급되기까지는 많은 시간이 소요되기 마련이다. 초기에는 소위 얼리어답터들이 달려들어 이리저리 뜯어본다. 이들에게는 자신의 월급보다 비싼 가격도 큰 문제가 되지 않는다. 그만큼 신기술을 먼저 접한다는 기쁨이 크기 때문이다. 이들의 열정 덕택에 제품의 문제점이 지적되고 개선되어 제품이 성숙해진다.

그러나 일반 대중이 그 제품을 돈 주고 사는 형태는 다르다. 이들은 검증된 제품, 주위에서 쓸 만하다고 인정받는 제품, 지불한 금액 이상으로 도움을 줄 수 있는지를 꼼꼼히 따져가며 사게 된다. 얼리어답터에서 대중으로 확산되는 고비에 벼랑이 존재한다는 '캐즘(chasm) 이론'은 그러한 어려움을 지적해서 모델화한 경영 학설이다. 신개념의 하이테크 제품은 대체로 이러한 과정을 거친다는 것이 캐즘 이론의 주장이다.

아이패드도 예외가 아니었다. 일반 PC 이상으로 복잡한 기술이 내장되어 있고, 가격도 MP3플레이어나 닌텐도 게임기보다 훨씬 비싸다. 복잡다단한 기술로 구성된 고가 제품임에도 불구하고 가전제품이나 게임기 이상으로 빠르게 대중 속으로 파고 든 비결은 무엇일까? 아이패드가 출시된 후 나타난 풍경 한 가지를 소개한다.

> 아이패드를 예약한 후 처음 받는 날 애플 스토어에서 줄을 서서 기다리
> 다가 뒤에 남편과 같이 온 60대쯤으로 보이는 백인 할머니가 눈에 띄어
> "직접 쓰려고 사는 겁니까?"라고 물어봤다. 그러자 "그래요, 내가 구입
> 하는 첫 번째 첨단 장난감이 될 거예요. 기대가 크다우"라고 대답했다.
> (《아이패드 혁명》에서 임정욱 대표의 체험담)

아이패드가 처음 발표됐을 때 전문가들의 혹평도 적지 않았다. 그런데
정작 제품이 고객의 손에 쥐어지자 반응은 폭발적이었다. 출시하는 날짜에
맞추어 줄을 지어 밤을 지새우는 고객들의 열의는 세계 곳곳에서 뉴스거리
가 되었다. IT 전문기관인 가트너(Gartner)의 부사장은 한 세미나에서 태블
릿 시장에 대한 판단 착오를 솔직하게 시인했다. "태블릿은 오랜 기간 우
리 주위에 있었다. 그러나 우리는 태블릿에 대해 잘못 판단했다. 태블릿을
만드는 기업이나 사용자, 심지어는 우리 같은 전문 애널리스트 모두 태블
릿 시장은 안 될 것이라고 예측했다. 그러나 단 한 사람만은 그렇게 생각
하지 않았다. 바로 스티브 잡스였다."

인간적인 환경에 한 걸음 다가서다

오늘날 PC 제조업체, 휴대폰 제조업체가 애플의 대항마를 자처하며 태
블릿 시장에 뛰어 들고 있다. 심지어는 인터넷 서점으로 유명한 아마존도
'킨들 파이어'라는 제품을 파격적인 가격에 판매하고 있다. PC의 성장세

는 꺾인 반면, 포스트 PC의 대표 주자인 스마트폰과 태블릿은 도약하고 있다. 분명히 속에는 컴퓨터가 들어 있는데 PC와 차이는 무엇일까?

양로원에서 봉사하는 분에게서 이런 얘기를 들은 적이 있다. 담당 기관에서는 실태 조사차 정기 방문을 한다. 위생 환경은 어떤지, 건강 상태는 어떤지, 적절한 영양소의 음식이 공급되고 있는지 등. 그런데 노인들은 담당자가 노트북 컴퓨터를 가지고 와서 일하는 것을 싫어한다고 한다. 왜 그럴까? 그 광경을 상상해보자. 조사하러 나온 사람은 컴퓨터를 책상 위에 올려놓고, 질문을 하면서 키보드를 두드릴 것이다. 맞은편에 앉은 사람은 마지못해 답변하는 분위기다. 어디선가 익숙한 장면이 아닌가? 영화나 드라마 속에서 경찰이 취조하는 장면이다. 말하자면 범죄인 취급을 받는 기분이라는 것이다. 병원에서도 의사가 검사 결과를 컴퓨터로 보는 동안 그 앞에 앉은 환자는 무슨 판결을 기다리는 양 겁먹은 표정으로 앉아 있게 된다. 마치 컴퓨터가 의사와 환자 사이에 놓인 권위의 상징처럼 보인다.

이럴 때 태블릿을 사용한다면 어떨까? 우선 한 화면을 같이 볼 수 있다. 궁금하면 즉석에서 다른 내용도 확인해볼 수 있다. 서로를 단절시키는 존재에서 대화에 도움을 주는 기기로 바뀌는 것이다. 실태 조사를 하러 나온 사람이나, 진료 기록을 보고 있는 의사나 굳이 자신의 권위를 보이고자 하는 것은 아닐 것이다. 단지 컴퓨터가 그렇게 생겨서 연출된 상황일 뿐이다. 바로 이럴 때 태블릿은 관계를 평등하게 만드는 도구가 된다. 비슷한 기술로 구성되어 있다고 해서 제품의 개념마저 같은 것은 아니다. 태블릿의 내부 구조는 컴퓨터와 90% 이상 같다. 아니 사실상 컴퓨터다. 단지 사용하는 형태나 인터페이스가 다를 뿐이다. 그런데 바로 그런 미묘한 차이가 현장에서 전혀 다른 개념의 제품으로 받아들여진다. 스마트폰처럼 직관적이고 인간적이다. 기계적인 컴퓨터에 맞춰야 했던 삶에서 인간이 우선시되는 삶으로 바뀐 것이다.

이미 태블릿은 상점에서 판매를 하거나, 교육장에서 강의를 하거나, 합창할 때 악보 대신 사용하거나, 회의장에서 메모장 용도로 널리 활용되고 있다. 회의에 참석할 때 태블릿에는 필요한 기능이 대부분 있다. 발표할 내용, 회의 자료, 자유로운 메모, 기타 참고 자료 등. 노트에 적듯이 쉽게 필기하거나, 자유자재로 그림을 그리는 인터페이스가 있다. 카멜레온처럼 변신하는 태블릿의 모습이다.

스마트폰은 휴대폰에서 진화했고, 태블릿은 컴퓨터에서 진화했다. 그러나 실제 사용되는 모습은 휴대폰이나 컴퓨터와 사뭇 다르다. 사용되는 행태가 다르기 때문이다. 태블릿은 책, 신문, 잡지를 대체하고 있고, TV, 라디오의 역할도 한다. PC가 기술로부터 시작했다면, 스마트폰과 태블릿은 인간적인 관점에서 접근되었다. 지갑이나 수첩처럼 들고 다닌다. 명품 패션을 만드는 기업에서 경쟁적으로 이런 제품의 액세서리 사업에 뛰어드는 현상만 보더라도, 이미 남녀노소가 즐기는 일상품이 되었다는 것을 알 수 있다. 미래의 PC는 역으로 포스트 PC 제품을 닮아갈지 모른다. 기계의 모습을 벗은 컴퓨터는 우리 삶에 자연스럽게 스며들고 있다.

확장된 소통 구조
속에서 살기

대지진 속에서 전한 안부

일본의 동북부 대지진이 발생했던 2011년 3월 11일. 나는 일본의 게이오 플라자 호텔에서 리무진 버스를 기다리고 있었다. 일본 출장을 마치고 저녁 비행기를 타기 위해서였다. 마침 그 전 주인 3월 4일 한국에서는 2차 디도스 사건이 발생했다. 다행히 우리 회사의 클라우드 기반 분석 시스템에 의해 디도스를 일으키는 악성코드가 적기에 발견되었고, 이번에는 악성코드를 배포하는 P2P 사이트까지 파악되었던 터라 2년 전 7.7디도스보다 피해를 훨씬 줄일 수 있었다.

사실 7.7디도스보다 훨씬 정교하고 지능적인 공격이었지만, 조기에 막아서 일반인들에게는 그 영향력이 크게 와 닿지 않았다. 그런데 오히려 이웃나라에서는 관심이 컸다. 나는 〈요미우리〉, 〈마이니치〉와 같은 유수의 언론사로부터 디도스를 방어하는 체제와 기술에 관한 인터뷰를 진행하자는 요청을 받고 급하게 일본으로 출장을 갔다. 우선 상황을 쉽게 설명하기 위해서 나는 일본의 재난 관리 시스템과 비교를 했다.

"일본이 지진을 비롯한 각종 재난에 대응하는 시스템은 가히 세계적입니다. 전 국민에게 휴대폰으로 통보되는 경고 시스템, 철저하게 매뉴얼화되어 있는 방제 대책 등입니다. 그렇지만 사이버 대란에 대해서는 상당히 부족합니다. 아마도 국가적인 대란을 크게 겪지 않아서 그런가 봅니다. 그러나 사이버 테러는 글로벌하게 발생합니다. 언제든지 일본의 정부나 금융기관, 기업도 목표가 될 수 있다는 점을 명심해야 합니다. 그에 대한 방비 대책도 일반 재난 방지와 같은 수준으로 구축되어야 합니다."

바로 지진이 있기 전날 오후와 그날 오전에 잇따라 인터뷰 중에 언급한 내용이었다. 하지만 인터뷰는 기사화되지 못했다. 천재지변이 발생했기 때문이다. 인터뷰에서 일본의 재난 시스템에 대해 언급했던 것이 아이러니처럼 느껴졌다. 어쨌든 호텔에서 리무진 버스 시간을 기다리며 서성거리고 있었던 나는 건물이 심하게 흔들리는 것을 느낄 수 있었다. 그래서 신속히 호텔 밖으로 나갔다. 마치 물 위에 떠 있는 배에 탄 느낌이라고나 할까? 생전 처음 겪는 지진이라 당혹스러웠다. 그럼에도 이것이 큰 재난일 것이라고는 생각하지 않았다. 그런데 사람들이 호텔로 모여드는 게 심상치 않았다. TV에서는 동북부 지역의 강진에 대한 뉴스가 계속해서 속보로 흘러나오고 있었다. 그때 일본 법인장에게서 전화가 한 통 걸려왔다. 일본은 호텔을 가장 튼튼하게 지었으니 절대 밖으로 나오지 말라는 것이었다.

법인장과 나눈 1~2분간의 대화는 그것으로 끝이었다. 곧이어 전화가 불통이 된 것이다. 문자 메시지도 전송되지 않았다. 통신 불통! 그야말로 암흑이었다. 문제는 나 혼자 이국땅에서 전혀 모르는 사람들과 같이 있는 상황에서 어떻게 서울에 있는 가족들에게 소식을 알리는가에 있었다. 어떤 형태로든 내가 안전하게 있다는 것을 알려야 할 텐데 방법이 없어서 발을 동동 굴렀다. 일본의 재난 방송은 아주 차분했다. 해일이 일어나고 마을이 쓸려가는 장면 같은 것은 전혀 보여주지 않았다. 그런데 한국에서는 분명히 처참한 장면을 그냥 그대로 보여줄 것이기에 더 걱정스러웠다. 실제로 도쿄는 지진에 의한 피해만 입었기 때문에 동북부 지역의 해일 같은 험악한 상황은 잘 몰랐다.

순간 스마트폰에 설치해두었던 '카카오톡'이 생각났다. 나는 카카오톡을 설치만 해놓고 업무상 필요성을 느끼지 못해 실제로 사용하지는 않고 있었다. 그런데 하도 마음이 답답해서 카카오톡을 열고 이 사람 저 사람에게 메시지를 보내보았다. 그러나 결과는 여전했다. 그래도 언젠가는 되겠지 하는 마음에 계속 시도하다 보니 잠깐 연결이 되었다. 한국에 있는 비서에게서 메시지가 온 것이다. 나는 가족들에게 나의 안부를 전해달라는 메시지를 재빨리 보냈다. 그게 다였다. 다시 연결이 끊어진 것이다. 내 평생 가장 급하게 보낸 메시지였다. 그 후 간헐적으로 통신은 이루어졌지만, 제대로 통화할 수 없었다. 꼼짝없이 호텔 로비에서 밤을 지새워야 했다. 다행스럽게도 새벽녘에 법인장이 가까스로 호텔로 차를 가지고 와서 하네다 공항까지 데려다주었다. 공항에 도착하니 피로에 지친 승객들이 여기 저기 담요를 깔고 누워 있었다. 국제적 도시 도쿄의 한 복판에서 이런 광경을 보게 되다니 믿기지 않았다. 정말 잊을 수 없는 밤이었다.

나는 아직도 왜 그때 카카오톡이 잠깐 연결되었는지 알 수가 없다. 어쨌든 30초 정도 연결된 동안에 나는 내 안부를 알릴 수 있었다. 나중에 한국에 와서 얘기를 들어보니 그 메시지가 아니었으면 무서운 상상을 했을 것이

　　　　　　　　　　　　　　Ⅳ 무엇으로 세상을 채울 것인가?

라고 했다. 방송을 보고 있노라면 아비규환일 것 같았기 때문이다. 정보통신 기술이 사라지면 얼마나 우리가 큰 공포에 휩싸이게 될지를 생생하게 경험했다. 잠깐의 연결이었지만, 카카오톡은 우리 가족의 염려를 없애준 고마운 기술이었던 셈이다.

《따뜻한 기술》에서 조황희 박사는 "정보통신기술은 소통을 통한 가족의 안심과 건강 증진에도 도움을 준다. 일본의 후쿠시마 원자력발전소 사건을 계기로 사회의 대형 참사에서 가장 중요한 것은 가족의 생존 여부 파악이 되었다. 이런 사회적 재난 상황에서는 가족의 생사를 확인할 수 있는 통신이 언제, 어디서나 가능해야 한다"고 주장했다. IT는 다른 과학기술과 마찬가지로 우리 사회에 혜택을 주기 위해 만들어졌다. 모든 기술에는 순기능과 역기능이 있다. IT는 개인의 삶과 사회생활 전반에 스며들어 있기에 그 여파가 상당히 크다. 그럼에도 재난 상황이나 위험한 지경에 처했을 때 IT는 결정적인 도움을 주기도 한다. IT는 단순히 효율성을 높여주는 도구가 아니다. 사회 속에서 불가능했던 문제를 해결해주는 소통의 도구로 인식하는 자세가 필요하다.

새로운 IT 환경에서 소통하기

일본 대지진 속에서 가족들에게 안부를 전했던 개인적인 경험을 통해 나는 IT와 소통의 중요성에 대해 다시 한 번 깊이 절감할 수 있었다. 하지만 우리 주변을 살펴보면 이런 긍정적인 측면만 있는 것은 아닌 듯하다. 스마트폰을 구입하고 나서 오히려 부부 간에 불화만 생겼다는 스토리 또한 많이 회자된 바 있다. 남편이 집에 와서도 스마트폰만 쳐다보고 있으니 어느 부인이 좋아하겠는가?

본질적으로 소통의 주체는 사람이다. 그런데 정보가 폭증하고 정보 기기가 저렴해지면서, 오히려 IT의 노예가 되는 경향이 있다. 특히 인터넷은 인간을 산만하게 만드는 특성이 있다. 회의 시간에 컴퓨터를 가지고 들어오는 이유가 무엇인가? 노트하기 위해서? 자료를 참조하기 위해서? 그런데 회의 중에 다른 메시지나 이메일이 온다면? 잠깐 인터넷에 무슨 소식이 나와 있는지 보고 싶다면? 그 유혹을 견딜 수 있는 사람이 얼마나 될까?

IT는 소통의 시간적·공간적 장벽을 허물었다. 그러나 IT가 딴청 피우는 수단으로 전락하게 되면 더 이상 '금'이 아니라 '독'이다. 소통이 창의적 결론에 도달하려면 다른 사람의 의견을 진지하게 듣고, 자신의 생각을 보탤 수 있어야 한다. IT는 소통을 위한 보조 수단이지, IT 자체가 주인공이 되어서는 안 된다. IT로 인해 본질을 놓치는 우를 범하지 않도록 우리의 문화를 만들어가야 한다.

어느 모임에서 회의 문화에 대한 얘기가 오간 적이 있다. 자리에 있던 한 CEO는 회의에 들어갔다가 화를 냈던 기억을 떠올렸다. 노트북 컴퓨터를 가져온 사람이 너무 많아서였다. 그래서 "여기가 기자 간담회장입니까? 컴퓨터 모두 치우세요"라고 지적하고, 앞으로 자신이 주재하는 회의 자리에서는 컴퓨터를 꺼내지 못하게 했다는 것이다.

공교롭게도 그 CEO는 다름 아닌 IT 업계에 종사하고 있었다. 어느 분야보다 컴퓨터와 밀접하게 일하는 그에게서 의외의 말을 들으니 컴퓨터가 모든 업무에 도움이 된다는 막연한 가정을 다시 생각해보게 되었다. 요즘은 컴퓨터나 스마트폰만 있으면 어디서든 인터넷을 사용할 수 있어서 회의 도중에도 무심코 관련 없는 주제로 빠져나가고자 하는 유혹이 들 수 있다.

그러면 회의의 집중력은 떨어지게 마련이다.

마침 나는 그 다음 주에 미국으로 출장을 가서 몇 번의 회의를 했다. 대부분 컴퓨터나 자료 없이, 심지어는 노트도 꺼내지 않고 회의가 이루어졌다. 필요하면 칠판에 적어가면서 협의하는 것으로 충분했다. 사실 미국에서 이런 회의는 일상화되어 있다. 식사를 하다가 냅킨에 낙서를 하면서 수백만 불짜리 아이디어가 잉태된다는 실리콘밸리의 스토리는 결코 우연이 아니다. 아이디어의 실질적 교환이 이루어지는 소통 문화에서 비롯한 것이다.

IT의 발달과 글로벌화로 소통의 환경도 급격하게 바뀌고 있다. 정보력이 사업의 성패를 좌우하는 상황에서 얼마나 신속하고 정확하게 정보를 확보하느냐도 IT를 어떻게 활용하느냐에 달렸다. 최근 미국에서는 사람을 소개 받을 때 이름만 알려준다. 포털 사이트에서 검색을 하거나, SNS로 대부분 찾을 수 있기 때문이다. 회사도 이름만 알려주면 인터넷에서 관련 자료를 바로바로 찾아볼 수 있다.

미국에서 회사 이름이 동사화된 것이 두 개 있다. 구글과 페이스북이다. "너를 구글했어!"(I googled you!)는 너에 대해 검색해봤다는 말과 동의어다. 혹은 "그 사람, 페이스북 해보지?"(Why don't you facebook him?)는 페이스북에서 그 사람을 찾아보라는 말이다. IT 기업의 이름이 동사화되어 일반 대화나 영화 장면에도 등장한다는 것은, 그만큼 IT가 우리 소통의 중심이 되었다는 것을 의미한다. 이런 도구 덕택에 소통의 시공간적 장벽이 허물어지고 더욱 수월해지고 있다. 그러나 그러한 도구는 잘못 사용하면 오히려 독이 될 수도 있다. 앞서 예로 든 회의 장면처럼 소통을 저해하는 상황이 되면 도구는 또 하나의 부담스러운 장식품일 뿐이다.

소통의 기본으로 돌아가야 할 때

이메일은 오늘날 업무에서 활발하게 사용되는 소통 수단이다. 정확한 사실을 빨리 공유하고 차후 결정을 해나가는 데 효과적이다. 그런데 때로는 직접 면전에서 말하기 곤란한 문제를 이메일로 하는 경우를 종종 본다. 이를테면 부서 간 불협화음이 생겼을 때 직접 얘기하면 될 것을 장문의 메시지를 통해 불만의 소리를 늘어놓는다. 그러면 반박 이메일이 이어지고 양측의 감정의 골은 깊어진다.

이메일은 명확한 사실, 스펙, 내용을 공유하고 논의하는 데 아주 좋은 도구다. 하지만 이메일은 서로가 매번 대면하기 힘들기 때문에 채택한 도구의 하나일 뿐이다. 마주앉아서 얘기할 수 있는데, 이메일을 통해 그 상황을 피하려고 한다면 조직으로나 개인적으로나 낭비다. 적어도 회사는 직원들이 언제든지 마주앉아서 얘기할 공간을 제공해야 한다. 안랩의 경우 층과 층 사이를 연결하는 계단을 크게 개방형으로 만들었다. 실제로는 10층 건물이지만, 모든 층이 넓은 계단 공간을 통해 하나로 연결되어 있다. 가능하면 직원들이 쉽게 만나서 얘기할 수 있는 공간을 제공하기 위해서다. 또한 직원들에게는 가능하면 엘리베이터를 이용하지 말도록 권고하고 있다. 나도 회사 내에서는 걸어 다닌다. 오고 가며 직원들을 만나니 얼마나 좋은가? 그리고 일이 있으면 내 사무실로 부르지 않고 현업 부서에 직접 가서 얘기를 듣는다. 현장에 가서 담당자와 얘기해보면 감이 더 확실하게 온다. 목적은 정확한 소통이지 도구나 격식에 있지 않다.

'소통'은 막히지 아니하고 잘 통(通)함, 뜻이 서로 통하여 오해가 없음을 일컫는 말이다. 일방적인 의사 전달이 아닌 것이다. 일방적인 그것은 '명령' 혹은 '지시'라 부른다. 물론 조직의 통제와 팀워크를 위해 일방적인 방법이 필요할 때도 있다. 하지만 활발한 소통이 필요한 회의에서조차 자유로운 의견 개진이 보장되지 않는 것은 문제다. 그런 경우 몇몇 사람을 제외하고는 회의에서 소외되기 일쑤다. 결론을 낼 생각이 없거나 아예 결론을 이미 정해놓고 회의를 하는 경우도 있다.

수평적이고 쌍방향으로 대화가 오가는가, 화려한 자료를 만들고 받아 적기에 급급한 것은 아닌가. 냉정하게 평가해보아야 한다. 다양한 의견이 반영되지 않으면 발전적인 결론이 나올 리 없다. 소통의 기본은 듣기다. 다른 사람의 의견을 경청하고 자신의 생각을 보태는 과정에서 기대 이상의 창의적인 결론이 나올 수 있다.

오늘날에는 조직의 리더 한 사람에게만 의존하기에는 외부 환경이 너무 복잡하다. 여러 상황을 종합적으로 판단하기 위해서는 조직 구성원의 자발적이고 적극적인 참여와 소통이 절실하다. 조직의 리더가 실질적인 소통을 기반으로 전략적 판단을 해야 하는 까닭이다.

무엇보다 소통은 현장의 상황을 직시하고 문제의 본질에 초점을 맞추어야 가능하다. 경쟁력 있는 기업의 중요한 비결 중 하나는 투명하고 실질적인 소통이다. 이메일이나 전자결재와 같은 도구에 얽매이기보다, 조직 문화가 투명한 소통이 이루어지는지에 대한 방향과 의지가 선결되어야 한다. 그렇지 않을 경우 오히려 회사의 업무를 방해하고 팀워크를 방해하는 도구로 전락할 수도 있다. 문제의 본질은 정확한 소통이다.

인간다움을
잃지 않으려는 의지

자동 응답 시스템과 친절한 비서

미국 출장 중 어떤 회사를 방문했을 때 일어난 해프닝이다. 대도시였기 때문에 렌터카를 빌리지 않고 택시로 이동하려고 했다. 택시 운전사는 길을 잘 모르겠다며 그 회사에 전화를 했다. 자동 응답 메시지가 흘러나왔다. 계속 몇 번 지시에 따라 버튼을 누르다가, 어쩐 일인지 이 운전사가 갑자기 전화를 집어던지면서 "제기랄(Damn it)! 이러니까 미국이 망하고 있지!"라고 하지 않는가?

왜 그러느냐고 물으니 "몇 번 어떻게 누르라고 하더니, 결국 회사 내부에서 아무도 전화를 당겨 받지 않아서 초기 메뉴로 돌아갔다"며, "도대체 외부에서 길 하나 물어보려고 하는데 이렇게 불편해서 어쩌란 말인가?"라며 투덜거렸다. "미국에서 서비스는 기대하기 어려운 단어가 되었다"며 그 이후로도 미국의 문제점을 10분 이상 토로하는 것을 들어준 기억이 있다.

90년대 중반 내가 미국 회사에 근무하던 시절에는 모든 직원들의 전화를 받아주는 비서가 있었다. 회사 직원들에게 걸려오는 전화를 확인 후 연결해주는 형태였는데, 내 전화를 받아주던 비서는 아주 나이도 많고 친절한 할머니였다. 그분은 돈도 아주 많아서 나는 꿈도 못 꾸는 동네에 살고 있었는데, 소일거리로 회사에 나와서 전화도 받고 안내도 했다.

아무리 비서라도 어머니 연배가 되는 분에게 이것저것 지시하자니 불편하기 그지없었다. 하도 미안해서 내가 직접 복사를 하려고 하면, "이건 내가 여기에 있는 이유"(That's why I am here)라며 친절하게 내 서류를 가져가곤 했다. 유난히 친절한 성격이기도 했지만, 회사에서 그녀의 역할은 아주 유용했다. 웬만한 고객이나 파트너의 목소리를 잘 기억하고 있어서 전화가 오면 사적인 농담과 인사를 몇 분하고 나서 나에게 전화를 넘겨준 적도 허다했다. 땅덩어리가 넓어 서로 만나기가 힘이 든 미국에서의 비즈니스는 대부분 전화와 이메일로 진행된다. 그럴 때마다 전화 메시지 전달, 전화 컨퍼런스 연결, 불필요한 통화 차단 등의 비서 업무는 아주 효율적이다. 오죽하면 미국 사회에서 '비서의 날'(Secretary's Day)이 있을까?

그런데 언젠가부터 서서히 안내 전화가 자동 응답기로 바뀌더니 이제는 대부분의 회사가 아예 음성 안내로 대체되었다. 한국에도 많이 도입되었지만, 그 용도는 주로 안내로 연결되기 전에 방향을 잡아주는 수준이다. 그런데 미국에서는 아예 비서를 대체해버린 것이다. 아무리 비서를 고용하는 데 드는 비용이 만만치 않더라도, 절약이라는 명분 속에 놓치는 것은 없는지 생각해볼 필요가 있다. 오히려 인간적 커뮤니케이션의 상실로 우리는 더 중요한 기회를 놓치는 것은 아닐까?

IT를 끊을 수 있는 용기

매일 매시간 넘쳐나는 정보의 홍수 속에서 우리는 '정보는 힘'이라는 명제를 과도하게 맹신하는 것 같다. 오늘의 검색 순위가 무엇인지 수시로 체크하고, 남보다 늦게 알면 괜히 뒤쳐진 것 같은 조바심마저 든다. 과연 그럴까? 며칠 트위터를 안 했다고 해서, 인기 인터넷 검색어를 한 달간 안 본다고 해서 무엇이 그리도 달라질까? 부지런히 새로운 뉴스를 찾는 풍속도가 과연 우리 업무에 도움이 될까?

《디지털 단식》은 이러한 우리의 세태를 냉혹하게 비판하고 있다. "정보와 커뮤니케이션의 '홍수'는 당사자의 사정 따위는 상관하지 않고 끊임없이 밀려온다. 말로 전달하면 1분밖에 걸리지 않을 내용이 수십 페이지나 되는 자료로 가공되어 '정보 공유'라는 명목으로 확산되었다. 소위 '복사와 붙여넣기 신공'으로 작성된 콘텐츠의 경우, 각각의 파트는 기존의 자료를 유용한 것에 불과하다."

한마디로 문서 치장 기술만 늘고 있는 것이지 실제 내용은 큰 진전이 없다는 것이다. 그러면서 진정으로 IT를 통해 우리가 원하는 것이 무엇인지 근본적인 질문을 던진다.

"정보를 판단하고 그것을 바탕으로 행동하는 일련의 흐름 속에서 정보만이 비대해졌다. 원래는 '행동'을 위한 '정보'여야 하는데, '정보'가 비대해짐에 따라 가장 중요한 '행동'에 할애할 수 있는 시간이 줄어들고 있다. 그 결과 '행동'하는 힘이 약해지고 말았다. 이렇게 해서 원래는 현장의 행동을 뒷받침하기 위해 존재하던 '정보'가 그 목적을 망각하고 폭주하기 시작했다."

처음 스마트폰을 장만했을 때는 밖에서도 인터넷이 되는 게 신기했다. 그래서 마트에 가서도, 커피를 마시면서도 늘 스마트폰을 꺼내들었다. 그러나 곰곰이 생각하니 이러한 나의 행동은 내 목만 아프게 한다는 생각이 들었다. 며칠 정도 사용하지 않는다 해도 세상은 크게 바뀌지 않을 것이다. 내가 정보에 끌려다닌다는 생각에 인간 본연의 모습을 상실한 느낌도 들었다.

앞서 지적했듯이 우리는 망각이 사라지는 세상에 살고 있다. 그렇다고 모든 것을 기억해야 살 수 있는 세상도 아니다. 오히려 중심을 잡고 내가 필요한 기억이 무엇인지, 그에 따라 어떤 행동을 해야 하는지, 어떤 것이 나의 업무와 생활의 균형을 잡아줄 수 있는지 끊임없이 질문을 던지고 자기 관리에 들어가야 한다.

SNS와 스마트폰은 매우 유용한 도구로서 어떻게 활용하느냐에 따라 차원이 다른 가치를 만들어낼 수 있다. 디지털 문명은 우리 역사에 새로운 모멘텀을 만들고 있다. 하지만 이처럼 실시간으로 움직이는 사회 속에서 자기 자신을 잃는다면 무슨 의미가 있겠는가? 하이테크 사회가 된다고 해서 사회적 존재로서 인간의 본성이 바뀌는 것은 아니다. 오히려 그 속에서 새로운 문화와 질서, 자신의 철학을 만들어가는 자세가 필요하다. 인간스러움을 포기하면 안 된다는 것이다.

나는 가끔 주말에 인터넷을 접고 강원도로 떠난다. 스마트폰도 위급 상황을 대비해서 가져가지만, 꼭 필요한 일이 아니라면 답변하지 않는다. 그 며칠이나마 세상으로부터 분리되는 시간은 참으로 소중하다. IT가 중요하다고 해서 IT에 매몰될 필요는 없다. IT를 통해 이 시대를 잘 살아가려면 IT를 잠시나마 접어둘 수 있는 용기부터 가져야 한다. IT를 통한 정보와 지식은 사람이 통제하고 활용하는 것이다. 그것이 우리의 삶을 좌지우지하는 괴물이 되어서는 안 된다.

12

안전과 신뢰, 두 개의 축

인터넷과 소프트웨어로 이루어진 세계는 보안에 근본적인 취약점을 가지고 있다. 이런 세계에서 안전과 신뢰는 여기에 참여하는 주체들의 노력과 습관에 달려 있다. 사이버 위협은 이미 국제적이고 조직적인 범죄 수준에 이르렀다. 이에 비해 우리는 여전히 수동적인 방어에만 급급하다. 정보 보안에는 입체적이고 지능적인 방어 대책이 필요하다. 이와 더불어 조직 내 리더들의 보안 인식도 두터워져야 한다.

다각도로 위협받는
사회안전망

영화보다 더 영화 같은 사이버 공격

미국 정부의 전산 시스템을 설계했던 엔지니어가 해커로 변신해 교통·통신·방송·전기 등 기간망을 장악한다. 그의 최종 목적은 하나. 시스템에 침투해 미국 전체의 금융자산을 모두 자신의 소유로 만드는 것이다.

영화 '다이하드 4.0'에 나오는 무시무시한 스토리다. 물론 상상으로 만들어낸 얘기다. 그러나 이 영화가 나온 뒤 이런 공격이 실제로 가능한지에 대한 논의가 무성했다. 다행히 현실 세계에서 국가 주요 기간망은 독립적으로 운영되고 있어 이를 동시에 장악하는 것은 사실상 불가능하다. 웬만한 중요 시설은 일반 네트워크와 분리돼 있어 외부에서 침투하기가 쉽지 않다.

오늘날 경제가 돌아가는 모든 금융 프로세스는 컴퓨터를 통해 이뤄진다. 금융은 경제의 동맥이다. 개인의 삶, 기업 운영, 경제 활동이 모두 금융 시스템과 밀접하게 연결돼 있다. 현금은 그 컴퓨터에 저장된 일부 정보가 실물화되는 것일 뿐이다. 그런데 그 정보가 믿을 수 없다면 신뢰의 기반이 무너진다. 전산 장애로 몇 시간만 작동을 멈춰도 막대한 피해가 생기는데, 이 얼마나 끔찍한 일인가?

다음과 같은 실제 상황도 있다. 2010년 6월 이란의 우라늄 농축 공장이 '스턱스넷'(Stuxnet)이라는 고도의 악성코드에 감염된 사건이 있었다. 스턱스넷은 원자력 발전소의 우라늄 연료를 처리하는 과정을 장악함으로써 기계에 오작동을 일으켰다. 이로 인해 이란의 핵 개발 프로그램이 여러 달 지연됐다. 충격적인 것은 이 감염된 PC가 외부 네트워크와 분리 운영됐다는 사실이다. 인터넷을 통해 부지불식간에 악성코드에 감염되는 상황과는 차원이 다르다. 내 컴퓨터가 인터넷에 연결되어 있지 않은데도 공격을 당할 수 있다는 것은 기존의 개념을 뛰어넘는다. 2010년도에 IT의 키워드로 스턱스넷이 등장할 정도로 이 사건의 여파는 오래 갔다.

사이버 공격의 심각성을 설명하면 혹자는 보안 전문가들이 위협을 지나치게 과장하는 것 아니냐고 반문한다. 하지만 과연 그럴까? 글로벌 에너지 업체들의 정보를 노린 '나이트 드래건'(Night Dragon)이나 구글, 어도비, 주니퍼 등 글로벌 IT 업체를 대상으로 정보 수집을 시도한 '오퍼레이션 오로라'(Operation Aurora)의 사례를 보면 결코 과장이 아님을 알 수 있다. 이처럼 전 세계를 놀라게 한 사건들이 끊임없이 발생하고 있다.

도대체 언제부터 우리가 정보 보안 문제 때문에 이렇게 고민해야 했던가? 1970~80년대에도 정부 기관과 대기업에서는 컴퓨터를 많이 사용했지만 보안 문제는 그다지 크지 않았다. 왜냐하면 컴퓨터 시스템은 조직 내에 있었고, 컴퓨터가 섬처럼 떨어져 있었기 때문이다. 연결되어 있지 않고 물리적으로 분리된 상태에서는 제아무리 천재 해커라도 공격할 방법이 없었다. 그런데 인터넷의 도입으로 양상이 바뀌었다. 기업이 인터넷을 중심으로 IT를 재구축하기 시작했다. 기업 내부의 전산 자원도 인터넷 기반으로 전환됨에 따라 모든 컴퓨터가 연결되기 시작했다.

광범위해진 테러의 위협

1989년 베를린 장벽이 무너지면서 오랜 냉전도 종언을 고했다. 공산권은 몰락했다. 소비에트 연방은 해체되었고, 소련의 위성국가들도 독립적인 국가의 길을 걸었다. 그럼에도 민족적·종교적 갈등 때문에 전쟁은 그치지 않았다. 문제는 더 중대한 위협의 패러다임이 나타났다는 것이다. 바로 '테러'다. 물론 역사상 암살과 같은 테러 행위는 항상 있었다. 그러나 오늘날과 같이 조직적이고 방대한 규모로 전개되는 테러는 일찍이 없었다. 9.11 테러는 단지 몇 명이 모의해서 준비한 우발적 해프닝이 아니었다. 세계 최강국의 핵심부를 정조준해서, 그 나라의 자랑인 안보 시스템을 무력화시킨 충격적인 사건이었다.

전쟁은 군인들 간의 싸움이다. 전쟁 전문가들이 총동원되고 자원이 집중된다. 그러나 테러는 아무 죄 없는 민간인이 관여된다. 우연히 주변에 있던 민간인들이 자신의 의사와 상관없이 피해를 입게 된다. 군인들 간의 전쟁에서, 민간인까지 포함된 포괄적인 위협으로 바뀐 것이다.

사이버 공간에서의 공격과 방어도 비슷한 형태로 진화했다. 인터넷이 초기에 도입되었을 때는 그 관문에 방화벽을 놓는 게 우선적인 보호 장치였다. 기업에서는 허가받지 않은 사람들이 내부로 들어오는 것을 막아야 한다. 내부에서도 외부로 나가려면 이 관문을 거쳐야 한다. 이런 역할을 하는 방화벽은 성을 지키는 파수꾼의 임무와 비슷하다고 할 수 있다.

따라서 해커가 외부에서 내부로 침입하려면 네트워크 시스템을 뚫고 들어와야 했다. 해커는 네트워크의 허점을 뚫기 위해 노력했다. 점점 인터넷을 많이 사용하자 보호할 영역이 많아졌고, 그에 따라 관문도 늘리고, 최신 방어 기법을 동원해야 했다. 마치 과거에 성(城)을 중심으로 전개된 공성전처럼, 네트워크를 중심으로 한 사이버 전쟁이었다.

그러나 양상이 바뀌었다. 오늘날 대부분의 PC는 네트워크로 연결되어 있다. 그렇다면 구태여 어려운 관문을 뚫을 이유가 없지 않은가? 해커는 네트워크를 직접 뚫는 대신 자기가 원하는 PC를 자기 것으로 만드는 방식을 취하기 시작했다. 일종의 후방 우회 공격이다. 방법은 그다지 어렵지 않다. 이메일을 열어보거나 웹 사이트에 접속할 때 악성코드로 감염시켜 권한을 탈취하면 된다. 어차피 모든 PC가 네트워크로 연결되어 있으니 탈취한 PC로부터 쉽게 다음 공격을 전개할 수 있다.

해커가 본래의 목적과 관련이 없는 보통 사람들의 PC를 이용하기 시작한 것이다. 마치 민간인에게 피해를 주는 테러 행위처럼, 최근의 사이버 공격은 관련 없는 PC를 이용한 우회 공격이 주를 이루고 있다. 오늘날 사이버 공격의 중심에 악성코드가 있는 것은 이러한 공격 패턴의 변화 때문이다.

온 나라를 떠들썩하게 했던 7.7디도스. 디도스 공격이 무엇인가? 감염된 PC를 조정해서 특정 사이트를 집중 공격하는 것이다. 마치 아무 죄 없는 민항기를 탈취해서 세계무역센터 빌딩을 폭격한 9.11 테러처럼, 7.7 디도스는 아무 죄 없는 보통 사람들의 PC를 악성코드로 감염시켜서 특정 사이트를 공격했다. 마치 민간인을 희생자로 삼는 테러처럼, 아무 관련 없는 PC를 사이버 공격에 활용했다.

컴퓨터 바이러스의 진화, 악성코드

1988년 처음으로 나타난 컴퓨터 바이러스는 진화에 진화를 거듭한 결과, 악성코드라고 하는 아주 복잡한 형태의 위협으로 발전했다. 과거에 자기 과시를 위해 불특정 다수에게 보내던 바이러스는 차라리 낭만적으로 느껴질 정도다. 과거에는 바이러스 제작자와 해커는 다른 DNA를 가지고 있었다. 바이러스 제작자는 PC에 대해 잘 알고 있었고, 바이러스를 만드는 목적도 자신을 과시하려는 측면이 컸다. 반면 해커라면 보통 네트워크 시스템과 유닉스 운영체제를 잘 알았고, 다른 사람의 시스템에 침입하고자 했다.

그런데 대부분 PC가 네트워크에 연결되면서 해커가 악성코드를 직접 제작해서 공격하는 양상으로 바뀌었다. 게다가 새로운 공격 기법은 더욱 확장되고 있다. PC를 통한 공격은 모바일 기기로 확산되고 있다. 스마트폰은 PC와 달리 기술적 경계심이 적은 편이다. 문자 메시지에 악성 사이트로 연결되는 정보를 보내면 일반 사람들은 아무 의심 없이 열어볼 수 있다. 이미 이런 위협은 우리 주위에서 흔하게 발생하고 있다.

이 사실만 보더라도 미래가 어느 정도 예측된다. 앞으로 더 많은 기계가 인터넷으로 연동될 것이다. 이미 스마트폰 기술이 장착된 자동차와 TV가 나오고 있다. 독립되어 있다고 생각했던 많은 기계들이 네트워크로 연결된다는 얘기다. 해커의 공격 대상이 더 많아질 것이고, 피해가 광범위해질 것은 불 보듯 뻔하다. 개방과 융합의 시대는 보안의 문제도 예측하지 못할 정도로 복잡하게 만든다. 나만 무사하면 되는 게 아니다. 내가 사용하는 PC나 스마트폰, 인터넷이 연동된 기기는 다른 이에게 피해를 줄 수도 있고, 다른 이들의 기기가 나에게 피해를 줄 수도 있다.

우리는 모두 인터넷에 연결되어 있는 세상에 살고 있다는 사실을 명심해야 한다. 인터넷은 즐겁고 유익한 공간이지만, 믿을 수 없는 곳이기도 하다. 그 속에는 지금도 개인의 소중한 정보를 호시탐탐 노리는 지능적인 범죄자들이 득실거린다. 전혀 얼굴도 모르는 데다 심지어 지구 반대편에 있는 사람들이다. 이런 범죄와의 전쟁에서 이기는 방법은 보안에 대한 명확한 인식에서 시작한다. 정부나 전문가가 나서서 일일이 해결해줄 수도 없다. 안전은 우리 각자에게 달려 있다.

본격적으로 시작된 창과 방패의 싸움

인터넷은 아무도 책임질 수 없는 공용 네트워크다. 본래 인터넷은 과학자들의 연구 네트워크로서 일종의 실험이었다. 그런데 기술이 검증되고 효과가 입증되자 이를 활용하고자 하는 목소리가 커졌다. 그러다가 90년대 중반 웹 브라우저가 상용화되면서 산업과 사회에서 수요가 폭발적으로 늘어났다. 인터넷에서 새로운 경제 사회를 형성하려는 움직임도 대두되었다. 인터넷 사회란 결국 이런 믿을 수 없는 공용 네트워크 안에서 온갖 활동이 이루어지는 것을 의미한다. 물건의 상거래, 은행 업무, 전자 결재 등. 전혀 신뢰할 수 없는 개방적인 인터넷 공간에서 민감한 정보가 오갈 수밖에 없다. 정보 보안이 필수 요소로 등장한 이유다.

보안 문제의 또 다른 원인은 취약한 소프트웨어에 있다. 현실적으로 소프트웨어는 완벽할 수 없다. 글로벌 대기업들의 소프트웨어에서도 취약점이 끊임없이 발생하고 있다. 그들이 품질 관리를 위해 얼마나 많은 인력과 자원을 투입하겠는가? 그럼에도 근본적인 처방은 힘들다.

신뢰는 우리 사회가 절대 양보할 수 없는 과제다. 《논어》에는 '무신불립'

(無信不立)이라는 말이 나온다. 즉 신뢰가 없으면 설 수 없다는 뜻이다. 서로가 신뢰할 수 없는 세상이라면, 아무리 그 세상이 아름답다 한들 모래 위에 지은 성과 같다. 소프트웨어와 인터넷 없이는 돌아가지 않는 디지털 문명에서 정보 보안 문제는 필수불가결한 요소가 될 수밖에 없다.

돌이켜보면 문명이 발전하면서 우리 사회의 위협도 진화했다. 조직 폭력배에 의한 금품 갈취, 은밀한 절도 행위, 테러와 공갈 협박 등. 안전한 삶은 보통 사람들의 소망이었기에, 이를 막기 위한 법과 체제, 시스템이 도입되었다. 같은 맥락에서 사이버 공간에서의 안전 문제를 이해해야 한다. 해커들의 공격은 컴퓨터 바이러스를 통한 자기 과시에서 조직적이고 지능적인 범죄로 발전했다. 해커 조직은 글로벌한 규모로 확장됐고, 이에 따른 지하경제도 활성화되고 있다. 최근에는 지능형 지속 위협(APT : Advanced Persistent Threat)이라는 최첨단 기법이 공포를 주고 있다. 그만큼 지능적이고 집요하다는 얘기다. 해커는 오랜 기간 조직 내 시스템에 잠복해서 때를 기다린다. 해커의 관심은 오직 하나다. 자신이 얻으려는 정보가 있는 컴퓨터다. 이를 장악하기 위해 해커는 수개월 혹은 1년 가까이 기다리면서 공격 대상에 한 발씩 접근해간다.

해커는 보안 솔루션이 설치되어 있는 것도 잘 알고 있으며, 그런 보안 시스템을 무력화하거나 그것을 우회하려고 한다. 그러기 위해 전 세계 보안 제품을 입수해놓고 항상 준비하고 있다. 일단 새로운 공격 방법을 만들어내면, 보안 제품이 그 공격을 막는지 미리 점검부터 한다. 이처럼 창과 방패의 싸움은 끝이 없다.

조직 관점에서 본
보안 리더십

어느 날 공장이 멈췄다

실제로 어느 중견기업 공장에서 있었던 일이다. 직원들이 출근해 준비를 마치고 공장을 가동하려던 참이었다. 그런데 갑자기 생산 라인을 통제하는 컴퓨터가 작동하지 않았다. 부랴부랴 전산요원을 호출했다. 원인은 컴퓨터 악성코드에 있었다. 여러 대의 PC가 심각하게 감염된 상태였다. 복구하는 데 상당한 시간이 걸렸다. 그날 생산 스케줄도 막대한 차질을 빚을 수밖에 없었다. 물론 그 회사는 백신 제품을 사용하고 있었다. 그러나 6개월이 넘도록 업데이트를 하지 않았던 것이다. 게다가 직원들은 휴식시간에 해당 PC로 인터넷을 이용하거나 게임을 즐기기도 했다. 이러다 보니 컴퓨터는 각종 악성코드로 가득했다. 사고 후 대책에도 문제가 있었다. 생산 라인을 멈춘 원인이 악성코드 때문이라고 보고됐으나 대책은 보안제품을 바꾸어보겠다는 것이 전부였다. 그나마 그것도 예산이 한정되어 있어 흐지부지되었다. IT를 잘 모르는 경영진은 더 이상 파고들지도 않았다. 며칠 공장이 멈춰서서 생산에 차질이 생겼는데도, 그런 조치가 이해되지 않았다.

사이버 침해 사고가 급증하고 있다. 사회를 떠들썩하게 만든 사건도 있지만, 조용히 덮고 지나가는 사고가 부지기수다. 정부와 기업들은 대규모 보안 사고가 터질 때마다 대대적인 보안 점검을 실시한다. 원인 분석과 재발 방지 대책이 활발하게 논의된다. 그러나 이런 과정을 수차례 반복해도 상황은 별로 나아지는 것 같지 않다. 안타깝게도 우리는 보안 사고의 구조적 원인을 정확히 직시하지 않는 경향이 있다. 그러나 보안은 남의 일로 생각하기에는 너무나 중요하고 심각한 문제다. 누군가가 문제를 해결해주기만을 기대하기보다 바로 내 문제라는 주인의식을 가져야 한다.

나는 정보 보안 사업을 오랜 기간 하면서 수많은 조직을 관찰했다. 그 결과 정보 보안 수준은 조직의 최고경영자, 즉 CEO의 정보 보안 인식과 비례한다는 결론에 도달했다. CEO가 정보자원을 전반적으로 통제하고 관리하는 권한을 갖고 있기 때문이다. 고객정보, 연구소의 핵심 기술, 공장을 관리하는 시스템은 모두 중요한 정보들이다. CEO는 이들 정보에 대한 보안을 실무진에게 맡겨놓고만 있어서는 안 된다. 물론 CEO가 IT의 기술적 문제를 모두 관리할 수는 없다. 그러나 적어도 어떤 정보가 있고, 정보의 보안 등급이 어떻게 되고, 전체 관리 프로세스가 어떻게 정착해야 하는가에 대해서는, 회사 자원을 동원할 능력이 있는 CEO가 방향을 잡고 지속적으로 리드해주어야 한다.

세계적 경영컨설팅 기업인 딜로이트(Deloitte)의 CEO를 지낸 윌리엄 G. 파렛은 《위기의 CEO》에서 이렇게 말하고 있다. "오늘날 정보는 과거보다 훨씬 멀리, 빠르게 퍼져나간다. 기업은 10~15년 전만 해도 전혀 알 수 없었던 새로운 리스크와 위협에 노출돼 있다. CEO와의 대화 속에서 보안이라는 단어가 반복되는 것은 놀라운 일이 아니다." 기업의 총체적인 리스크 관리와 정보 보안은 CEO의 몫이다.

정보 보안은 각종 법률과 규정을 준수하는 것에 앞서 사업의 생존에 관한 문제다. 정보 보안 강의를 하는 조찬 모임에 금융 회사를 운영하고 있는 회장님이 나타났다. 어떻게 이런 모임까지 참석하시느냐고 물으니, "내가 요즘 보니 평생 구축한 내 회사가 보안 때문에 한번에 무너질 수 있겠다는 걱정이 생겼다"며 사회가 어떻게 돌아가는지 알아보려고 나왔다고 답했다.

그런가 하면 정보보안 정책이 예외 없이 적용되느냐도 중요하다. 어느 대기업 CEO와 친분이 높은 대학 교수가 "그 대기업에 정문을 통해 들어가려면 무척 까다로웠다. 그런데 고위급 임원과 같은 차를 타고 들어가니 무사통과하더라"라는 경험담을 얘기한 적이 있다. 이는 인정상 감히 보안 정책을 들이댈 수 없는 조직 문화 속에서 드러난 단상이다. 정책은 그 공동체의 문화와 업의 특성, 그리고 행동 양식에 맞게 적절하게 적용되어야 한다. 구성원들이 따를 수 있어야 좋은 정책이다. 정책을 따르고 적용하기 힘들다면 예외적인 경우가 발생하고, 예외가 발생하는 경우가 많으면 많을수록 그 정책은 설 자리를 잃는다.

말콤 글래드웰의 《아웃라이어》에는 괌에서 사고가 난 국내 항공사의 이야기가 나온다. 2명의 조종사를 배치하는 것은 서로를 견제해서 바른 결정을 하게 하려는 취지다. 그러나 인간적으로 냉정하게 이견을 달 수 없는 문화적 환경에서는 그 취지대로 실행되기 어려우며, 괌 사고의 원인 중 하나도 그것이었다고 이 책은 지적한다.

추상과 같은 규율과 명령이 과도하면 문제를 덮고 은폐하게 된다. 보안이 중요하다는 인식을 조직의 문화 속에 자리 잡게 하는 노력이 중요하다. 각자 노출된 문제점을 솔직하게 논의하고 예외 없이 실행에 옮길 수 있어야 실용성이 높은 대책이다.

정보의 생성과 소멸에 대한 책임감

오늘날 정보는 거미줄처럼 연결된 하나의 거대한 컴퓨터 속에 들어 있다. 이러한 정보는 인터넷과 다양한 미디어를 통해 소통, 공유된다. 정보는 새로운 가치를 창조하며, 폭발적인 전파력과 영향력을 지니고 있다.

이러한 이유 때문에 많은 이들이 정보를 생성하고 활용하는 데 혈안이 되어 있다. 반면, 디지털 정보가 소멸되지 않는 특성에 대해서는 별로 관심을 기울이지 않는다. 종이 문서나 아날로그 미디어와 달리 디지털 정보는 영구적이다. 특별히 폐기하려는 노력을 하지 않는 이상 어딘가에 남아 있을 수 있다. 지금도 용도 폐기된 정보가 데이터베이스에 보관된 상태로 각 개인 PC에 저장된 형태로 무관심과 부주의 속에 방치되고 있다. 우리가 집중할 문제는 정보 그 자체다. 누가 이 정보를 볼 수 있고 누가 이 정보를 생성부터 소멸까지 관리할지에 대한 책임 소재가 분명해야 한다. 지금까지 정보 시스템을 구축하는 데만 주력해온 결과 정보의 생명주기를 책임질 주인의식이 실종된 경우가 허다하다.

물리적으로 관리 주체가 명확한 시스템, 데이터베이스, 네트워크 같은 인프라는 범위라도 정해져 있다. 그런데 거의 모든 개인이 사용하는 PC에 저장된 정보는 누구의 것인가? 업무상 어쩔 수 없이 고객 정보를 취급할 수밖에 없는 택배나 외주업체의 정보 생성과 소멸 과정을 관찰할 수 있는가? 과연 조직 안에서 정보를 누가 가지고 있는지 제대로 파악이라도 하고 있는가? 개인정보의 정의도 광의의 관점에서 봐야 한다. 영업 부서에서 알고 있는 고객 정보, 인사 부서에서 관리하는 채용 정보, 마케팅 부서의 협력사 정보 등 수많은 개인 정보가 조직 안에서 관리되고 있다.

이런 정보는 업무의 주체 부서에서 관리해야 하는 것이지, IT 보안 담당자가 책임질 수 있는 영역이 아니다. IT 담당자가 기껏 할 수 있는 일은 보안 시스템을 도입하고 정책을 수립하는 것이지, 업무상 빈번히 발생하는 데이터에 대해서는 접근 권한도 없다. 이와 같이 IT 부서에서 아예 할 수 없는 일이 많은데 IT 담당자가 보안을 책임진다는 것은 말이 되지 않는다. 결국 정보의 활용을 극대화하면서 생성과 소멸을 책임질 수 있는 주인의식을 가지는 것이 관건이다.

정보 보안은 IT 부서만의 업무도 아니며, IT만의 문제도 아니다. 조직 문화, 임직원의 인식, 조직 외부와의 정보 채널, 업무의 효율성과도 관련이 있다. 적어도 조직원 모두가 사태의 본질을 정확하게 인식하고 문제점이 빠짐없이 다 드러나야 진정한 대책을 마련할 수 있다.

정보화 시대에
필요한 책임감

보안은 들썩거림보다 차분한 실행이 중요하다

2009년 7.7디도스 대란은 마치 쓰나미가 밀려온 것처럼 우리를 몰아쳤다. 주말의 대응 체제를 마무리하고 나서 기자회견과 내부적인 마무리를 하고 나니, 순간 기가 쭉 빠져나가는 느낌이었다. 차를 몰아 집으로 돌아오는데 여러 생각이 들어 혼란스러웠다. 잠을 제대로 자지 못한 탓에 피곤함은 이루 말할 수 없었음에도 쉽게 잠들 수 없었다.

정보를 정확히 알리고 추가 피해를 막는 것, 더 나아가 보안 인식이 개선되도록 알리는 게 안랩 같은 보안업체의 소임이라고 생각해왔기에 나름대로 최선을 다했다. 위기 대응의 기본은 신속한 정보 공유다. 이런 위기일수록 침착하고 명확한 소통이 이루어져야 한다는 게 여러 번의 사고로 얻은 교훈이다.

우리는 어떤 사고가 터질 때마다 들썩거리곤 한다. 1999년 CIH 바이러스(체르노빌 바이러스) 사고가 났을 때, 2003년 1.25 인터넷 대란이 터졌을 때, 개인정보유출 문제가 불거졌을 때 많은 이들의 보안 인식이 바뀔 것으로 기대했다. 그러나 보안 대책과 투자, 그리고 사용자의 인식은 항상 크게 부족했고 2009년에도 보기 좋게 당했다. 이런 사건이 한번 휩쓸고 지나가면 허탈감에 빠지곤 하는데, 그때도 예외는 아니었다.

정보 보안에 20년 가까이 몸담아온, 소위 보안 1세대라고 불리는 나에게는 이런 들썩거림이 결코 즐겁지가 않다. 여러 번 같은 조언을 해도 반영이 안 되고 또다시 사건이 발생하게 되면 착잡한 기분밖에 들지 않는다. 보안의 중요성을 알리기 위해 여러 곳에서 발표를 통해 실상을 알리고, 회의도 셀 수 없을 정도로 참여하고, 직원들과 머리를 싸매고 연구해온 결과가 이렇게 나타날 때는 참담한 심정이 되고 만다.

사고가 터지면 문제의 근본적 원인은 외면한 채, 피상적인 면만 보고 시끄럽다가 잠잠해지곤 했다. 7.7디도스 사건 과정에서도 여러 사람, 특히 기자와 정부 관계자들을 만나다 보니 문득 떠오르는 장면이 있었다. 나는 가만히 앉아서 같은 말을 하고 있는데, 내 앞에 앉은 분들이 계속 파노라마처럼 바뀌어가는 광경이 전개되는 느낌이다. 그들은 보안 담당을 길어야 2~3년 할 뿐이다. 담당자가 바뀌어 새로운 이들이 오면 무엇이 문제인지 다시 쉽게 설명해주어야 했고, 이를 제대로 파악할 만하면 다시 떠나버리곤 했다.

결국 문제의 본질을 정확하게 파악해서 실행해야 하는데 항상 논의 과정에서 수그러들었다. 핵심은 실천과 수행을 추진할 '각론'이다. 지키지도 못할 요란한 슬로건보다 몇 개의 실질적인 실천이 실효성 있는 대책이다.

　　　　　　　　　　Ⅳ 기술과 인간의 조화를 위하여

변화의 토대를 이루는 힘

정보 보안에서 무엇이 중요한지에 대한 나의 견해는 크게 바뀐 적이 없다. "보안 전문 인력을 키워야 한다"는 것이었다. 나뿐만 아니라 정보 보안에 종사하는 분들의 목소리도 같았다. 그러나 그 말은 듣는 이들을 통해 깊숙이 우리 사회와 문화 속으로 스며드는 것이 아니라, 일부는 씨를 뿌리고 대부분은 연기처럼 날아갔다.

보안 인력에 대한 필요성은 1997년경부터 대두되었다. 10만 명 양성이라는 상징적인 수치도 있었다. 그로부터 15년이 경과되었다. 여전히 구호는 같지만 인력 부족 현상은 더 심각해진 느낌이다. 10만 명이 배출되면 일자리가 있겠느냐는 질문도 받았다. 나는 모두 일자리가 있을 것이라고 장담했다. 지금 현 상황을 보면 알 수 있지 않은가? 보안 전문업체는 말할 것도 없고, 많은 기업과 기관들은 보안 전문가를 필요로 한다. 국내 일자리가 충분치 않다면 해외에서라도 일자리를 구할 수 있다. 이미 우리 회사는 해외에서도 컨설팅과 관제 서비스를 수행하고 있다. 모든 나라에서 보안 전문가가 태부족이기 때문이다.

보안 사고를 당한 어느 중견 기업에 갔더니, CEO가 "제발 담당할 사람 1명만 뽑아주세요. 우리는 IT 기업이 아니라서, IT 인력이 잘 오지도 않을뿐더러 오더라도 1년을 넘기질 못합니다. 대우를 잘 해주더라도 마찬가지입니다"라며 사정한다.

그 기업은 말만 하면 모르는 사람이 없는 유명한 기업이다. 그 정도의 브랜드를 가졌는데도 IT 인력이 안 온다는 게 심히 놀라웠다. 이것이 우리나라의 IT 현실이다. IT 인력이 얼마나 부족한지 알 수 있는 대목이다.

인터넷과 IT가 우리의 미래라면, 보안은 그 미래를 받치고 있는 주춧돌이다. 세계적으로 보안 산업은 20년이 넘도록 지속적으로 성장하고 있고, 보안 전문가가 되고자 인력이 몰려들고 있으며 학교에서도 연구 활동이 왕성하다. IBM, HP, 시스코, 마이크로소프트 등 글로벌 IT 기업들이 보안을 사업 중심축의 하나로 잡고 있다. 아직도 수많은 보안 업체가 창업되고 있으며, 인수 합병도 활발하다. 방어 기술도 놀라울 정도로 발전했다. 해커의 기법이 고난도일수록 제도와 정책만으로는 막기가 어렵다. 그래서 공격행위를 지능적으로 분석할 수 있는 기술과 인프라가 크게 발전하고 있다. 정보 보안은 R&D 투자가 활발한 분야 중 하나다. IT에서 이렇게 한 분야가 꾸준히 성장한 예도 드물다.

세계적인 전시 행사를 담당하는 마케팅 회사와 얘기해보면, 기업용 IT 제품 중에서 아직도 활발하게 모이는 행사는 정보 보안 산업이 유일하다고 한다. 이것이 글로벌 트렌드다. 보안에 대한 우리의 인식과 자세가 글로벌 표준에 미치지 못한다면, 무언가 큰 잘못을 하고 있는 것은 아닌지 곰곰이 따져봐야 한다.

무엇보다 보안은 한국의 디지털 문명을 지키는 핵심 아닌가? 우리 사회의 안전을 지킬 수 없다면, 범죄와 위협이 득실거린다면, 그런 문명은 결코 미래 동력이 될 수 없다. 정보 보안은 피해갈 수 없는 핵심이다. 앞으로 IT 기반 사업이 늘어나면서 그 수요는 더 커질 것이다. 클라우드, 모바일, 빅데이터 서비스 등. 모든 IT 프로젝트는 보안을 빼고는 논의 자체가 되지 않을 것이다.

앞서 우리에게는 보이지 않는 많은 일꾼이 필요하다고 했다. 안정적인 시스템을 운용하는 인력, 해커와 전쟁을 하는 보안 전문가, 주목을 받지 못하는 시스템 개발 인력 등. 이들은 보이지 않는 곳에서 진정한 가치를 발휘하는 보석과 같은 존재들이다. 이들이 없다면 IT 중심의 사회는 기반부터 무너질 것이다. 이들 덕택에 우리의 과학기술, 인문학적 상상력, 창의적인 아이디어도 꽃을 피울 것이다. 변화하는 시대는 번영의 기회를 제공한다. 그러나 그 기회는 안전하고 굳건한 토대 위에서만 이루어질 수 있다.

새로운 시대에는 그에 맞는 인프라가 먼저 마련되어야 한다. 안전과 신뢰를 갖춘 인프라는 새로운 산업과 경제를 일으키는 토대다. 뿐만 아니라 일정 수준이 되어야 선진국으로서, 글로벌 기업으로서 인정받을 수 있다. 그렇기 때문에 소프트웨어와 보안 전문가는 지금 우리에게 반드시 필요한 핵심 자원이자 미래의 성장 동력이 될 것이다.

미래는 현재의 삶 속에
답을 숨겨두고 있다

1989년 영화 '백 투 더 퓨처 2'(Back to the Future Part II)에서는 타임머신을 타고 2015년으로 여행을 떠나는 장면이 나온다. 그때는 까마득한 먼 훗날이라고 생각했지만, 2013년을 살아가고 있는 오늘날 2015년은 우리의 현재로 점점 다가오고 있다. 영화에서는 화상회의와 같이 오늘날 구현된 기술도 있지만, 하늘을 나는 자동차와 같이 현실에서는 아직 이루어지지 않은 풍경도 등장한다. 그중 흥미로운 장면이 눈길을 끈다. 주인공이 들른 골동품 가게에 애플의 매킨토시 컴퓨터가 진열되어 있는 장면이다. 적어도 그것은 현재의 실제 상황과 무척 흡사해보였다.

컴퓨터는 지난 수십 년간 급속도로 발전했다. 하드웨어의 성능이 좋아진 것은 말할 것도 없고, 인터넷 자체가 하나의 커다란 컴퓨터로서 동작하고 있다. 전 세계는 PC뿐 아니라 스마트폰 같은 대중화된 기기를 통해 이 커다란 컴퓨터에 접속하고 있다. 다양한 기기를 가지고 인터넷에서 정보와 지식을 찾고, 일자리를 구하고, 친구를 사귄다. 이것이 우리가 살고 있는 세상의 현재 모습이다. 중요한 것은 여기에서 그치지 않고 발전, 진화하고 있다는 점이다. 그것도 아주 빠른 속도로 말이다. 디지털 문명은 노동 환경뿐만 아니라 일상적인 삶의 모습까지 바꿔놓고 있다. 그렇게 바뀌어갈 미래에 대한 예측은 이미 많이 나와 있다. 각자 자기가 바라보는 위치에서 변화의 현상을 설명한다. 물론 그런 변화에 대한 거부감도 만만치 않다. 이런저런 예측이 나오지만 무엇이 진짜 미래가 될지는 누구도 장담할 수 없다. 그러나 적어도 몇 가지는 확실한 명제로 자리 잡고 있다.

사회 변화의 중심에는 IT가 있다. 인간의 삶에 디지털 컴퓨터가 확산되고 있다. 인간의 자유 의지에 의해서 접속하는 인터넷은 모든 기계와 센서마저도 연결시키는 '네트워크 브레인'이 되고 있다. 정보의 평평함과 투명함은 탈권위주의 문화를 잉태하고 있다. 디지털 문명은 먹고사는 문제, 살아가는 방식, 인간관계를 바꾸고 있다.

IT 덕택에 과학 기술은 급속도로 발전할 것이다. 무어의 법칙에 따라 컴퓨터의 성능은 급속도로 성장했고, 가격은 급격하게 하락했다. 컴퓨터 성능의 발전은 연구 개발의 성과를 끌어올린다. 아울러 글로벌 네트워킹을 통한 협업은 다양한 창의적 아이디어와 자원을 동원함으로써 시너지를 만들어낸다. 과학의 급속한 발달과 활발한 기업가 정신은 인간에게 엄청난 혜택을 가져다줄 것이다.

소프트웨어는 기존 가치(value)를 끌어올릴 것이다. 산업화 시대는 인간의 육체적·지적 노동과 기계 문명의 결합으로 이루어져 있었다. 그러나 이제는 업종을 막론하고 축적된 경험과 노하우를 지능화해서 가치로 끌어올려야 하며, 그 역할은 소프트웨어에 달려 있다. 소프트웨어는 기존 산업을 리모델링하고, 업그레이드하며, 새로운 사업 모델을 창출해낼 뿐만 아니라, 개인의 잠재적 역량을 표출해내는 지렛대가 될 것이다.

오늘날 진행되고 있는 시대적 변화를 바라보면 가히 혁명적이라 할 만하다. 기존 인식이 무너지고 있고, 전통 산업이 파괴되고 있으며 삶의 양식이 바뀌고 있다. 이러한 시대적 변곡점에서 우리 모두는 경제적으로나 사회적으로 어려움을 호소한다. 때로는 사이버 테러와 같이 과거에는 없던 위협 때문에 두렵기도 하다. 하지만 그렇다고 역사의 흐름이 바뀌지는 않는다. 오히려 그 해결책은 시대 변화를 직시하는 데서 시작해야 한다. 과연 우리는 어떤 사회를 준비하고 있는가? 이를테면 안전하고 신뢰할 수 있는 인프라, 개인의 자유로운 의지가 꽃필 수 있는 사회적 플랫폼, 창의력을 고취시키는 교육 시스템 등…. 창의력은 그에 적합한 유전자를 타고난 사람들만의 전유물이 아니다. 삶의 현장에서 우러난 작은 고민과 노력이 창의력의 배경이 된다. 그런 변화를 직시하고 적극적으로 받아들이는 자세가 필요한 때다.

노동 집약적 시대에서 지식 기반 시대, 일사불란한 규율과 통제보다 자유로운 리더십이 발휘되는 조직, 매뉴얼에 따른 반복 과정보다 개인의 창의력이 발휘된 결정이 중요해지고 있다. 위기는 항상 기회와 함께 온다. 과거와 현재에 집착하면 위기가 되지만, 미래를 내다보고 변신을 도모하면 기회가 될 것이다. 그러한 미래는 먼 곳에서 누군가의 힘으로부터 오는 것이 아니다. 미래는 우리 자신이 지금 살고 있는 삶의 현장에 그 답을 숨겨 두고 있다. '누가 미래를 가질 것인가?' 라는 질문의 대답은 시대의 코드를 읽고 해석하면서 자신을 깊이 바라보는 우리 각자로부터 얻을 수 있다. 이 책이 그 답을 찾는 데 조금이나마 도움이 됐다면 더없이 기쁠 것이다.